علم الاجتماع السياسي

تأليف

الأستاذ الدكتور

إحسان محمد الحسن

دكتوراه علوم في علم الاجتماع من جامعة لندن بدرجة امتياز

حائز على جائزة نوبل في العلوم الاجتماعية

أستاذ علم الاجتماع في كلية الآداب بجامعة بغداد

دار وائل للنشر

الطبعة الثالثة

٢٠١٠

رقم الايداع لدى دائرة المكتبة الوطنية : (٢٠٠٥/٣/٥٤٦)

الحسن ، احسان محمد

علم الاجتماع السياسي / احسان محمد الحسن .

عمان : دار وائل ، ٢٠٠٥

(٣٠١) ص

ر.إ. : (٢٠٠٥/٣/٥٤٦)

الواصفات: علم الاجتماع السياسي/ التكيف السياسي/ العلوم السياسية/ علم النفس الاجتماعي

* تم إعداد بيانات الفهرسة والتصنيف الأولية من قبل دائرة المكتبة الوطنية

****

رقم التصنيف العشري / ديوي : ٣٠٦.٢

ISBN 9957-11-538-3 (ردمك)

* علم الاجتماع السياسي
* الأستاذ الدكتور إحسان محمد الحسن
* الطبعة الثالثة   2010
* جميع الحقوق محفوظة للناشر

دار وائـــل للنشر والتوزيع

* الأردن - عمان - شارع الجمعية العلمية الملكية - مبنى الجامعة الاردنية الاستثماري رقم (٢) الطابق الثاني
هاتف: ٠٠٩٦٢-٦-٥٣٣٨٤١٠ - فاكس : ٠٠٩٦٢-٦-٥٣٣١٦٦١ - ص. ب ١٦١٥ - الجبيهة)
* الأردن - عمان - وسط البلد - مجمع الفحيص التجاري- هـاتف: ٠٠٩٦٢-٦-٤٦٢٧٦٢٧
www.darwael.com
E-Mail: Wael@Darwael.Com

المحتويات

المقدمـــة

تفتقد المكتبة العربية لكتب ومؤلفات ودراسات وأبحاث علم الاجتماع بصورة عامة وعلم الاجتماع السياسي بصورة خاصة بالرغم من ظهور العلم الأخير وشيوعه وانتشار مواضيعه الأكاديمية والتطبيقية في أغلب بلدان العالم المتحضر منذ فترة الأربعينات من هذا القرن . الا ان هناك مصادراً أجنبية وعربية عن الموضوع في بعض مكتبات القطر لكن جميعها لا يصلح للتدريس في العراق خصوصاً في كليات وجامعات القطر نظراً لسيطرة الأفكار والمفاهيم الدخيلة والغريبة عليها وابتعادها عن حقيقة الواقع العربي وتناقضها مع طبيعة الاجتماع السياسي الذي ينطبق مع المرحلة الحضارية التاريخية التي يمر بها المجتمع العربي.

كما ان هذه الكتب والمؤلفات لا تشبع رغبتنا في معرفة القضايا الاجتماعية والسياسية للمجتمعات الأجنبية معرفة حقيقية تبتعد عن التحيز والتعصب واللاموضوعية .

ان الواقع الاجتماعي والسياسي العربي لم يدرس دراسة علمية وموضوعية لحد الآن وان المصادر الأجنبية لعلم الاجتماع السياسي لا تحتوي على الحقائق والمعلومات الواقعية عن النظم الاجتماعية والسياسية للمجتمعات التي ينتمي اليها كتاب ومؤلفو هذه المصادر بسبب تحيزهم وتعصبهم للأنظمة الاجتماعية التي يعيشون فيها ووقوفهم ضد الأنظمة الأخرى في العالم .

وعلم الاجتماع السياسي الذي ندرسه في الوطن العربي ينبغي ان يكون مجرداً عن اتخاذ المواقف الاديولوجية المؤيدة للقوى السياسية العظمى المتصارعة في العالم بل ينبغي ان يتخذ المواقف السياسية والاجتماعية المناصرة للأفكار

والمفاهيم والنظريات الوطنية والقومية والإنسانية التي يتبناها الفكر العربي والنضال العربي ضد التخلف والتراجع والضياع .

فدراستنا لعلم الاجتماع السياسي يجب ان تستنبط من طبيعة الأفكار والقيم والممارسات التي تعبر خير تعبير عن الواقع الاجتماعي والسياسي العربي بكل إيجابياته وسلبياته . لذا تهتم هذه الدراسة بوصف وتحليل هذا الواقع بأسلوب يتميز بالعمق والموضوعية والعلمية ، وفي نفس الوقت تحاول معالجة مشكلاته ومعوقاته معالجة جذرية مستوحاة من خصوصية ومعطيات وأهداف الأمة العربية المجيدة وتاريخها المشرق .

وعندما لا يوجد في الوقت الحاضر كتاب أو مصدر يدرس علم الاجتماع السياسي بالطريقة التي نود انتهاجها في تدريس هذه المادة التفتنا إلى هذه الحقيقة وبادرنا بتأليف كتاب علمي في الاجتماع السياسي يفي بالغرض المطلوب أي كتاب يدرس الاديولوجيات الاجتماعية والسياسية في العالم دراسة محايدة وعلمية ويحلل البنى الاجتماعية والسياسية للمجتمع العربي تحليلاً علمياً يستهدف ربط الاديولوجية بالتكتيك والاستراتيجية ربطاً علمياً جدلياً وتشخيص مشكلات المجتمع السياسي والقضاء على أساسها وظواهرها لكي يستطيع المجتمع العربي إحراز درجات متقدمة في التنمية والتحديث الشامل .

وقد اعتمد المؤلف في دراسته هذه على تجارب وخبر العراق والوطن العربي في أصعدة التحولات الاجتماعية والسياسية التي تحققت منذ منتصف القرن العشرين .

ان الكتاب يتكون من اثنا عشر فصلاً يكمل الواحد الآخر . وهذه الفصول تكّون المادة المنهجية لعلم الاجتماع السياسي وترسم أبعاده الأكاديمية والتطبيقية وتحدد مجالاته وأهدافه الجوهرية .

ان الفصل الأول من الكتاب يدرس ماهية ونشوء تطور ومنهجية وأهداف علم الاجتماع السياسي، والفصل الثاني يهتم بعلاقة علم الاجتماع السياسي بعلم

الاجتماع والعلوم السياسية والعوامل التي مهدت لظهوره وتطوره . بينما يدور الفصل الثالث حول دراسة البنى والنظم الاجتماعية والسياسية . والفصل الرابع يهتم بدراسة تأريخ علم الاجتماع السياسي . أما الفصل الخامس فيدرس الإضافات التي قدمها ميكافيلي لتطور علم الاجتماع السياسي . بينما يدرس الفصل السادس من الكتاب السلوك السياسي. في حين يدرس الفصل السابع السلطة السياسية والنظم السياسية وشرعية السلطة ومبررات شرعيتها وأنواعها وعلاقتها بالنظم السياسية خصوصاً الدولة والسلطات التشريعية والتنفيذية والقضائية . والفصل الثامن يهتم بالأحزاب السياسية من حيث مفهومها وأنواعها ووظائفها وخلفياتها الاجتماعية والطبقية وأثرها في تكوين الرأي العام . والفصل التاسع يهتم بدراسة جماعات الضغط. أما الفصل العاشر من الكتاب فيدرس جماعة الضغط الصهيونية في أمريكا والإمعان في معاداة العراق. بينما يدرس الفصل الحادي عشر موضوع القيادة وصفاتها ووظائفها وأنواعها. والفصل الثاني عشر والأخير يدرس التنشئة السياسية وقنواتها الفكرية والتربوية. وأخيراً هناك مصطلحات علم الاجتماع السياسي المترجمة إلى الإنكليزية .

آمل ان يكون هذا الكتاب بفصوله المتكاملة مفيداً لطلبة العلم على اختلاف مستوياتهم الدراسية وآمل ان أكون قد وفقت في هذا الجهد المتواضع ، والله هو الموفق وبه نستعين .

المؤلف
الأستاذ الدكتور إحسان محمد الحسن
قسم الاجتماع - كلية الآداب
جامعة بغداد

الفصل الأول
نشوء وتطور علم الاجتماع السياسي

مفهوم علم الاجتماع السياسي

لم يظهر علم الاجتماع السياسي كعلم مستقل عن حقل الاجتماع وحقل العلوم السياسية الا خلال الأربعينات من هذا القرن وذلك لحاجة المجتمع إليه بعد اختلاط الظواهر الاجتماعية بالظواهر السياسية وتعقد أسباب الحوادث السياسية والآثار التي تتركها هذه الحوادث على الإنسان والمجتمع . ان علم الاجتماع السياسي يدرس الظواهر السياسية دراسة تعتمد على خلفية البناء الاجتماعي طالما ان المؤسسات السياسية هي جزء من المؤسسات الاجتماعية البنيوية وان الفعاليات والنشاطات السياسية تترك آثارها الفاعلة والعميقة على جميع مؤسسات ومنظمات المجتمع بحيث تتغير هذه من نمط لآخر خلال فترة زمنية محددة . اذن ظهر علم الاجتماع السياسي لدراسة الظروف والمتغيرات الاجتماعية التي تؤثر بصورة مباشرة أو غير مباشرة في الحوادث والظواهر السياسية التي تأخذ مكانها في المجتمع ، ولتعليل وتفسير نتائج الحوادث السياسية على التفاعلات الاجتماعية والأنماط السلوكية في المجتمع . إضافة إلى أهميته وقدرته على تنبؤ الحوادث والظواهر السياسية التي ستقع في المجتمع من خلال دراسته وفحصه للمتغيرات والحقائق الاجتماعية المتعلقة بالنظام الاجتماعي ومكوناته البنيوية . وأخيراً تبرز أهمية علم الاجتماع السياسي في حقيقة تشخيصه الأسباب المباشرة وغير المباشرة التي تكمن خلف فاعلية وديمومة ونشاط المؤسسات السياسية وما تتوصل إليه هذه

المؤسسات من أحكام وقرارات تحدد العمل السياسي في المجتمع وترسم إطاره الخارجي وتضع فحواه الجوهري .

أن هناك تعاريفاً كثيرة لعلم الاجتماع السياسي أهمها حسب اعتقادي التعريف الذي ينص : على أنه العلم الذي يدرس طبيعة التفاعل العلمي والدايلكتيكي بين الدولة والمجتمع [*]. أي يدرس الفعل ورد الفعل والتجاوب المنطقي بين أجهزة المجتمع من جهة ومؤسسات الدولة من جهة أخرى . فمؤسسات الدولة بأنواعها المختلفة إضافة إلى الأحزاب السياسية والجماعات الضاغطة والاديولوجيات السياسية التي تظهر في المجتمع لها علاقة وثيقة بالمجتمع الذي توجد فيه وتتفاعل معه . وهذه العلاقة تتجسد بالوظائف التي تقوم بها المؤسسات السياسية للمجتمع من حيث إدارته وحكمه والسيطرة عليه وتوجيه فعالياته ونموه وتطوره في خط معين . فلولا وجود المجتمع لما ظهرت الدولة ولما ظهرت المؤسسات والاديولوجيات السياسية بأنواعها المختلفة . ان الدولة مع بقية التنظيمات السياسية الرسمية وغير الرسمية تخدم المجتمع في مجالات مختلفة وتعمل جاهدة في أغلب الحالات على إشباع حاجاته وتحقيق طموحاته القريبة والبعيدة الأمد . ومن جهة ثانية لا يمكن للمؤسسات السياسية العمل والديمومة والنمو دون تعاون وتكاتف المجتمع معها . فالمؤسسات السياسية الديمقراطية تنبعث من المجتمع وتعمل جاهدة على خدمته وتقدمه وسعادته . وانها جزء من البناء الاجتماعي حيث ان التغيير الذي يطرأ على الأخير لابد ان يمس هذه المؤسسات ويغيرها في اتجاه معين . كما ان تعاون الشعب مع المؤسسات السياسية من حيث إطاعة وتنفيذ أوامرها وقوانينها ومبادرته بتزويدها بالكادر البشري الذي تحتاجه سيساعد على نجاحها وتقدمها ويشحذ همم قادتها على العمل الجدي المثمر في سبيل خدمة المجتمع وتحقيق أهدافه القريبة والبعيدة الأمد .

---

[*] أرجع إلى الفصل السادس لمعرفة تحليل العلاقة بين الدولة والمجتمع .

وهناك تعريف آخر لعلم الاجتماع السياسي ينص على انه العلم الـذي يدرس طبيعـة الظروف والعوامل الاجتماعية التي تؤثر في مجرى الأحداث السياسية في المجتمع ، ويـدرس كـذلك أثر الأحداث السياسية في البنية الاجتماعية ومكوناتها التركيبية [1]. ان علـم الاجتماع السياسي بموجب هذا التعريف يدرس العوامل والمتغيرات الاجتماعية كالمتغيرات الاقتصادية والدينية والقيمية والعسكرية والاديولوجية والتراثية التي تقف خلف الأحداث والقرارات السياسية التي تتوصل اليها القيـادة في المجتمع . ان علـم الاجتماع السياسي يحاول تشخيص الأسباب والظواهر الاجتماعية المختلفـة التـي تكمن وراء الأحداث والوقائع السياسية كالثورات والانقلابـات العسكرية والمظاهرات والمسيـرات الاحتجاجية ذات المضمون السياسي والحروب والمعاهدات والاتفاقيات والبرتوكولات وحـوادث العنف السياسي ... الـخ . فلـو أخـذنا ثورة الرابع عشر من تموز لعام ١٩٥٨ التي قامت بها القوات المسلحة الباسلة ودرسنا أسبابها الاجتماعية والحضارية المباشرة وغير المباشرة لشاهدنا بأن هناك أسباباً اجتماعية وحضارية كثيرة تكمن خلـف انـدلاع نيران هذه الثورة الوطنية وهذه الأسباب يمكن تلخيصها بالنقاط التالية :

١- خيبة الأمل والتداعي السياسي والاجتماعي والسيكولوجي الذي أصاب الأمة العربية بعد العدوان الثلاثي على مصر عام ١٩٥٦ . فالثورة جاءت لتضع حداً لهذا الانكسار والتداعي وتعيد ثقة الأمة العربية بنفسها وقدراتها المادية والبشرية وتدفع العرب نحو الوحدة وجمع الشمل للوقوف بوجه التحديات الخارجية .

٢- انخفاض المستوى الاقتصادي والاجتماعي بين المواطنين وانتشار البطالة والفقر والتخلف والمرض والأمية بينهم .

٣- وجود الفوارق الطبقية والاجتماعية بين المواطنين وعدم احترام السلطة لأبنائها ورعاياها .

٤- عدم وجود الرضا والطمأنينة بين أبناء الشعب نظراً لتقصير السلطة في أعمالها ومهامها وفشلها في تقديم أية مكاسب أو منجزات لجماهير الشعب الكادحة والمظلومة .

٥- فقدان القيم الاجتماعية والمثل الحضارية التي يصبو اليها الأفراد كالعدالة الاجتماعية والمساواة والديمقراطية والحرية .

٦- تصدع الوحدة الوطنية بسبب المسألة الكردية ومسألة الأقليات القومية في القطر وبسبب كثرة الحركات والاديولوجيات السياسية المتناقضة والمتنازعة بعضها مع بعض .

لجميع هذه الأسباب الاجتماعية والحضارية قامت ثورة الرابع عشر من تموز المجيدة عام ١٩٥٨م . وعلم الاجتماع السياسي يهتم بدراسة هذه الأسباب بعد فرزها وتشخيصها . ولكنه لا يكتفي بدراسة أسباب الحادثة أو الظواهر السياسية كالثورة مثلاً ، بل يهتم بدراسة نتائجها وانعكاساتها على المجتمع وما تستطيع ان تقدمه للإنسان والجماعة والكيان الاجتماعي برمته . فعلم الاجتماع السياسي يستطيع دراسة النتائج الاقتصادية والاجتماعية والنفسية والحضارية للثورة . وما تستطيع الثورة ان تقدمه لأبناء الشعب من مكاسب وطموحات تساعد على رفاهيتهم الاجتماعية وسعادتهم وازدهارهم كمواطنين يعتمد عليهم المجتمع. ان العالم الاجتماعي السياسي يستطيع بعد دراسته لأسباب ثورة الرابع عشر من تموز المباشرة منها وغير المباشرة تحديد النتائج والانعكاسات التي تركتها الثورة على بنية المجتمع العراقي بصورة خاصة والمجتمع العربي بصورة عامة . وهذه النتائج والانعكاسات تتجسد في المكاسب والانتصارات العديدة التي حققتها الثورة على الصعيدين القطري والقومي. هذه المكاسب والانتصارات التي جلبت للعراق والوطن العربي التقدم والنهوض المادي والاجتماعي والحضاري الذي يعترف به الأعداء قبل الأصدقاء .

وأخيراً يجب ان نشير هنا إلى إننا لا نستطيع فهم علم الاجتماع السياسي دون دراسة وفهم علم الاجتماع والعلوم السياسية وعلم النفس وعلم الأخلاق ، حيث ان هذه العلوم الأربعة تزود العالم الاجتماعي السياسي بالمادة الأساسية التي يعتمد عليها موضوعه العلمي واختصاصه الأكاديمي . كما انه يعتمد على هذه العلوم في الحصول على مصطلحاتها العلمية التي يستعملها في بناء فرضياته ونظرياته وأحكامه وقوانينه الكونية الشمولية. إضافة إلى ان العالم الاجتماعي السياسي يستعمل نفس الطرق المنهجية والعلمية التي تستعملها هذه العلوم في جمع مادتها ومعلوماتها وتصنيف حقائقها وبديهياتها كطريقة المقارنة والطريقة التاريخية والطريقة البنائية الوظيفية وطريقة المسح الميداني .

مجال علم الاجتماع السياسي **The Scope of Political Sociology**

نعني بمجال علم الاجتماع السياسي المواضيع والمواد التخصصية التي يدرسها هذا العلم ويبحث في مجالها وإطارها النظري والتطبيقي ومنهجيتها العلمية. ومن خلال التعرف على مجال علم الاجتماع السياسي نستطيع الإلمام بمواده الدراسية وأفقه العلمية وأهدافه الأكاديمية والبحثية . كما نستطيع تمييزه عن بقية العلوم الاجتماعية التي تربطه وإياها صلة وثيقة خصوصاً علم الاجتماع والعلوم السياسية والمواضيع التي يدرسها علم الاجتماع السياسي كثيرة ومتشعبة أهمها ما يلي :-

١- علاقة علم الاجتماع السياسي بفروع واختصاصات علم الاجتماع كعلم الاجتماع العسكري وعلم الاجتماع الحضري والصناعي وعلم اجتماع الدين وعلم اجتماع القانون وعلم اجتماع التربية وعلم اجتماع المعرفة ... الخ، وعلاقته بالعلوم الاجتماعية الأخرى كالاقتصاد والعلوم السياسية والتاريخ وعلم الاجتماع وعلم النفس والأنثروبولوجيا .

٢- منهجية علم الاجتماع السياسي والطرق العلمية التي يستعين بها في جمع المعلومات والحقائق والبيانات العلمية كالطريقة التاريخية ، وطريقة المقارنة والطريقة الفلسفية وطريقة المسح الميداني والطريقة البنائية الوظيفية ... الخ .

٣- العلاقة المنطقية بين المؤسسات الاجتماعية والمؤسسات السياسية .

٤- أصل نشوء وتطور الدولة والمجتمع .

٥- الدولة والسلطة ، شرعية السلطة ، العوامل التي تعتمد عليها شرعية السلطة، حقوق وواجبات السلطة تجاه الشعب وحقوق وواجبات الشعب تجاه السلطة، أنواع السلطات السياسية ، السلطة الديكتاتورية ، السلطة الديمقراطية والسلطة الكيرزماتيكية .

٦- السلوك الاجتماعي والسلوك السياسي، الوسيلة والهدف في السلوك الاجتماعي والسلوك السياسي .

٧- سيكولوجية الجماهير والجماعات الاجتماعية والسياسية .

٨- الأحزاب السياسية ، الاديولوجيات والجماعات الضاغطة .

٩- الرأي العام ، مراحل تكوين الرأي العام ، العوامل الاجتماعية والسيكولوجية التي تؤثر في تكوين الرأي العام والتي تبدل الرأي العام من شكل لآخر .

١٠- سيكولوجية الدعاية والإشاعة .

١١- التصويت السياسي والأحزاب السياسية .

١٢- القيادة ، الفوارق الأساسية بين القيادة والزعامة والرئاسة، أنواع القيادات، وظائف وصفات القائد ، العلاقة الجدلية بين القيادة والجماهير .

هذا ما يتعلق بمجال علم الاجتماع السياسي . أما الشروط العلمية التي تتوفر في هذا الموضوع والتي تجعل العلماء والمختصين يعتبرونه من العلوم الاجتماعية المتميزة فيمكن درجها كالآتي :

١- علم الاجتماع السياسي هو موضوع نظري وتطبيقي في آن واحد . ان لعلم الاجتماع السياسي فرضياته ونظرياته وقوانينه الشمولية المتعلقة بالمواد

الدراسية التي يهتم بها كالسلطات السياسية ، الدولة والمجتمع الأحزاب السياسية ، الجماهير ، الدعاية والإشاعة ، القيادة والجماهير ، الرأي العام ومراحل تكوينه والعوامل المؤثرة فيه ... الخ . وقد استطاع علماء الاجتماع السياسي النظريون صياغة الفرضيات والنظريات والقوانين العلمية بعد قيامهم بالدراسة النظرية والميدانية عن المواضيع الدراسية التي اهتموا بها [٢]. استعملوا عدة طرق ومناهج دراسية في جمع معلوماتهم وحقائقهم وبياناتهم عن الظواهر والتفاعلات الاجتماعية والسياسية كالطريقة التاريخية وطريقة المقارنة والطريقة التجريبية وطريقة المسح الميداني . وقد ساعدتهم هذه الطرق فعلاً على اكتساب المعلومات وتصنيفها وتحليلها والاعتماد عليها في صياغة الفرضية أو النظرية التي تشكل الهيكل الرئيسي لعلم الاجتماع السياسي النظري. وعلم الاجتماع السياسي هو علم تطبيقي أيضاً اذ يستعمل نظرياته وقوانينه وحقائقه في حل المشكلات الاجتماعية السياسية التي تجابه الإنسان والمجتمع . فالعالم الاجتماعي السياسي التطبيقي يستعمل مثلاً نظريات الدعاية والإشاعة في محاربة الحملات الدعائية المظللة التي تقوم بها الأوساط الإمبريالية والصهيونية ضد الأمة العربية من خلال أجهزتها الإعلامية [٣]. أو محاربة الإشاعات المخربة والهدامة التي يروجها جواسيس وعملاء الإمبريالية والصهيونية في الداخل والتي تستهدف زعزعة ثقة الجماهير بقيادتها الحكيمة أو شق الصف الوطني وتمزيق الوحدة القومية لأبناء الشعب العربي ... الخ .

٢- علم الاجتماع السياسي هو علم تجريبي وعقلاني . ان مقدرة علم الاجتماع السياسي على القيام بالدراسات العلمية التجريبية ذات المراحل النظامية تجعله من المواضيع العلمية التي تختلف كل الاختلاف عن المواضيع الفلسفية واللاهوتية . وجميع مواضيع علم الاجتماع السياسي يمكن دراستها دراسة علمية تجريبية وذلك من خلال اتباع المنهج الميداني في الدراسة والتحليل. فلو أخذنا موضوع أثر الخلفية الاجتماعية في التصويت السياسي وأردنا دراسته

دراسة ميدانية فإننا نستطيع استعمال المنهج التجريبي في فهم وتحليل الموضوع من خلال جمع المعلومات والبيانات الميدانية حوله . والدراسة الميدانية والامبريقية لهذا الموضوع تستلزم اختيار عينات من خلفيات اجتماعية مختلفة ومقابلة وحداتها مقابلة رسمية أو غير رسمية تستهدف جمع الحقائق عن سلوكها الانتخابي . وبعد الانتهاء من المقابلات وجمع البيانات من خلال استعمال أوراق الاستبيان تبوب المعلومات وتحلل إحصائياً [٤]. والتحليل الإحصائي يزودنا بنتائج تشير إلى اثر الخلفية الاجتماعية في التصويت السياسي .

ويكثر استخدام البحوث التجريبية في علم الاجتماع السياسي خصوصاً ما يتعلق بمجال تحليل السلوك السياسي . فالباحث هنا يختص بملاحظة السلوك السياسي في داخل المؤسسات السياسية أو خارجها. ومهمته هي تحديد البناءات التي يتشكل من خلالها هذا السلوك وأسبابه والنتائج المترتبة عليه .

٣- ان نظريات وقوانين وأحكام علم الاجتماع السياسي قابلة على الزيادة والتراكم بفضل البحوث والدراسات التي يجريها العلماء المتخصصون . يجب ان نشير هنا إلى ان نظريات وقوانين علم الاجتماع السياسي غير ثابتة وليست محدودة من ناحية كميتها وقدرتها على تفسير الظواهر والتفاعلات التي تهتم بدراستها وتحليلها . كما ان مجالها الدراسي غير جامد ولا متحجر . ومثل هذه الصفات التي تتميز بها مفاهيم ونظريات وقوانين علم الاجتماع السياسي تجعل العلم لا يختلف عن العلوم الاجتماعية الأخرى من ناحية الدرجة العلمية والطرق المنهجية والقدرة على التوسع والتطور [٥]. فالأساليب المنهجية والعلمية وكثرة المواضيع الدراسية التي يتخصص فيها علم الاجتماع السياسي إضافة إلى حداثة الموضوع وعدم نضجه وتكامل نظرياته وقوانينه تجعله قادراً على صياغة مفاهيم وفرضيات جديدة واكتشاف نظريات وقوانين فاعلة تساعده على النمو والاكتمال والتقدم. وكلما نمت وتطورت نظرياته وقوانينه كلما كان

بمقدوره كشف الظواهر الاجتماعية والسياسية وتفسير أنماطها وملابساتها ثم تطبيق حقائقها ونتائجها على المشكلات الاجتماعية والسياسية التي تواجه المجتمع المعاصر ومؤسسات الدولة وبقية المنظمات السياسية التي يحتضنها المجتمع [٦]. اذن قابلية علم الاجتماع السياسي على النمو والتطور النظري وزيادة فاعليته في معالجة مشكلات الدولة والمجتمع تجعل الموضوع متميزاً بالعلمية والعقلانية شأنه شأن بقية العلوم الاجتماعية الأخرى .

٤- ان علم الاجتماع السياسي هو علم موضوعي يهتم بوصف وتحليل الحقائق الاجتماعية والسياسية ولا يهتم بتقييمها أو انتقادها أو توجيه مسيرتها وصيرورتها [٧]. فالعالم الاجتماعي السياسي يهتم بوصف وشرح ومقارنة المؤسسات السياسية في المجتمع من حيث هياكلها البنيوية ووظائفها وأديولوجيتها وعلاقتها بالمؤسسات والمنظمات الاجتماعية الأخرى . ويدرس أسباب ونتائج سكونها وتحولها ويربط بين سكون وتحول المؤسسات السياسية وسكون وتحول المجتمع برمته . فهو مثلاً يدرس أنواع وأصول ووظائف السلطات السياسية ويربط بينها وبين المبررات الشرعية التي تستند عليها الدولة ، ويحلل العلاقة بين طبيعة السلطة وطبيعة القيادة التي تحكم وتوجه المجتمع . ان العالم الاجتماعي السياسي يميز بين السلطة التقليدية والسلطة الشرعية والعقلانية من جهة وبين القيادة الديكتاتورية والكرزماتيكية والقيادة الديمقراطية ولكن ليس من اختصاصه تقييم أنواع السلطات والقيادات كأن يفضل السلطة التقليدية على السلطة الكرزماتيكية أو يفضل القيادة الكرزماتيكية على القيادة الديمقراطية . فالتقييم هو من واجب الفيلسوف السياسي وليس من واجب العالم الاجتماعي السياسي. اذن طالما يحصر العالم الاجتماعي السياسي جهوده في وصف وتحليل ومقارنة النظم السياسية ولا يدخل في مشكلات التقييم والأحكام القيمية فان عمله واختصاصه يكون موضوعياً وبعيداً عن الفلسفة والذاتية .

ويمكننا التعرف على طبيعة علم الاجتماع السياسي من خلال دراسة وتحديد وظائفه التي يقدمها للفرد والجماعة والمجتمع والعلم ومن خلال إدراك واستيعاب المشكلات الدراسية والمنهجية والأكاديمية التي يجابهها هذا العلم . ان دراسة وظائف وأهداف علم الاجتماع السياسي توضح أهميته للمجتمع من خلال كشفه لحقيقة الترابط المنطقي بين المؤسسات السياسية والبنية الاجتماعية ومن خلال تشخيصه للمتغيرات الاجتماعية التي تكمن وراء العمل السياسي مع توضيح أثر العمل السياسي في تغيير المجتمع وتقدمه وسيره نحو تحقيق أهدافه العليا (٨) . وأهمية علم الاجتماع السياسي لا تقتصر ـ على إدراك وفهم طبيعة المجتمع السياسي، بل تنعكس أيضاً في تحليل دور الفرد في عملية التنشئة السياسية وأثر هذه العملية في بلورة وعيه الاجتماعي والسياسي وتحمل مسؤولياته الوظيفية والاجتماعية والوطنية خدمة لأغراض المجتمع التكتيكية والاستراتيجية . لكننا نستطيع تلخيص وظائف علم الاجتماع السياسي بالنقاط التالية :

١- فهم واستيعاب القواعد والأحكام الاجتماعية التي يستند عليها العمل السياسي وتستند عليها المؤسسات السياسية .

٢- تشخيص وتحليل وتفسير العوامل الاجتماعية والحضارية التي تساعد على الاستقرار والهدوء السياسي في المجتمع ومعرفة ماهية العوامل الاجتماعية التي تسبب الاضطراب السياسي والقلاقل السياسية التي تصدع وحدة المجتمع وتشق صفه الوطني والقومي (٩) .

٣- دراسة أسباب وطبيعة ونتائج الظواهر السياسية المعقدة دراسة اجتماعية تحليلية ونقدية تنبع من واقع وظروف وملابسات هذه الظواهر كدراسة الثورات السياسية والانقلابات العسكرية، الأحزاب السياسية ، التصويت السياسي، شرعية السلطة ، الحروب ، الحركات الاجتماعية والسياسية ... الخ .

٣- ربط المؤسسات والنظم السياسية من حيث نشوءها وتطورها وهياكلها ووظائفها بالمجتمع الذي توجد فيه وتتفاعل معه . فهذه المؤسسات والنظم ظهرت لتنظيم

المجتمع وتحل مشكلاته المستعصية وتوطد علاقاته مع المجتمعات الأخرى .

إضافة إلى قيامها بخدمة الفرد وتحقيق أهدافه وطموحاته القريبة والبعيدة الأمد.

أما أهداف علم الاجتماع السياسي فيمكن حصرها بالنقاط التالية :

١- تثبيت الحدود العلمية والأكاديمية بينه وبين فروع واختصاصات علم الاجتماع الأخرى كعلم اجتماع القانون وعلم اجتماع المعرفة وعلم اجتماع التربية وعلم الاجتماع الحضري وعلم الاجتماع الصناعي والريفي ... الخ من جهة . وبينه وبين العلوم الاجتماعية الأخرى كعلم الاجتماع والسياسة وعلم النفس وعلم الأخلاق ... الخ [١٠]

٢- العمل على زيادة أخصائيه وباحثيه وذلك من خلال إقناع علماء الاجتماع على المشاركة في بحوث ودراسات علم الاجتماع السياسي خصوصاً المواضيع التي لم تطرق لحد الآن كموضوع العوامل التي تسبب الاستقرار والهدوء السياسي والعوامل التي تسبب الاضطرابات والقلاقل السياسية ، وموضوع أسس توطيد العلاقات الاجتماعية التعاونية والمتفاعلة بين الدولة والمجتمع ، وموضوع الأسس الاجتماعية للديمقراطية وموضوع المشاركة الشعبية والجماهيرية في العمل السياسي وهكذا .

٣- ضرورة المبادرة على جمع الحقائق والمعلومات السياسية والاجتماعية التي من شأنها ان تكثر وتضاعف الفرضيات والنظريات والأحكام المتعلقة بحقل علم الاجتماع السياسي . وأمر كهذا لابد ان يساهم في تشعب وتراكم المعرفة العلمية في هذا الحقل الدراسي وفي نفس الوقت يساعد على كشف العديد من الظواهر السياسية الغامضة التي تحتاج في الوقت الحاضر إلى تفسيرات وتعليلات علمية ومنطقية .

أما أهم المشكلات المنهجية والدراسية والعلمية التي تجابه حقل علم الاجتماع السياسي فيمكن حصرها بالنقاط التالية :

١- قلة الخبراء والمتخصصين والباحثين في هذا الحقل الدراسي نتيجة لصعوبة الموضوع وتعقده العلمي ، وطول فترة الدراسة والتدريب في اختصاصه مع قلة الحوافز المادية والمعنوية التي تقدم لخبرائه ورجاله وأساتذته .

٢- غموض وعدم وضوح الحدود العلمية والأكاديمية التي تفصل بين علم الاجتماع السياسي والعلوم السياسية من جهة وبين علم الاجتماع السياسي وعلم الاجتماع من جهة أخرى . فعلم السياسة وعلم الاجتماع يبحثان نفس المواضيع التي يبحثها علم الاجتماع السياسي ويختص بها بالرغم من وجود الفوارق الأكاديمية والعلمية الواضحة بينهما [١١].

٣- حساسية المواضيع التي يدرسها علم الاجتماع السياسي لا تساعد العالم أو المختص على بحثها وتحليلها بصورة حيادية وإيجابية ولا تمكنه من جمع المادة الأساسية التي تفسر الظواهر والحقائق التي يهتم بها العلم .

٤- عدم بلورة وفاعلية الطرق المنهجية التي يستعملها علم الاجتماع السياسي في جمع مادته وحقائقه مع عدم استطاعة معظم هذه الطرق على كشف حقيقة الظواهر الاجتماعية والسياسية التي يهتم بها الموضوع وتعرية العوامل والمتغيرات التي تؤثر فيها وتعطيها خصائصها الموضوعية والثابتة .

منهجية علم الاجتماع السياسي

من المؤشرات الأساسية التي تدل على علمية علم الاجتماع السياسي طبيعة منهجيته التي يستعملها في جمع البيانات والحقائق والمعلومات التي منها يصوغ فرضياته ونظرياته العلمية . وهذه الفرضيات والنظريات تفسر وتحلل الظواهر والتفاعلات الاجتماعية والسياسية التي يهتم بدراستها العالم الاجتماعي السياسي . ان منهجية علم الاجتماع السياسي هي منهجية علمية تتجسد في الطرق الموضوعية والنظامية التي يعتمدها العلم وقت قيامه بجمع وتصنيف وتحليل وعرض البيانان والحقائق التي تهمه وتشغل مجالات اختصاصه [١٢]. فعلم الاجتماع السياسي يستعمل تقريباً نفس الطرق المنهجية التي تعتمدها العلوم الاجتماعية المستقرة كعلم

التاريخ والانثروبولوجيا والاقتصاد وعلم النفس ...الخ واستعماله لهذه الطرق يجعله لا يختلف عنها بأسلوبه الدراسي وقدرته على جمع المعلومات وتصنيفها وتحليلها وتفسيرها . واهم الطرق التي يستعملها علم الاجتماع السياسي والتي تساعده على النمو والتطور والتوسع هي الطرق التالية :

Historical Method	١-الطريقة التاريخية
Comparative Method	٢-طريقة المقارنة
Participant Observation Method	٣-طريقة الملاحظة بالمشاركة
Field Survey Method	٤-طريقة المسح بالمقارنة

١- الطريقة التاريخية

تفترض هذه الطريقة بأن العالم الاجتماعي السياسي لا يستطيع دراسة وفهم وتحليل النظم السياسية والسلوك السياسي والظواهر السياسية التي تقع في المجتمع في الفترة الحاضرة دون دراستها دراسة تاريخية مفصلة طالما ان النظم والظواهر السياسية المعاصرة ما هي الا وليدة التحولات التاريخية التي طرأت عليها فغيرتها وجعلتها تتميز بصفاتها الحاضرة التي نشعر بها الآن [١٣]. فالسلطة الشرعية العقلية التي تستند على المبررات الديمقراطية في حكمها للشعب والمجتمع قد تكون وليدة السلطة التقليدية التي تعتمد على قوة التقاليد والأعراف والسوابق الاجتماعية التي تخول الدولة حكم المجتمع [١٤]. أو قد تكون وليدة السلطة الكرزماتيكية التي تعتمد على الصفات الشخصية الخارقة والفذة التي يمتلكها القائد الكرزماتيكي والتي تخوله حكم المجتمع والسيطرة عليه . ان دراستنا للماضي تعطينا المجال لفهم الحاضر والتنبؤ عن المستقبل أي مستقبل الأحداث والوقائع الاجتماعية السياسية كالثورة أو الانقلاب أو الحرب أو الحركات الاجتماعية السياسية أو الانقسامات الفكرية والمذهبية ... الخ التي ستقع في المجتمع [١٥]. فالأنظمة السياسية المختلفة في الوطن العربي وما تكتنفه هذه الأنظمة من سلطات متنوعة وأحزاب سياسية

وجماعات ضاغطة وحركات اجتماعية تستهدف التطور والتغير ما هي الا امتداد تاريخي لنظم وممارسات وحركات سياسية كانت سائدة في الوطن العربي خلال الفترة الماضية. فلو أخذنا نظام الحكم في العراق خلال العهود الإقطاعية والرجعية والاستبدادية لشاهدنا بأنه لا يقف على قاعدة ديمقراطية وشعبية بل يعتمد على قوة الإرهاب والقهر والتسلط في حكم الجماهير . وان الجماهير لا تشارك مطلقاً في اتخاذ القرار السياسي الذي يهمها ويرسم معالم طريقها نحو التقدم والتطور الازدهار. ان الأساليب الخاطئة والمتحيزة والديكتاتورية المعتمدة على مبادئ الظلم والتعسف والقهر التي اتبعتها أنظمة الحكم الفاسدة قد أدت إلى سقوطها وتحولها إلى نظام يؤمن بدور الجماهير وقوتها في تحقيق الغد المشرق لها ، نظام يؤمن بالديمقراطية والحرية والعدالة الاجتماعية، نظام يريد التقدم والتحضر والتحديث . وقد تجسد هذا النظام بالعهد الثوري الوطني الذي جاء بعد ثورة السابع عشر من تموز عام ١٩٥٨ . أذن الطريقة التاريخية تدرس النظم والممارسات الاجتماعية والسياسية الماضية . ومثل هذه الدراسة تمكن عالم الاجتماع السياسي من فهم حاضر هذه النظم والممارسات ثم التنبؤ عن مستقبلها

ان لكل نظام سياسي تاريخه الخاص وان النظم تخضع لنمو وتطور وحركة المجتمع عبر الزمان . وبدون المعرفة الحقه بأصول وتطور النظم السياسية والاجتماعية فإننا لا نعرف هذه النظم ثم بالتالي لا تكون لدينا دراسة شاملة للمجتمع السياسي . والمنهج التاريخي قديم قدم كتابات أرسطو الذي اعتقد بان فهم أي شيء يتطلب فحص بداياته الأولى وتطوراته اللاحقة . فالمنهج التاريخي يسعى إلى تفسير النظم المختلفة في وجودها الواقعي واتجاهاتها ويزودنا بمعرفة حول أصولها وتطوراتها المتوقعة. المنهج التاريخي أذن يزودنا بإحساس تاريخي ومنظور تطوري . فالأحداث ليست منعزلة أو مستقلة بعضها عن بعض ولكنها مترابطة في سياق زمني محدد .

٢- طريقة المقارنة

وهي الطريقة التي يستعملها العالم الاجتماعي السياسي في جمع معلومات وصفية وتحليلية حول مجتمعات سياسية مختلفة ومتباينة من ناحية درجة تقدمها الحضاري والاجتماعي ونضجها السياسي والقانوني . وهذه المجتمعات قد تكون متباعدة الواحدة عن الأخرى ومعرضة لظروف وعوامل بيئية تجعلها مختلفة في مستواها التكنولوجي والاقتصادي والسياسي والديني. وبعد جمع مثل هذه المعلومات يقوم بمقارنتها ثم يستخرج القوانين الاجتماعية الكونية منها ، هذه القوانين التي تستند على أدلة وبراهين إحصائية أو مشاهدات موضوعية لها الأهمية في تفسير طبيعة الأنظمة السياسية لهذه المجتمعات (١٦) . ولهذه القوانين الفضل الكبير في تحديد طبيعة السلوك السياسي والنظم السياسية والعلاقة المتفاعلة بين السلطة والمجتمع . إضافة إلى مقدرة هذه القوانين على تنبؤ الحوادث والظواهر السياسية التي تأخذ مكانها في هذه المجتمعات . فقد يقسم العالم الاجتماعي السياسي الدول إلى ثلاثة أنواع من ناحية درجة ديمقراطيتها كالدول الديكتاتورية والدول الاوتوقراطية والدول الديمقراطية. وبعد هذا التقسيم يقوم بدراسة خصائص وميزات كل نوع منها ثم يستنتج القوانين الكونية والشمولية التي تحدد هياكلها البنيوية، وظائفها ، إيديولوجياتها وأنماط علاقاتها بالجماهير . ومثل هذه الدراسة تساعد على مقارنة هذه الأنماط من الدول بتشخيص أوجه الشبه والاختلاف بينها .

كان أرسطو أول من استخدم طريقة المقارنة في تحليل المجتمعات السياسية ذات المضمون الاجتماعي (١٧). ثم تطورت هذه الطريقة على أيدي مونتسكيو وتايكوفيلي وهربرت سبنسر- وجون ستيورت مـل . وتقوم الطريقة على دراسة النظم والأحداث السياسية في الماضي أو الحاضر وجمع المعلومات الضرورية عنها ثم تحليلها ومقارنتها بهدف استنباط بعض المبادئ السياسية العامة . يقول جون ستيورت مل ان المنهج المقارن يعني مقارنة نظامين سياسيين متماثلين في جميع الظروف ولكنهما يختلفان في عنصر واحد . ومن خلال دراسة أوجه التماثل

والاختلاف يمكن استخراج القوانين الكونية عن النظم والمؤسسات السياسية التي تساعد الباحث أو المختص على فهمها واستيعاب عناصرها الجوهرية [١٨]. مثلاً نقوم بمقارنة دولتين لهما نفس النظام القانوني والخلفية الثقافية والتركيب السكاني والموارد الطبيعية ولكنهما يختلفان في عامل واحد كوجود التخطيط في دولة واحدة وعدم وجوده في الدولة الأخرى . ومثل هذا الاختلاف يفسر التفاوت بين الدولتين في المستوى الاقتصادي مثلاً ، وهذا بدوره يمكننا من تفسير حقيقة العلاقة السببية بين التخطيط والرفاهية الاقتصادية . ومن الجدير بالذكر ان هناك صعوبات تواجه تطبيق المنهج المقارن على هذا النحو ترجع أساساً إلى تعقد وتعدد العوامل والظروف التي تحكم الحياة السياسية .

٣- طريقة الملاحظة بالمشاركة

وهي التي تتضمن اشتراك الباحث في الحياة السياسية للناس الذين يقوم بملاحظتهم ، ومساهمته في اوجه النشاط السياسي الذي يقومون به لفترة مؤقتة وهي فترة الملاحظة . ويتطلب هذا النوع من الملاحظة ان يكون الباحث عضواً في الجماعة التي يقوم بدراستها وان يتجاوب مع الجماعة ويتفاعل معها وان يمر في نفس الظروف التي تمر بها ويخضع لجميع المؤثرات التي تخضع لها [١٩]. ولا يكشف الملاحظ عن هويته أو يفصح عن شخصيته ليكون سلوك الجماعة المدروسة كالحزب السياسي مثلاً بعيداً عن التصنع والرياء . وقد يكشف الباحث شخصيته ويفصح عن غرضه . وهنا لابد ان يألفه أبناء المجتمع بمرور الزمن ويصبح وجوده شيئا اعتيادياً .

هذا ما يتعلق بالأساليب العلمية التي ينبغي ان يتبعها الباحث في الملاحظة بدون المشاركة وفي الملاحظة بالمشاركة . لكنه في بعض الحالات تفتقر الملاحظة التحديد الدقيق . وهنا ينبغي على الباحث تركيز ملاحظته على المشكلة موضوع الدراسة والانتباه إلى الموقف السياسي الذي يحيط بها [٢٠]. وقد يتضمن هذا الموقف أبعادا رئيسية ، إلا ان الباحث يجب أن يختار من بينها ما يتناسب مع أهداف

دراسته . فالباحث يجب أن يلاحظ ويشخص المشتركين في الدراسة والمطلوب فحصهم وتقصي الحقائق عنهم . من هم وما هي أعمارهم وأجناسهم وخلفياتهم الاجتماعية وانحداراتهم الطبقية ؟ ويجب أن يعين الفرد تحت الملاحظة ويفرز مكانته في المجتمع والدور الاجتماعي الذي يشغله وعلاقته بأدوار الآخرين [٢١]. كما يتحتم عليه تبيان الصلة التي تربط الأفراد المطلوب ملاحظتهم ، هل هم غرباء عن بعضهم ، هل سبق لهم التعارف ، هل هم أعضاء في جماعة واحدة ؟ وأخيراً يجب التعرف على طبيعة الاتجاهات والعلاقات الاجتماعية التي تربط بعضهم ببعض والمؤسسات أو المنظمات التي ينتمون أليها . وبجانب معرفة الأفراد تحت الملاحظة يجب على الباحث معرفة المكان الذي تكون فيه الملاحظة . ما نوع المكان الذي يذهب إليه الباحث لإجراء الملاحظة شارع ، مطعم ، مدرسة ، مصنع ، جامعة . وهل ان المكان ينطبق مع السلوك الذي يقوم به الأفراد الذين ينتمون إليه .

لا يكتفي الباحث بملاحظة الأفراد والمكان الجغرافي الذي يعيشون أو يعملون فيه بل يتطرق إلى التعرف على الهدف الذي دفع الجماعة إلى الاجتماع أو العمل أو التفاعل المتعمد أو غير المتعمد . فالباحث غالبا ما يقصد رصد الهدف الذي دعا أعضاء الجماعة إلى التجمهر أو التجمع في مكان ما . هل اجتمع الأفراد لغرض معين أو اجتمعوا بطريقة الصدفة ؟ فلو كانت هناك أهداف محددة فما هي ؟ الدراسة ، البيع والشراء ، المشاركة في احتفال ، المنافسة والنزاع ...الخ . كما يتطلب من الباحث معرفة استجابة الأفراد المجتمعين للهدف الذي اجتمعوا من اجله وهل هناك أهداف أخرى بالإضافة إلى الهدف الأصلي الذي اجتمعوا من اجله. كما يتطلب من الباحث فحص وتمحيص سلوك الأفراد الاجتماعي أي الاطلاع على أفعال المشاركين وتصرفاتهم والأساليب الذي يستعملونها أثناء التجمهر والاجتماع [٢٢].

وبالنسبة للسلوك الاجتماعي يجب ان يهتم الملاحظ بما يلي: الحادث المنبه أو الظروف المثيرة للسلوك ، الأسباب الموضوعية والذاتية للسلوك ،

الأفراد الذي يهدفهم السلوك ، طبيعة السلوك ، مميزات السلوك ، واخيرا آثار ونتائج السلوك .

وأخيراً يجب ان يهتم الملاحظ بتسجيل ظواهر وملابسات الملاحظة . من الأفضل ان يسجل الباحث ملاحظاته في نفس الوقت الذي تجري فيه الملاحظة لكي تقل أو تنعدم احتمالات التحيز ولكي لا ينسى الباحث الظواهر والمعالم والأشياء التي يلاحظها . فبعض الأمور تضيع من الذاكرة عن طريق النسيان وبعضها الآخر قد تحرفه الذاكرة بصورة متعمدة أو غير متعمدة . وقد يعارض البعض تسجيل الملاحظات في حينها لأن ذلك قد يضايق الأفراد الذين تجري عليهم الملاحظة أو يثير شكوكهم . كما ان انهماك الملاحظ في التسجيل كفيل بان يشتت انتباهه بين الملاحظة والتسجيل فتضيع منه حقائق قد تكون على جانب من الأهمية . ولكنه من الممكن في مثل هذه الأحوال ان يقوم الباحث بكتابة بعض الكلمات أو النقاط الرئيسية على بطاقة خاصة معدة لهذا الغرض . وبعد الانتهاء من عملية الملاحظة والذهاب إلى بيته أو دائرته يستطيع تدوين جميع المعلومات والتفصيلات عن الأشياء التي لاحظها أثناء زيارته للأفراد أو المكان المطلوب دراسته .

٤- طريقة المسح الميداني

ان طريقة المسح الميداني التي يستعملها علم الاجتماع السياسي في جمع حقائقه وبياناته هي من أكثر الطرق المنهجية شيوعاً وحداثة وأغلبها دقة وعلمية . وهي من أهم الطرق العلمية التي يستعملها علماء الاجتماع السياسي خصوصاً اذا عززت هذه الطريقة نتائجها الإحصائية وحقائقها الموضوعية بالمصادر والكتب العلمية التي تتناول نفس موضوع البحث الميداني الذي يقوم به العالم الاجتماعي السياسي كالعوامل الاجتماعية والحضارية التي تكمن خلف التصويت السياسي أو الأسباب الاجتماعية للانقسامات السياسية أو النتائج الاجتماعية والحضارية للثورة. وتتجسد أهمية وعلمية طريقة المسح الميداني بالمراحل التحليلية المتتابعة التي تعتمدها ابتداء من تصميم العينة وتصميم الاستمارة الاستبيانية إلى المقابلات

وتبويب المعلومات الإحصائية وانتهاء بعملية التحليل الإحصائي وكتابة التقرير أو الدراسة التي تتضمن النتائج النهائية للبحث العلمي الميداني [٢٣]. وتتجسد هذه الطريقة أيضاً باعتمادها المتزايد على الواقع الاجتماعي والتفاعل معه وجمع المعلومات منه وعكس طبيعته وسماته الأساسية بجميع إيجابياته وسلبياته ، اتساقه وتناقضه ، اعتداله وتطرفه .

يمكن القول هنا بان استعمال طريقة المسح الميداني استعمالاً علمياً ومنطقياً من قبل علم الاجتماع السياسي لابد ان يساهم مساهمة جدية في تحول هذا العلم من علم أدبي وفلسفي إلى علم موضوعي تتميز حقائقه ونظرياته وقوانينه بالدقة والواقعية [٢٤]. وتساعد هذه الطريقة علم الاجتماع السياسي على نمو وتراكم حقائقه ومعلوماته بحيث تمكنه من تكوين فرضياته ونظرياته وقوانينه الجديدة . وتلعب طريقة المسح الميداني الدور المؤثر في تحرير آراء وفرضيات ونظريات هذا العلم من سلبيات التحيز والتعصب وضيق التفكير التي غالباً ما تخيم على العلوم الاجتماعية فتجعلها قاصرة بطرحها ومشوهة بأفكارها ومضطربة بمفاهيمها ومبادئها .

ان طريقة المسح الميداني هي الطريقة الحديثة التي يستعملها العالم الاجتماعي السياسي في جمع معلوماته وبياناته الميدانية التي تساعده على بناء فرضياته وتكوين نظرياته وتوضيح حقائقه وصياغة قوانينه الاجتماعية الشمولية . وهي الطريقة المستعملة في أغلب وأشهر البحوث الاجتماعية والسياسية التي تتميز بالطابع العلمي والموضوعية المتناهية في الطرح والتحليل والاستنتاج . فالبحوث المتعلقة بوصف تركيب ووظائف الأحزاب السياسية ، والبحوث التي تدور حول المجتمع السياسي وما فيه من منبهات ونشاطات وعوامل ثابتة ومتغيرة ، والبحوث الرامية إلى قياس وتخمين الآراء والمواقف والانطباعات والاتجاهات السياسية للأفراد والجماعات هي بحوث تستعين بطريقة المسح الميداني . هذه الطريقة التي تساعد الباحث على ضبط وقياس والتأكد من صحة ما يحصل عليه من البيانات

التي تفسر الظواهر والعلاقات والتفاعلات الاجتماعية والسياسية تفسيراً منطقياً وعقلانياً وذلك من خلال اعتمادها على مبدأ التجريب والتحليل الإحصائي والاستنتاج الموضوعي للحقائق والمتغيرات التي يهتم بها الباحث الميداني . لكن طريقة المسح الميداني تعتمد على أساليب العينات الإحصائية ، الاستمارات الاستبيانية ، المقابلات الرسمية والتحليل الإحصائي، هذه الأساليب التي لابد من استعمالها واعتمادها في كشف الحقيقة والواقع الذي يروم الباحث حصره وتجريده ودراسته دراسة لا تعتمد على الخيال والحزر الفلسفي بل تعتمد على المبادئ العقلانية والواقعية والموضوعية .

الهوامش والمصادر

1. Pizzorno , A. Political Sociology , Penguin Book , Middlesex , London , 1971 , P. 7 .

2. Jacobson , N. and Lipman , An Outline of Political Science , Barnes and Nabel , London , 1951 , P. 15 .

٣. الحسن ، إحسان محمد (الدكتور) . سيكولوجية الدعاية والإشاعة، بحث منشور في مجلة الأمن القومي ، العدد الثاني لسنة ١٩٨٠ .

4. Moser , C.A. Survey Methods in Social Investigation , Heinemann , London , 1967 , P. 39 .

5. Johnson , H. Sociology : Systematic Introduction , Routledge and Kegan Paul , London , PP. 2-3 .

6. Ibid. , P. 5 .

7. Catlin , P. The Science and Methods of Politics , New York , 1956, P. 114 .

8. Strauss , L. What is Political Philosophy , The Free Press , 1959 , PP. 42-43 .

9. Ginsberg , M. Sociology , Oxford University Press , London , 1950 , P. 21 .

10. Davis , K. Human Society , New York , 1967 .

11. Al-Hassan , Ihsan M. The Beginning and Rise of Sociology in Iraq, An Article Published in " Szociologia " Hungarian Academy of Sciences, Budapest , No. 3 , 1978, P. 450 .

١٢. محمد ، محمد علي (الدكتور) . دراسات في علم الاجتماع السياسي، دار الجامعات المصرية ، القاهرة ، ١٩٧٨ ، ص٧٤ .

١٣. الحسن ، إحسان محمد (الدكتور). علم الاجتماع : دراسة نظامية، بغداد، ١٩٧٦ ، ص١٢٠ .

14. Weber , Max. The Theory of Social and Economic Organization , New York , 1969 , P. 130 .

١٥. ابن خلدون . المقدمة ، دار التعلم ، بيروت ، ١٩٧٨ ، ص١١-١٣ .

16. Ginsberg, M. Essays in Sociology and Social Philosophy, Vol. 1 , See the Ch. On the Comparative Method , Heinemann , London , 1956 .

17. Tomlin, E. The Great Philosophers of the Western World, London , 1955 , P. 61 .

18. Mill , J.S. The Scientific Method , London , 1949 See the Introduction .

19. Swedner , H. Observation and Participant Observation, A Paper Submitted to the Unesco Seminar on Social Research Methodology Held in Copenhagen-Denmark in July , 1968 .

20. Moser, C.A. Survey Methods in Social Investigation, P. 169 .

21. Madge , J. The Tools of Social Science , Longman , Green, London , 1953 , See the Ch. On Observation .

22. Firth, R. An Anthropologist's View of Mass Observation, The Sociological Review , 31 , 1939 , PP. 166-93 .

٢٣. الحسن ، إحسان محمد (الدكتور) . استعمال الطريقة الإحصائية في البحوث الاجتماعية الميدانية ، بحث منشور في مجلة المركز القومي للبحوث الاجتماعية والجنائية، العدد الأول، السنة الثالثة، آذار ١٩٧٤.

24. Jahoda , M. Deutsch , M. and Cook , S. Research Methods in Social Relations , Vol. 1 , Basic Processes , The Dryden Press, New York , 1951 , See the Introduction .

الفصل الثاني
علاقة علم الاجتماع السياسي بعلم الاجتماع والعلوم السياسية

يهتم علم الاجتماع بدراسة الظواهر الاجتماعية الناتجة عن تعامل وتفاعل الناس بعضهم مع بعض وعلاقتهم بعضهم ببعض في الجماعات المختلفة كالأسرة والجماعة الترفيهية والمدرسة والجماعة المهنية والحزب السياسي أو في المجتمعات المختلفة كالحي والقرية والمدينة . ولذلك لا يبعد عن الصواب من يقول ان علم الاجتماع يدرس العلاقات الاجتماعية التي تنشأ بين الأفراد والجماعات من حيث تكوينها وشدتها ومدى استدامتها واتجاهاتها وأهدافها وما ينظمها أو يشكلها أو يغيرها [1]. وهناك بعض العلماء يعتقدون بأن ميدان الاجتماع يشمل العلوم الاجتماعية كلها بضمنها العلوم السياسية ولذلك قالوا ان علم الاجتماع هو علم العلوم [2]. ولكن الحقيقة والواقع ان لكل علم من العلوم الاجتماعية كالعلوم السياسية والانثروبولوجيا والتاريخ وعلم النفس ميدانه الخاص ومصطلحاته العلمية وطرقه المنهجية وأساليبه الدراسية ومشكلاته الأكاديمية التي تجعله متميزاً عن غيره من العلوم الأخرى . وفي نفس الوقت مكملاً لها طالما ان العلوم الاجتماعية كلها تدرس زوايا المجتمع المختلفة [3]. ولما كانت زوايا وأركان المجتمع متكاملة فان العلوم الاجتماعية ذاتها تكون متكاملة ومترابطة ولا يمكن فصل بعضها عن بعض فصلاً كاملاً . فعلم الانثروبولوجيا الاجتماعية يدرس الإنسان نفسه ويدرس مؤسساته البنيوية من ناحية أصولها التكوينية وتطورها التاريخي ووظائفها وعلاقات بعضها ببعض . وعلم الاقتصاد يدرس الطريقة التي من خلالها يستطيع الإنسان كسب عيشه وتنظيم حياته المادية ويركز على فهم واستيعاب فعاليات الإنتاج والتوزيع

والاستهلاك والعلوم السياسية تركز على دراسة ظواهر القوة والسلطة والعلاقة بين الشعب والدولة من ناحية الحقوق والواجبات مع الإشارة إلى المؤسسات السياسية من حيث وظائفها وأهدافها القريبة والبعيدة الأمد .

لكن ليس هناك قاعدة يعتمد عليها في التمييز بين هذه العلوم ، فالعلوم الاجتماعية كلها تهتم بدراسة نفس الظواهر الخارجية التي هي حقائق الحياة الاجتماعية وتركز على فهم وتحليل نشاطات وفعاليات الإنسان المختلفة وتحاول تعليل أسبابها وتشخص نتائجها وملابساتها . ان كل علم من العلوم الاجتماعية يثير عدة تساؤلات واستفسارات تتعلق بمجاله النظري والعلمي ويحاول الإجابة عليها بعد قيامه بالمشاريع البحثية النظرية والتطبيقية هذه المشاريع التي تمكنه من جمع المعلومات وتصنيفها وتحليلها بغية التوصل إلى النتائج النهائية . وتستعمل النتائج النهائية هذه في صياغة فرضياته ونظرياته وقوانينه الشمولية التي تؤدي بالنهاية إلى تطويره وتراكم مواده النظرية والمنهجية [٤]. أذن العلوم الاجتماعية هي علوم تجريدية تختص بدراسة الأشياء دراسة باطنية وظاهرية مشتقة من طبيعتها ومميزاتها وملابساتها . وان هناك تكاملاً بينها وهذا التكامل يمنحها القدرة على تفسير الظواهر الاجتماعية والتنبؤ عن الحوادث التي تقع في المستقبل .

من الجدير بالذكر ان العلوم الاجتماعية تختص بدراسة الإنسان في المجتمع. فالحياة الاجتماعية للإنسان تتطلب وجود العديد من أدوات ووسائل العيش المادية وغير المادية . وكلما يرتقي الإنسان اجتماعياً وحضارياً كلما تزداد حضارته تعقيداً وتشعباً وتركيباً وتصبح بحاجة ماسة إلى التحليل والدراسة من زوايا مختلفة ومتنوعة . والحياة اليومية للإنسان تفرض عليه تكوين علاقات إنسانية لا حصر لها [٥]. فهو عضو في جماعات مختلفة يفكر ويشعر ويكتسب المعرفة وفي نفس الوقت يتصل بالآخرين ليكون عاداته وتقاليده ومعتقداته [٦]. والإنسان ينظم شؤونه وصلاته بالآخرين ويحقق مصالحه عن طريق السلوك والتفاعل والتحرك داخل المجتمع السياسي . وقد ظهرت العلوم الاجتماعية في بادئ

الأمر لدراسة الجوانب المتداخلة والمشتركة للحياة الاجتماعية . وقد كانت في بدايتها علماً اجتماعياً واحداً ولكنها ما لبثت ان أقسمت إلى فروع واختصاصات دراسية مختلفة . كل فرع يتخصص بجانب معين من جوانب الحياة الاجتماعية وبطريقته العلمية المتميزة . ولاشك ان هذا التخصص نتج في تقدم هذه الفروع ومنحها مزيداً من الدقة والكفاءة والقدرة على التحليل . ولكن تشعب الفروع الدراسية الاجتماعية لا يخلو من النتائج السلبية التي أثرت في علاقات بعضها ببعض تأثيراً مشوشاً . فقد ترتب على عزل العلوم وانفصال بعضها عن بعض تقسيم النشاط الإنساني إلى فئات ضيقة ومتحيزة تستند على عزل الجوانب المتشابكة للحياة الاجتماعية بصورة تعسفية وافتراضية بحتة بحيث تصور البعض ان هناك إنساناً اجتماعياً واقتصادياً وسياسياً وتاريخياً دون إدراك التكامل بين هذه الجوانب. هذا فضلاً عن عدم إمكانية تجزئة المجتمع إلى قطاعات مختلفة ووضع الحدود الصلبة بينها كما يفترض بعض المتخصصين في فروع العلوم الاجتماعية المختلفة [٧]. لهذا يجب علينا القول بأنه على الرغم من استقلالية علم الاجتماع أو العلوم السياسية عن العلوم الاجتماعية الأخرى فان لهذه العلوم وشائج وعلاقات صميمية مع العلوم الاجتماعية تتعلق بمناهجها الدراسية وأهدافها العامة ومصطلحاتها العلمية وقوانينها الدراسية واهتماماتها النظرية والتطبيقية .

ان علم الاجتماع الآن يهتم بدراسة الإنسان بصفته نتاجاً للحياة الاجتماعية [٨]. ويحلل هذا العلم السلوك الاجتماعي وأنماط التفاعل والعلاقات الاجتماعية التي تربط الأفراد وأحدهم بالآخر والعادات والتقاليد والحضارة وبناء ووظائف الأنظمة الاجتماعية والقيم والمثل التي تنظم الحياة الاجتماعية إضافة إلى دراسة أنماط المؤسسات البنيوية التي يتكون منها التركيب الاجتماعي من حيث أسسها وعناصرها التكوينية . أصولها التاريخية ، ووظائفها المؤسسية وأهدافها القريبة والبعيدة الأمد وأخيراً طبيعة العلاقات الاجتماعية بين أركانها الداخلية من جهة وبينها وبين المجتمع الكبير من جهة أخرى [٩]. وأخيراً يهتم علم الاجتماع

بدراسة أسباب الاستقرار والسكون الاجتماعي (Social Static) وأسباب التحول والداينميكية الاجتماعية (Social Dynamic) [١٠].

أما العلوم السياسية فتركز على دراسة الدولة وعلاقتها بالأفراد الذين تحكمهم وهذه العلاقة غالباً ما تقوم على قواعد مقررة ومقبولة توصف بالشرعية والقانونية [١١]. وتهتم العلوم السياسية بدراسة الأحزاب السياسية والسلوك السياسي والقيادة والجماعات الضاغطة والرأي العام وأسس الإدارة العامة. ويرتبط بهذا الميدان ذلك الاتجاه الذي يعني بدراسة الدولة دراسة مقارنة . وتركز هذه الدراسة على الخبرات السياسية والأنظمة وأنماط السلوك والعمليات التي تظهر مصاحبة للدول الحديثة بمختلف نماذجها وغالباً ما تعني العلوم السياسية بتلك الأنظمة التي تنحدر من أصول اديولوجية وفكرية مشتركة وعادات وتقاليد اجتماعية متشابهة ونظم اقتصادية وثقافية واحدة كدول الوطن العربي والدول الاشتراكية ودول الكمنويلث والحكومات البرلمانية في غرب أوربا . أما الموضوعات التي تناقشها هذه الدراسات فتضم القيادة السياسية ، النخبة الحاكمة وغير الحاكمة (Ruling and Non-Ruling Elite) من حيث مصادر تكوينها والطابع المميز لها ، ودراسات الأحزاب والسلوك الانتخابي ومشكلات التنشئة السياسية والتغير السياسي والاختلافات في الاديولوجيات القومية والاشتراكية ... الخ .

ويشترك علماء الاجتماع والسياسة في تبني نظرة شاملة للتنظيم الاجتماعي فالظواهر السياسية كالمعاهدات والاتفاقيات والبرتوكولات السياسية ، والحركات السياسية والحروب والسلطات والقوة السياسية ، يمكن تحليلها على ضوء البناء الاجتماعي بحيث يصبح الواقع السياسي تابعاً للواقع الاجتماعي. واكتسب ميدان الاجتماع السياسي (Political Sociology) أهمية خاصة بعد ان تبلورت مفاهيم ومصطلحات جديدة كالنسق الاجتماعي والجماعات السياسية وبناء القوة والقيادة والنخبة السياسية . واستعملت في بناء وتكوين فرضياته ونظرياته الاجتماعية والسياسية المتطورة والقادرة على تفسير ظواهره وملابساته [١٢]. وبعد ان

استخدمت الطرق المنهجية العلمية في جمع معلوماته وحقائقه التي يعتمدها في شرح وتفسير الظواهر والتفاعلات والمشكلات التي يهتم بدراستها والتي تشتق من مجاله الدراسي وافقه النظري والأكاديمي . وقد ظهر علم الاجتماع السياسي في الفترة التاريخية التي اصبح من الممكن فيها التمييز بين ما هو اجتماعي (Social) وبين ما هو سياسي (Political) . ويمكن اعتبار عام ١٨٤٠ تاريخاً محدداً لظهور هذا العلم خصوصاً بعد قيام ماركس بانتقاد فلسفة هيجل وقيام فون شتاين بتحليل تأريخ الحركات الاجتماعية في أوربا خلال القرن التاسع عشر . وفي نفس الفترة الزمنية ظهر مصطلح المجتمع المدني (Civil Society) الذي كان ثمرة تفكير وتأمل لفترة طويلة من الزمن . اذ ساعدت كتابات هوبز ولوك وروسو وأخيراً هيجل في توضيحه وإضافة أبعاد جديدة له . وخلال منتصف القرن التاسع عشر أصبح المجتمع يعني نسق العلاقات الاجتماعية المتبادلة . وقد ظهرت فيه الطبقات الاجتماعية المتخاصمة التي عبر عنها ماركس في كتابه رأس المال . وظهور الطبقات كان بسبب امتلاك المادة والقوة والنفوذ الاجتماعي من قبل فئة اجتماعية وعدم امتلاكها من قبل الفئة أو الطبقة الأخرى [١٣]. وحقيقة كهذه تثير الصراع بين هاتين الطبقتين ، والصراع يقود إلى إعلان الثورة الاجتماعية والسياسية وتحول المجتمع برمته من شكل لآخر . ومثل هذه الحقائق تدل على ان الظواهر السياسية كالثورة وتبدل نظام الحكم تعتمد على حقيقة البناء الطبقي . وأصبح المختصون في الاجتماع والسياسة يتفقون على ضرورة تفسير الظواهر السياسية بموجب معطيات العلاقات الاجتماعية التي تسود المجتمع بأسره . وقد اعترف ماكس فيبر في أحد مقالاته حول العلاقة بين السياسة والدين بأن المجتمع السياسي يحب فصله عن المجتمع الديني خصوصاً بعد تطور المجتمع البشري مادياً وحضارياً وبعد انتشار الأفكار التحررية خلال فترة الإصلاح الديني التي كانت تدعو إلى تحرر أفكار الإنسان وقرائحه من ضغوط وقيود الكنيسة البابوية . كما نادى فيبر بضرورة فصل الدولة عن المجتمع المدني نتيجة لنمو وتطور البرجوازية

حيث ان واجبات وحقوق المجتمع تختلف عن واجبات وحقوق الدولة [١٤]. وقد توضح هذا الاختلاف واصبح بارزاً بعد تعقد المجتمع المدني وزيادة حاجات أبنائه وبعد التقدم التكنولوجي والعلمي والمادي الذي شهده المجتمع البرجوازي بعد الثورة الصناعية . والخلاصة ان الفكر السياسي المعاصر ظهر نتيجة وجود تيارين اجتماعيين أساسيين : الأول يهتم بالتمييز بين المجتمع والدولة أي بين ما هو اجتماعي وما هو سياسي . وقد توصل إلى نتيجة مفادها بأن الظواهر السياسية محكومة بنفس القوانين التي تحكم الظواهر الاجتماعية . والثاني يتعلق بالصفات الثنائية للسياسة أي كونها أداة للإدارة والضبط وتمشية أمور الأفراد في المجتمع ، وكونها أداة لحل وإزالة الصراع بين الجماعات والأفراد حول المصالح والأهداف والطموحات التي يحاولون تحقيقها من خلال تعاونهم أو تنافسهم مع الآخرين [١٥].

علاقة علم الاجتماع السياسي بعلم الاجتماع

اذا فهمنا وأدركنا ماهية علم الاجتماع السياسي وطبيعته وأغراضه ومنهجيته وقارناها بماهية وطبيعة وأغراض ومنهجية علم الاجتماع فإننا نستطيع استنتاج وتحليل أوجه الشبه والاختلاف بين العلمين وبالتالي معرفة واستيعاب العلاقة المتفاعلة بينهما . فعلاقة علم الاجتماع السياسي بعلم الاجتماع هي علاقة وثيقة ومترسخة اذ لا يمكن للعلمين الاستقلال والانفصال عن بعضهما البعض طالما ان الأخصائي الاجتماعي يعتمد على دراسات وأبحاث علم الاجتماع السياسي لدى معرفته أثر العوامل الاجتماعية في الأحداث السياسية والنتائج والانعكاسات التي تتركها هذه الأحداث على البنية الاجتماعية . كما ان العالم الاجتماعي السياسي يعتمد على دراسات علم الاجتماع في فهم العلاقة المتفاعلة بين مؤسسات المجتمع وأثر الإنسان فيها . إضافة إلى استعمال مصطلحات ومنهجية ونظريات علم الاجتماع في دراسة الظواهر والعمليات والتفاعلات الاجتماعية والسياسية التي يتخصص فيها العالم الاجتماعي السياسي .

ان علاقة علم الاجتماع السياسي بعلم الاجتماع تتجسد بحقيقة كون علم الاجتماع السياسي فرعاً مهماً من فروع علم الاجتماع وكون علم الاجتماع أقرب المواضيع لعلم الاجتماع السياسي . فعلم الاجتماع السياسي يعتمد على علم الاجتماع في صياغة وعرض نظرياته وفي طرح وربط قوانينه الكونية بعضها ببعض وفي دراسته للواقع السياسي دراسة اجتماعية مشتقة من طبيعته وملابساته والعوامل المتشعبة التي تؤثر فيه (١٦). لكن علم الاجتماع كما أسلفنا هو علم واسع يدرس جميع أنظمة ومؤسسات المجتمع دراسة عامة وشاملة ، ومثل هذه الدراسة تساعده على اشتقاق القوانين العامة التي تفسر حقيقة الوجود الاجتماعي بما فيه من تعقد وتشعب وغموض . ويهتم علم الاجتماع بدراسة الفعل ورد الفعل بين المؤسسات المادية والمثالية للمجتمع ويحدد العوامل التي ترسم العلاقة بينها وتدفعها نحو التباين والاختلاف أو التماسك والتكامل . ويدرس علم الاجتماع أيضاً العادات والتقاليد والقيم والمقاييس والمثل الاجتماعية ويشخص أثرها في بناء وتكوين النماذج السلوكية لأفراد وجماعات المجتمع كما يركز على دراسة أسباب السكون والاستقرار الاجتماعي ودراسة الحركة والداينميكية الاجتماعية ، إضافة إلى اهتماماته بفحص نتائج الاستقرار والداينميكية الاجتماعية على الإنسان والمجتمع الكبير . وأخيراً يدرس علم الاجتماع مشكلات المجتمع المادية والحضارية دراسة علمية وتحليلية تتطرق إلى أسبابها ونتائجها والظواهر الإنسانية المرضية التي تجلبها للمجتمع ثم يقترح الإجراءات والحلول التي من شأنها ان تعالج هذه المشكلات وتضع حداً لها . أما علم الاجتماع السياسي فيختص بدراسة المؤسسات السياسية والظواهر والمشكلات السياسية دراسة اجتماعية علمية وتحليلية تهدف نحو تشخيص وتحليل العوامل الاجتماعية والحضارية التي تقف وراء الظواهر والأحداث السياسية ، وترمي إلى دراسة الأصول والجذور الاجتماعية للمنظمات والمؤسسات السياسية في المجتمع (١٧). إضافة إلى اهتمام علم الاجتماع بدراسة الآثار الاجتماعية والحضارية التي تتركها الظواهر والأحداث السياسية التي تقع في

المجتمع كالثورات السياسية ، والمعاهدات والاتفاقيات الدولية ، والاضطرابات السياسية والحروب ... الخ .

ان علاقة علم الاجتماع بعلم الاجتماع السياسي هي علاقة وطيدة تنعكس في حقيقة اعتماد علم الاجتماع على دراسات وأبحاث ونتائج وأحكام علم الاجتماع السياسي. هذه المعلومات التي تساعده على فهم ومعرفة طبيعة المؤسسات السياسية، التي يدرسها العالم الاجتماعي جنباً إلى جنب مع بقية المؤسسات الاجتماعية البنيوية الأخرى، من حيث نشوءها وتطورها وأسسها الاجتماعية والعوامل المؤثرة في ديمومتها واستقرارها وصيرورتها . ومثل هذه المعلومات يستفيد منها العالم الاجتماعي عند دراسته وتحليله للعوامل والظواهر المشتركة التي تظهر في المنظمات السياسية . أما أهمية علم الاجتماع لعلم الاجتماع السياسي فتتجسد بقابلية علم الاجتماع على تحليل وتفسير ماهية الظواهر والعوامل الاجتماعية التي تؤثر في استقرار وداينميكية المجتمع وتتجسد بالعلاقة العضوية بين مؤسسات المجتمع المختلفة وفي العوامل الذاتية والموضوعية التي تؤثر في العلاقات الاجتماعية والسلوك الاجتماعي للأفراد وأخيراً تبرز أهمية علم الاجتماع بدراسته للتفاعل العضوي بين الفرد والجماعة والمجتمع وقدرته على تفسير ظواهر الاستقرار والحركة الاجتماعية وتشخيص القوانين التي تحكمها وتسيطر على فاعليتها [١٨]. ومثل هذه الحقائق والمعلومات يستفيد منها العالم الاجتماعي السياسي فائدة كبيرة عند قيامه بدراسة وتحليل الأحداث والظواهر والمؤسسات السياسية في المجتمع .

أما أوجه الشبه والتكامل بين علم الاجتماع وعلم الاجتماع السياسي فيمكن درجها بالنقاط التالية :

١- ان علم الاجتماع يدرس جميع مؤسسات المجتمع دراسة بنائية وظيفية ودراسة تحولية في آن واحد . فالعالم الاجتماعي يدرس مثلاً المؤسسات الاقتصادية والمؤسسات السياسية دراسة تفصيلية وتحليلية ثم يربط بينها ربطاً سببياً وعقلانياً يستهدف فهم أثر الأحداث السياسية في الظواهر الاقتصادية أو أثر

الأحداث الاقتصادية في الأحداث السياسية . وعلم الاجتماع السياسي يدرس الفعل ورد الفعل بين المؤسسات السياسية والمجتمع أي يدرس الأسباب والنتائج الاجتماعية للأحداث والظواهر السياسية . اذن كل من علم الاجتماع وعلم الاجتماع السياسي يدرسان الفعل ورد الفعل بين المؤسسات السياسية وبقية مؤسسات المجتمع .

٢- يستعمل علم الاجتماع السياسي نفس المصطلحات التي يستعملها علم الاجتماع كاصطلاح المؤسسة والمنظمة، الدور والمنزلة، القوة والنفوذ، الطبقة والنخبة ، بناء القوة وبناء النخبة ، الاستقرار والتغير الاجتماعي، الديمقراطية والاتوقراطية ، الديكتاتورية والكرزماتيكية ... الخ. كما ان معاني المصطلحات هذه والطريقة التي تستعمل في بناء الفرضيات والنظريات والتعبير عن الأفكار والمفاهيم هي واحدة ومتكاملة ولا يمكن التفريق بينها مطلقاً.

٣- تشابه الطرق المنهجية والعلمية التي يستعملها العلمان في جمع المعلومات والحقائق وصياغة المفاهيم والفرضيات والنظريات . ان كلا العلمين يستعملان الطريقة التاريخية وطريقة المقارنة وطريقة المسح الاجتماعي الميداني وطريقة المشاهدة والمشاهدة بالمشاركة .

٤- ان كلا العلمين يتقيدان بالمناهج والأساليب العلمية التي تتبعها العلوم الاجتماعية والطبيعية على حد سواء ويتميزان بالصفات العلمية والموضوعية التي تتسم بها بقية العلوم ككونهما علمين نظريين وتطبيقيين في آن واحد . وان أساليبهما البحثية والتحليلية تتميز بالجانب الامبريقي والموضوعي . كما ان نظرياتهما وقوانينهما الكونية قابلة للزيادة والكثرة والتراكم ، إضافة إلى كونهما علوماً تهتم بالوصف والتحليل والعرض ولا تهتم بالتقييم الفلسفي والأحكام القيمية التي تشغل بال الفلسفة والدين واللاهوت .

وبالرغم من تشابه العلمين فان هناك ثمة فروقاً أساسية بينهما وهذه الفروق يمكن تلخيصها بالنقاط التالية :

١- يدرس علم الاجتماع المجتمع برمته بما فيه من مؤسسات ومنظمات اجتماعية، سلوك وعلاقات اجتماعية ، سكون وداينميكية اجتماعية . بينما يدرس علم الاجتماع السياسي أثر العوامل الاجتماعية والحضارية في الحوادث السياسية ويدرس في نفس الوقت نتائج الحوادث السياسية على الفرد والجماعة والمجتمع.

٢- ان حقل علم الاجتماع أوسع بكثير من حقل علم الاجتماع السياسي حيث ان علم الاجتماع يدرس الحياة الاجتماعية برمتها ، بينما علم الاجتماع السياسي يدرس العلاقة الديلكتيكية بين المؤسسات السياسية والمجتمع .

٣- ان حقل علم الاجتماع أقدم تاريخياً من حقل الاجتماع السياسي . فالحقل الأخير ظهر بعد تعقد الحياة السياسية في المجتمع وبعد زيادة أهمية الدولة وارتفاع هيبتها نتيجة للخدمات الكثيرة والمتفرعة التي تقدمها للأفراد والجماعات وبعد تشابك وتظافر المنظمات السياسية وحاجة المجتمع الماسة له. فالدولة التي هي من أكبر وأقدم المنظمات السياسية في المجتمع مسؤولة عن تخطيط المجتمع وتلبية حاجاته والعمل على إزالة مشاكله وسلبياته خصوصاً بعد تعقد الحياة الاجتماعية وزيادة العوامل والقوى المؤثرة فيها وبعد تطور ونمو المجتمع البشري في الأصعدة المادية والروحية والقيمية .

٤- يعني علماء الاجتماع بدراسة أثر القيم والقواعد الاجتماعية في الروابط القائمة بين الوحدات الاجتماعية المختلفة التي تكون النظام الاجتماعي الكبير . في حين يعني علماء الاجتماع السياسي بدراسة العلاقة المتفاعلة بين المجتمع ونظام الحكم أي بين البنى الاجتماعية والمؤسسات السياسية
(١٩)

علاقة علم الاجتماع السياسي بالعلوم السياسية

لا نستطيع فهم وإدراك طبيعة العلاقة المتفاعلة بين هذين العلمين دون معرفتنا لطبيعتهما ومنهجيتهما وأهدافهما وأبعادهما ومجالاتهما النظرية والتطبيقية ودون تشخيص الفوارق الجوهرية بينهما كعلمين مستقلين تربطهما روابط علمية

ومنهجية ونظرية قوية ومتماسكة . فالعلوم السياسية هي من العلوم الاجتماعية المهمة التي تهتم بدراسة أصول وبنيات ووظائف وايديولوجية الأنظمة والأحداث والظواهر السياسية في المجتمع وتركز على تفسير أسباب ظهورها وديمومتها وتغيرها من فترة لأخرى [٢٠].

ان العلوم السياسية تدرس الدولة دراسة مفصلة وتهتم بتحليل العلاقة بين الأفراد والسلطات ، هذه العلاقة التي تقوم على قواعد ومبررات شرعية يعترف بها الطرفان. هذا فضلاً عن اهتمام العلوم السياسية بدراسة الأحزاب السياسية والسلوك السياسي. القيادة والجماعات الضاغطة ، الرأي العام وأسس الإدارة العامة. وتدرس العلوم السياسية حقل العلاقات الدولية هذا الحقل الذي يعالج المسائل والقضايا التي تظهر على المسرح السياسي الدولي . ومن الجدير بالذكر ان نطاق الظواهر السياسية ذات الطابع الدولي واسع جداً بحيث يمكن تقسيمه إلى أقسام فرعية كالقانون الدولي والعلاقات الدولية والسياسة الدولية والتنظيم الدولي. ويسعى علم السياسة في هذا الميدان بصورة عامة إلى تحليل طبيعة العلاقات بين دول العالم وتقييم عوامل الصراع وأسباب التعاون بينها . وهناك موضوع النظرية السياسية (Political Theory) الذي تهتم به العلوم السياسية . وينصب اهتمام هذا الموضوع على دراسة الأساس الفلسفي والفكري للسياسة [٢١]. وواجب العالم السياسي المتخصص في هذا الميدان الدراسي ينحصر في نقطتين أساسيتين هما عملية التعريف والتعميم والتصنيف الضرورية لصياغة المفاهيم والمصطلحات التي يدور حولها التفكير السياسي ، والثانية هي اكتشاف طبيعة المجتمع السياسي ووظائفه وأغراضه ، إضافة إلى دراسة التراث السياسي الذي يتضمن الأفكار والمذاهب والايديولوجيات التي تشكل الإطار الشامل للسياسة ككل . اما حقل علم الاجتماع السياسي فيشمل دراسة العوامل والمتغيرات الاجتماعية التي تكمن خلف الظواهر والأحداث والقوى السياسية، تشريح المؤسسات السياسية تشريحاً سسيولوجياً، تحليل العلاقة الديلكتيكية بين الدولة والمجتمع من خلال دراسة أهمية كل منهما للآخر،

وأخيراً دراسة الحركات الاجتماعية ذات الأبعاد السياسية دراسة تحليلية وعلمية تستهدف استيعاب أسباب ظهورها، تطورها ، وظائفها وأهدافها وأخيراً الوسائل التي تستعملها في الوصول إلى مراكز القوة والحكم . إضافة إلى قيام العلم بتطوير أسسه المنهجية وزيادة نظرياته وقوانينه الكونية التي تنتج في نموه ونضوجه وتطوره .

ان العلوم السياسية تحتاج إلى اختصاص علم الاجتماع السياسي حاجة ماسة وذلك لقدرته على تزويدها بالحقائق والقوانين الاجتماعية التي تفسر السلوك السياسي تفسيراً عقلانياً وعلمياً ، ولكفاءته على تخمين النتائج الاجتماعية التي تتمخض عن السلوك السياسي والأحداث السياسية التي تأخذ مكانها في المجتمع إضافة إلى مساعدة العلوم السياسية على فهم المؤسسات السياسية من خلال دراسة علاقتها بالمؤسسات البنيوية الأخرى التي تتفاعل معها في الحياة العلمية [٢٢]. وأخيراً يلعب علم الاجتماع السياسي الدور الكبير في فهم وادراك عملية التحول الحضاري والاجتماعي التي تمر بها المؤسسات والمنظمات السياسية في المجتمع . فالعالم الاجتماعي السياسي يزود العالم السياسي بمعلومات قيمة عن قوانين التحول الاجتماعي للمؤسسات السياسية وعن أسباب ونتائج تحول المؤسسات السياسية وعلاقة تحول هذه المؤسسات بتحول المؤسسات الأخرى هكذا . أما أهمية العلوم السياسية لعلم الاجتماع السياسي فلا تقل عن أهمية علم الاجتماع السياسي للعلوم السياسية . فالعلوم السياسية تزود العالم الاجتماعي بمعلومات مفصلة ومسهبة عن المؤسسات والمنظمات السياسية من حيث أصولها التكوينية، بنائها ، وظائفها، أحكامها وقوانينها وتطورها، وتزوده كذلك بحقائق وبيانات مهمة عن الظواهر السياسية المختلفة كالتصويت السياسي، الوعي السياسي، الصراع السياسي، التكامل السياسي، المسؤولية السياسية، السيطرة السياسية ... الخ . وأخيراً تجهزه بمعلومات وتفصيلات نظرية ووصفية وتحليلية عن الأحداث السياسية التي تقع في المجتمع كالاتفاقيات والمعاهدات السياسية، الاستقرار السياسي، القلاقل والاضطرابات

السياسية ، الحروب والصراعات السياسية والعسكرية بين الدول ... الخ . ومثل هـذه المعلومـات يستفيد منها العالم الاجتماعـي السياسي فائـدة كاملة في دراسـته للسلوك السياسـي والأحـداث السياسية دراسة سسيولوجية لا تكتفي بفحص ماهيتها وجوانبها السياسية فقط بل تذهب إلى العوامل المجتمعية المختلفـة التي تؤثر فيها وتعطيها صفاتها المستقرة وطابعها المتميز . كما تتجسد الوظائف التي تقـوم بها العلـوم السياسية لعلم الاجتماع السياسي بالمصطلحات العلمية التي تستعملها العلوم السياسية والتي استعار العالم الاجتماعـي السياسي الكثير منها واستعملها في بناء فرضياته وصياغة قوانينه وأحكامه العلمية . ومـن هـذه المصطلحات مصطلح القـوة السياسـية، النخبة ، الجماعـات الضـاغطة، الكرزمة ، الدكتاتوريـة والاتوقراطية والاوليكاركية والديمقراطية ، الاستقرار والاضطراب السياسي ... الخ . إضافة إلى اعتماد العالم الاجتماعي السياسي على العلوم السياسية من ناحيـة الطرق المنهجيـة التي تستعملها الأخـيرة كالطريقـة الفلسفية والطريقة التاريخية وطريقة المقارنة. ومثل هـذه الطرق تلعب الـدور المـؤثر في زيـادة وتراكم فرضيات ونظريات علم الاجتماع السياسي وتقـود إلى نمـوه وتطوره واتساع مادته العلمية .

أما الفروق الموضوعية بين العلوم السياسية وعلم الاجتماع السياسي فيمكن تلخيصها بالنقاط الجوهرية التالية :

١- تتخصص العلوم السياسية بدراسـة السلوك السياسي والمؤسسـات السياسية والأحـداث والظـواهر السياسية التي تقـع في المجتمع . بينما يتخصص علـم الاجـتماع السياسـي بدراسـة الأسـباب والنتائج الاجتماعية التي تتمخض عن السلوك السياسي .

٢- ان حقل العلوم السياسية أوسع بكثير من حقل علم الاجتماع السياسي . فالعلوم السياسية تتخصـص بدراسـة جميع المؤسسات السياسية دراسة عامة وشمولية في حـين يتخصص علـم الاجتماع السياسي بدراسة الحقائق والمتغيرات الاجتماعية التي تقف خلف السلوك السياسي .

٣- ان حقل العلوم السياسية أقدم تاريخياً من حقل علم الاجتماع السياسي . فقـد نشـأ علـم الاجتماع السياسي بعد تعقد وتشعب أجهزة الدولة وتضخم وظائفها ومسؤولياتها وبعد تفـرع علـم الاجتماع إلى حقول دراسية أخصائية تهتم بدراسة وبحث الجوانب المختلفة للمجتمع دراسة عميقة وشاملة . أما العلوم السياسية فقد ظهرت منذ القدم وقد صاحب ظهورهـا نشـوء الدولـة والمجتمع والماكنـة الإدارية والسياسية التي تتحمل مسؤولية حكم المجتمع والسيطرة على شؤونه.

٤- ان علم السياسة وعلم الاجتماع السياسي يدرسان نفس الظواهر الاجتماعية، غير ان إطار بحـث كـل منهما يختلف عن الآخر . فموضوعهما المشترك هو الوقائع السياسية ، غير ان علـم السياسـة يدرسـها في إطار الدولة بينما يدرسها علم الاجتماع السياسي في إطار المجتمعات السياسية التي سبقت وجـود الدولة أو عاصرتها (٢٣).

الهوامش والمصادر

1. Ginsberg , Morris. Sociology , Oxford University Press , London , 1950 , P. 7 .

2. Davis , K. Human Society , Macmillan Co. , London , 1967, P. 11.

3. Sorokin , P. Contemporary Sociological Theories , New York , 1956 , P. 43 .

4. Sprott, W.H. Sociology , Huchinson University , Library , London , 1968 , P. 33

5. Ginsberg , Morris. Sociology , P. 9 .

6. Parsons , T. and Shils , E. Toward A General Theory of Action , Cambridge , 1952 , P. 190 .

7. Hobhouse , L.T. Social Evolution and Political Theory , New York , 1951 , PP. 16-18 .

8. Kvasov , G. Sociology and Moral Progress , An Article Published in Social Sciences , Vol. IX. No. 3 , 1978 , Moscow , P. 124 .

9. Radcliffe – Brown , A. The Structure and Functions of Primitive Society , London , 1952 , P. 9 .

١٠. ابن خلدون : المقدمة ، دار القلم ، بيروت ، ١٩٧٨ ، ص٤٣ .

11. Garner , S. Political Science and Government , London , 1959 , P. 36 .

١٢. محمد، محمد علي (الدكتور). دراسات في علم الاجتماع السياسي، دار الجامعات المصرية ، ١٩٧٧ ، ص٤٦-٤٧ .

13. Freedman , R. Marx on Economics , A Pelican Book , Middlesex , England , 1968 , P. 13 .

14. Bendix , R. Max Weber : An Intellectual Portrait , Beacon Press , New York , 1966 , PP. 22-24 .

15. Machiavelli, N. The Prince , Penguin Books , Middlesex , England , 1970 , P. 16-17 .

16. Lipset , Sim. Political Sociology , An Article in Sociology Today : Problems and Prospects , New York , 1959 , P. 54.

١٧. الحسن، إحسان محمد (الدكتور). علم الاجتماع السياسي، بغداد، ١٩٨٠، ص٩-١٠ .

١٨. الحسن، إحسان محمد (الدكتور).علاقة البناء الطبقي بالتحصيل العلمي للأطفال دراسة منشورة في مجلة العلوم الاجتماعية، العدد الرابع ، ١٩٨٠ .

١٩. الأسود ، صادق (الدكتور) . علم الاجتماع السياسي ، بغداد ، مطبعة الإرشاد ، ١٩٧٣ ، ص٣٤.

20. Broom, L. and Seiznick , P. Sociology , New York , 1968, P. 497 .

21. Michels , R. Political Sociology , University of Minnesota Press , Minneapolis , 1949 , See the Introduction .

22. Davis , K. Human Society , P. 478 .

٢٣. الأسود ، صادق (الدكتور) . علم الاجتماع السياسي ، ص٣٦-٣٧ .

الفصل الثالث
البنى والنظم الاجتماعية والسياسية

لكل مجتمع بشري بنى ونظم اجتماعية أساسية تشكل هيكله وإطاره الخارجي وتحدد علاقات وممارسات وتفاعلات أعضائه وترسم نموذج جوهره الداخلي وعناصره المثالية والروحية التي تسبب تماسكه وديمومته ونموه وتطوره. وبنى ونظم المجتمع تكون على أشكال مختلفة تبعاً لطبيعة الوظائف التي تقدمها للإنسان والمجتمع مثلها مثل الأجهزة العضوية والفيزيولوجية التي يتكون منها الكائن الحيواني الحي كجهاز الدوران والجهاز الهضمي والجهاز العضلي والجهاز العصبي ... الخ. هناك البنى [1] الاقتصادية وهناك البنى السياسية والبنى العائلية، ولكل من هذه البنى وظائف أساسية تخدم استقرار وتقدم وصيرورة المجتمع. لكن هذه البنى ما هي بالحقيقة الا أحكام وقوانين اجتماعية مدونة أو متعارف عليها تحدد سلوكية وأخلاقية الأفراد وترسم أنماط علاقاتهم وتفاعلاتهم الاجتماعية وتضع أيديولوجية المجتمع وأسس نظامه الكلي وفروعه الجانبية وتصمم أنماط علاقات أجزائه بعضها ببعض [2]. وكما يتجزأ البناء الاجتماعي إلى بنى فرعية كالبنى الاقتصادية والسياسية والدينية والعائلية فان البناء الفرعي الواحد (Sub – Social System) كالبناء السياسي مثلاً يتجزأ إلى بنى ثانوية وفرعية يطلق عليها المؤسسات السياسية (Political Institutions) كالأحزاب السياسية والسلطات والجماعات الضاغطة (Pressure Groups). كذلك تتكون المؤسسة الواحدة كالحزب السياسي من أدوار اجتماعية (Social Roles) مكملة بعضها لبعض، ومختلفة بوظائفها ومنازلها الاجتماعية وحقوقها المادية والمعنوية [3]. في هذا الفصل سنركز انتباهنا على مفهوم البنية الاجتماعية ومفهوم الوظائف الاجتماعية

ومفهوم البنائية الاجتماعية وسنطبق هذه المفاهيم على المؤسسات والمنظمات السياسية ونكشف علاقة الأخيرة ببقية المؤسسات البنيوية للمجتمع .

البنية الاجتماعية (Social Structure)

يعتبر اصطلاح البنية الاجتماعية من الاصطلاحات الأساسية التي تستعملها المدرسة الوظيفية البنائية كمدرسة مهمة من مدارس علم الاجتماع والانثروبولوجيا الاجتماعية . يستعمل علماء الانثروبولوجيا الاجتماعية اصطلاح البنية الاجتماعية بصورة مترادفة مع اصطلاح المنظمة الاجتماعية (Social Organization). غير انه يستعمل بصورة خاصة في تحليل مؤسسات العائلة والقرابة والمؤسسات السياسية والشرعية في المجتمعات البدائية . لكن البروفسور فيرث (Professor Firth) لا يستعمل اصطلاح بناء ليعني به المنظمة الاجتماعية . ففي مؤلفاته " عناصر المنظمة الاجتماعية " و " التحول الاجتماعي في تكوبيا " حاول التمييز بين هذين المصطلحين . فالمنظمة تهتم بالقرارات والأحكام التي تحدد نمط العلاقات الاجتماعية الحقيقة الداخلة في أجزاء البناء الوظيفي للمجتمع [٤]. بينما البناء الاجتماعي يشير إلى العلاقات الاجتماعية الجوهرية التي تحدد الشكل الأساسي للمجتمع وتبين الطريقة التي بواسطتها تنفذ الأعمال والفعاليات الروتينية والنظامية [٥]. اما البروفسور فورتس (Professor Fortes) فيعتقد بان البناء الاجتماعي هو ذلك التركيب المنظم و المنسق للأجزاء المختلفة التي يتكون منها المجتمع كالمؤسسة والجماعة والعملية والمركز الاجتماعي [٦]. اما ايفانز بريجارد (Evans Pritchard) فيقول في كتابه " النيور" بان البناء الاجتماعي هو نسيج العلاقات الاجتماعية التي تقع بين الجماعات الأولية والثانوية التي يتكون منها المجتمع [٧]. بينما يقول البروفسور ليج (Professor Leach) في كتابه " الأنظمة السياسية في مرتفعات البرما " بان البناء الاجتماعي هو مجموعة الأفكار والآراء التي تهتم بتوزيع النفوذ والقوة بين الأشخاص والجماعات [٨]. أما رادكلف براون (Brown Radcliffe) فقد حاول دراسة الفروق الأساسية بين الحضارة

والبناء الاجتماعي . ففي كتابه الموسوم " العلم الطبيعي للمجتمع " أشار إلى ان حضارة المجتمع تنعكس في أنماط سلوكية أفراده وفي تفكيرهم وشعورهم ، بينما البناء الاجتماعي هو شبكة العلاقات الاجتماعية التي تربط الأفراد خلال نقطة زمنية معينة . ويؤكد رادكلف براون في دراسته هذه على ضرورة دراسة الحضارة دراسة علمية من خلال النظر إلى البناء الاجتماعي . فالأنماط الحضارية ما هي الا أنواعاً من العلاقات الاجتماعية [٩] .

وقد شاع استعمال الاصطلاح في علم الاجتماع مؤخراً . ألا أنه لم يكن دقيقاً ومضبوطاً من ناحية المعنى والأهمية . ففي بعض الأحيان يستعمل اصطلاح البناء الاجتماعي ليعني انتظام السلوكية الاجتماعية وذلك لتكرارها بين فترة وأخرى واتخاذها نفس النماذج والظواهر الفعلية . وأحيانا يستعمل الاصطلاح في صورته الواسعة ليعني التنظيم الشامل للعناصر والوحدات التي تكون منها المجتمع كالمنظمات والمؤسسات . كما يستعمل الاصطلاح بكثرة في النظرية البنائية الوظيفية التي تعتبر من النظريات الحديثة لعلم الاجتماع المعاصر . والاصطلاح يعني هنا العلاقة المتداخلة بين المراكز والأدوار الاجتماعية . فالتفاعل الذي يقع بين الأشخاص داخل النظام الاجتماعي يمكن التعبير عنه من خلال المراكز والأدوار الاجتماعية التي يشغلونها .

لكن البنية الاجتماعية تتكون من المؤسسات البنيوية الأساسية التي تحدد طبيعة المجتمع . والمؤسسات البنيوية تتكون من تكامل الأدوار الاجتماعية لأعضائها ومنتسبيها [١٠]. والأدوار الاجتماعية لا يمكن ان تكون ثابتة ومترسخة إلا بعد إسنادها وتبريرها من قبل السلطة المؤسسية التي تنتمي اليها وتخضع لاحكامها وقوانينها . فالأدوار الاجتماعية في العائلة لا تعتبر شرعية ولا يمكن قبولها اذا لم تتبناها السلطة الأبوية في العائلة . والأدوار الاجتماعية في الدولة أو الحزب السياسي لا يمكن ان تكون شرعية ومقبولة اذا لم يتبناها قائد الدولة ورئيسها أو مؤسس وقائد الحزب السياسي . وعندما تكون الأدوار الاجتماعية مدعومة من قبل

السلطة ومقبولة من قبل الأفراد الذين يشغلونها تتحول إلى مؤسسة اجتماعية لها قيادة وأحكام وقوانين معينة تحدد سلوكية وعلاقات أفرادها ومنتسبيها [١١]. اذن المؤسسة الاجتماعية هي من التنظيمات الأساسية التي تساعدها على فهم الفرد بعد فهم طبيعته وسلوكه وعلاقته مع الآخرين . لذا يمكن اعتبار الأدوار الاجتماعية بمثابة الوحدات البنائية لتكوين المؤسسة ويمكن اعتبار المؤسسات الاجتماعية بمثابة الوحدات البنائية لتكوين البناء الاجتماعي . ولا يمكن اعتبار البناء الاجتماعي بمثابة علاقات متداخلة تربط مؤسسات المجتمع بعضها ببعض بل يمكن اعتباره أحكاماً وقوانين تحدد سلوكية الأفراد وعلاقاتهم الاجتماعية. ويمكن تقسيم المؤسسات الاجتماعية (Social Institutions) حسب الأغراض والأهداف والوظائف التي تقوم بها [١٢]. فالمؤسسات السياسية تهتم بتوزيع النفوذ والقوة على الأفراد والجماعات وترسم معالم الإدارة السياسية في المجتمع وتحدد حقوق وواجبات رئيس الدولة بالنسبة لأبناء الشعب وحقوق وواجبات أبناء الشعب بالنسبة للرئيس. وتعين واجبات السلطات الثلاثة التشريعية والتنفيذية والقضائية وتفصل بينها. وتحدد طبيعة الاديولوجية السياسية التي تتبناها الدولة إضافة إلى قيامها برسم نمط العلاقات الدولية التي تربطها بالدول الأجنبية . والمؤسسات الاقتصادية تتبنى عدة وظائف للمجتمع أهمها تحديد نماذج النشاطات الاقتصادية للمجتمع والإشراف على الإنتاج والتوزيع والاستهلاك والمحافظة على مستويات العملة الوطنية بالنسبة للعملات الأجنبية والسيطرة على شؤون التجارة الداخلية والخارجية ورسم السياسة الاقتصادية التي تتبناها المشاريع الإنتاجية في المجتمع وبناء القاعدة المادية للإنتاج القومي مع تحديث القطاعات الأساسية للاقتصاد كالصناعة والزراعة والتجارة . أما المؤسسات العسكرية في المجتمع فتشرف على تدريب وتسليح القوات المسلحة وتحديد الظروف التي تعلن فيها حالة النفير العام والحرب وشرعية قتل الأعداء [١٣]. كما تضع الأحكام والقوانين التي تمكنها من إدارة وتطوير منظماتها وتشكيلاتها العسكرية وتحقيق الوحدة النفسية والاجتماعية بين أعضائها بحيث تكون

منظمات وتشكيلات موحدة ومستعدة على تنفيذ الأوامر التي تصدر اليها من القيادة السياسية.

تحليل البنية السياسية

ان المؤسسات السياسية جزء من البناء الاجتماعي ، وكما نستطيع تحليل البناء الاجتماعي إلى عناصره ومكوناته الأساسية فإننا نستطيع تحليل البنية السياسية إلى عناصرها الأولية . لكن قبل قيامنا بتحليل المؤسسات السياسية ينبغي علينا تحديد ماهية المنظمات السياسية التي تخضع لقوانين وأحكام البناء الاجتماعي. كذلك ينبغي ان نوضح الفروق الجوهرية بين المؤسسات والمنظمات السياسية ، المؤسسة السياسية هي مجموعة الأحكام والقوانين التي تحدد علاقات وسلوكية الأفراد في المنظمات السياسية كالأحزاب والسلطات والجماعات الضاغطة والمنظمات السياسية السرية ... الخ . أما المنظمة السياسية (Political Organization) فإنها جمعية أو منشأة ينتمي اليها الأفراد لتحقيق أهدافهم ومآربهم السياسية [١٤]. فالأفراد في المجتمع ينتمون إلى المنظمات السياسية ولا ينتمون إلى المؤسسات السياسية حيث ان المؤسسات هي أحكام وقوانين وأعراف سلوكية وانضباطية تحدد أعمال وواجبات المنظمات التي توجد فيها [١٥]. فلو أخذنا الحزب السياسي مثلاً وحللناه تحليلاً اجتماعياً علمياً لوجدنا بأنه يتكون من أدوار اجتماعية مختلفة بواجباتها ووظائفها ومختلفة بمنازلها الاجتماعية وسمعتها وامتيازاتها المادية والمعنوية . فدور زعيم أو قائد الحزب يختلف عن دور عضو الفرع أو الشعبة ودور الأخير يختلف عن دور العضو العامل ودور العضو العامل يختلف عن دور النصير أو المؤيد . وبالرغم من الاختلاف بين الأدوار الاجتماعية التي يتكون منها الحزب فان كل دور منها مكمل للأدوار الأخرى حيث ان الأدوار الاجتماعية التي تقع في القمة والتي تشكل المراكز القيادية للحزب تكمل الأدوار الاجتماعية التي تقع في القاعدة . وهذا يدل على ان القيادة تعتمد على القاعدة والقاعدة تعتمد على القيادة

ولا يمكن وضع الحدود الفاصلة بينهما لأن مثل هذه الحدود تعرقل سير العمل الحزبي وتمنع الحزب من بلوغ أهدافه وطموحاته القريبة والبعيدة الأمد .

هذا ما يتعلق بتحليل البنية السياسية إلى مكوناتها الأولية . أما طبيعة البنية السياسية فتتميز بالقوة الشرعية ، هذه القوة التي تعتبر المحرك الأساسي لجميع المنظمات السياسية في المجتمع . فالبنية السياسية تتولى مهمة السيطرة على مدخلاتها أي المعطيات التي تساعدها على العمل والفاعلية (Political Inputs) كالمستلزمات المادية والخدمية (البنايات، الأجهزة، والمعدات، وسائل النقل، النقود، الكادر الخدمي والوظيفي ... الخ) ، وسائل تنظيم السلوك السياسي، المشاركة في الفعاليات السياسية عن طريق الانتخابات ، الامتثال للقوانين والقرارات الصادرة عن السلطة السياسية ... الخ . وتحاول البنية السياسية الاستفادة من هذه المدخلات وتشغيلها وتحويلها إلى مخرجات (Political Outputs) تساعد على تحقيق أهداف النظام الاجتماعي وتمكنه من الاستقرار والتكامل [١٦] . ولكن بدون القوة الشرعية التي تتمتع بها البنية السياسية في المجتمع لا تستطيع المنظمات السياسية من تسخير مدخلاتها وتشغيلها وتحويلها إلى مخرجات تسهم في الاستقرار والنمو السياسي الذي يحتاجه المجتمع المتحضر . اذن ترتبط جميع الإمدادات والمدخلات التي تدخل إلى البنية السياسية وكذلك جميع المخرجات والطاقات التي تصدر عنها بممارسة السلطة . والسلطة في هذا السياق تعني استخدام أساليب القوة والعنف وبقية القواعد الملزمة قانونياً على إرغام الفئات الخارجة عن النظام بإطاعة الأنظمة والقوانين واحترام السلطة وتنفيذ أوامرها وتعليماتها [١٧] . أما الخروج عن الشرعية وعدم تقبل القوانين والقرارات المعبرة عن إرادة السلطة فانه يعرض النظام السياسي إلى الاضطرابات والقلاقل التي قد تؤدي إلى انهياره وسقوطه . والنظام السياسي شأنه شأن بقية الأنظمة الاجتماعية الأخرى يتفاعل مع البيئة الاجتماعية ويدخل معها في علاقات متبادلة تشير إلى تكامل واتحاد جميع الأنظمة الفرعية للمجتمع .

أما أهم المدخلات أو التكاليف التي تضمن فاعلية وديمومة وداينميكية البنية السياسية والتي لا يمكن الاستغناء عنها بأية صورة من الصور فيمكن درجها بالنقاط التالية :

١- المنشآت والنقود والخدمات . المنظمات السياسية تحتاج إلى بنايات خاصة بها تستطيع من خلالها القيام بواجباتها ومهامها الأساسية ، وهذه البنايات تحتاج إلى الأثاث وبقية الأجهزة والمعدات التي يحتاجها العاملون فيها . وتتطلب المنظمات السياسية أيضاً الكادر الإداري والفني والعلمي والدبلوماسي الذي يضمن سير العمل وتنفيذه . إضافة إلى حاجتها إلى الموارد المالية التي تنفقها على دفع رواتب وأجور موظفيها ومستخدميها وشراء الأجهزة والمعدات التي تحتاجها [١٩].

٢- الترتيبات التي تتخذها المؤسسات السياسية في تنظيم السلوك السياسي في المجتمع كإجراء الانتخابات العامة وتحديد واجبات وحقوق السلطات الثلاثة وتنظيم العلاقة بين الدولة والأحزاب السياسية وتحديد فعاليات الأحزاب السياسية ... الخ .

٣- تهيئة الجماهير على المشاركة في الفعاليات السياسية كالطلب اليهم بإشغال المراكز الإدارية والدبلوماسية في المنظمات السياسية شريطة تمتعهم بمواصفات مهنية وعلمية معينة . وإتاحة المجال أمام الجماهير بالمشاركة في الانتخابات العامة ومنحهم الحريات الكافية بالتعبير عن آرائهم حول القضايا السياسية المهمة التي تقرر مصير ومستقبل بلدهم ... الخ .

٤- الامتثال للقوانين والقرارات الصادرة عن السلطة السياسية وعدم الاعتراض عليها أو التهرب من تنفيذها مع ضرورة دفع وتسديد الضرائب المفروضة على الأفراد أو الشركات أو الجمعيات .

وقد ميز ايستون (Easten) في كتابه " مدخل إلى تحليل الأنظمة السياسية " ثلاثة نماذج من المدخلات السياسية تمثل الدعامات الأساسية للبنية

السياسية وهذه هي : (أ) ضرورة مشاركة كل فرد من أفراد المجتمع في النسق السياسي بحيث يكون هذا النسق متكاملاً وقادراً على الإيفاء بالتزاماته تجاه المجتمع. (ب) تكوين البنية السياسية للنظام الحاكم (The Regime) التي تتألف من عدد من التنظيمات الرسمية التي تتولى عملية صنع القرارات السياسية ومتابعة تنفيذها وترجمتها إلى واقع عمل حي . وهذه التنظيمات تشمل عادة السلطات الثلاثة وهي السلطة التشريعية والتنفيذية والقضائية . (جـ) تشخيص مراكز السلطة وتعيين الأشخاص لاشغالها وأداء واجباتها علماً بأن قرارات وأوامر شاغلي هذه المراكز يجب الالتزام بها وطاعتها من قبل أبناء المجتمع .

الوظائف الاجتماعية (Social Functions)

هناك معنيان أساسيان في علم الاجتماع لاصطلاح الوظيفة المعنى الأول هو الواجبات والفعاليات والنشاطات التي تقوم بها المنظمة الاجتماعية والتي تشارك مشاركة فعالة في إشباع حاجات الأفراد وتلبية طموحاتهم الذاتية [٢٠]. فالوظائف الاجتماعية للمؤسسات السياسية هي الواجبات التي تقوم بها المنظمات السياسية في المجتمع والتي من خلالها يستطيع كل من الفرد والمجتمع تحقيق أهدافه الأساسية وفي نفس الوقت إنجاز وحدة وتكامل جماعاته ومنظماته المختلفة . والوظيفة الاجتماعية كما يقول العالم روبرت ميرتن (Merton) هي نتيجة موضوعية لظاهرة اجتماعية يلمسها الأفراد والجماعات وقد تكون ظاهرة (Manifest Function) أو تكون كامنة وغير متوقعة (Latent Function) [٢١].

الوظيفة الظاهرة هي نتيجة موضوعية للنظام الذي توجد فيه ، وتكون هذه مقصودة ومعترف بها من قبل الأشخاص الذين يقومون بها كوظيفة تحقيق الوحدة الفكرية لأعضاء الحزب السياسي . أما الوظيفة الكامنة فهي الوظيفة غير المتوقعة وغير المقصودة من قبل أعضاء المنظمة الذين ينفذونها فقد يتخذ الحزب السياسي مثلاً بعض الإجراءات لتحقيق الوحدة الايديولوجية بين أعضائه ولكن هذه الإجراءات لا تنتج بتحقيق الوحدة المنشودة بل تنتج بظهور الانقسام والتكتل داخل

الحزب السياسي ولكي نميز بين النشاطات التي تساعد على بقاء النظام الاجتماعي والمحافظة عليه والنشاطات التي تسبب اختلاله واضطرابه يجب علينا النظر إلى الوظائف البناءة التي تتماشى مع النظام وتحقيق أهدافه وطموحاته (Eufunctions) والوظائف الهدامة التي تتناقض معه وتحول دون تحقيق أهدافه (Dysfunctions). ومن الجدير بالإشارة هنا إلى ان الوظائف الظاهرة والكامنة قد تكون بناءة أو هدامة بالنسبة للنظام الاجتماعي الذي توجد فيه .

ويستعمل اصطلاح الوظيفة في معنى ثاني يقصد به الترابط والتكامل . ففي علم الرياضيات نقول مثلاً ان المتغير (س) مكمل لمتغير (ص) أي ان أي تغيير في (س) لابد ان يسبب تغييراً مماثلاً في (ص) . وبالرغم من اختلاف الاستعمالين لاصطلاح وظيفة (الاستعمال الاجتماعي والرياضي) فان كليهما مرتبطان ويكمل أحدهما الآخر . لهذا نستطيع القول بأن للوظيفة ظواهر اجتماعية تساعد على استمرارها في القيام بعملها وان جميع الظواهر الاجتماعية للنظام مرتبطة ومتعلقة الواحدة بالأخرى وأي تغيير في أي منها لابد ان يؤثر في جميعها ، اذن هناك علاقة مباشرة بين الوظيفة التي هي نتيجة لنظام اجتماعي معين والوظيفة التي هي ترابط بين متغيرات مختلفة .

ان جذور الدراسة الوظيفية في علم الاجتماع تمتد إلى فترة القرن الثامن عشر ـ التي ظهر خلالها مفكرون اجتماعيون بارزون أمثال فولتير وروسو وهوبز الذين اعتنقوا مبدأ العلاقة الوظيفية بين متغيرين أو عاملين أحدهما مستقل والثاني معتمد . يقول فولتير مثلاً بأن الاعتقاد بالله سبحانه وتعالى هو اعتقاد وظيفي أساسي بالنسبة للإنسان ، فطالما هناك إنسان فلابد ان تكون هناك فكرة الاعتقاد بالله سبحانه وتعالى حيث ان الإنسان والعقيدة بالله هما شيئان متلازمان ومترابطان. ظهر الدافع الحقيقي لاستعمال اصطلاح " وظيفة " نتيجة ظهور علماء اجتماع القرن التاسع عشر مثل اوكست كومت وهربرت سبنسر ـ الذين شبهوا المجتمع الإنساني بالكائن الحيواني من حيث الأجزاء البنائية والوظائف . وقد استعملوا كلمة

وظيفة محل كلمة غاية أو غرض طالما ان وجود الظواهر الاجتماعية لا يعتمـد عـلى النتـائج التـي تحـدثها
(٢٢)

الا ان الاتجاهات الوظيفية الأولى قد انعكست في علم الاجتماع الحديث من خلال التطورات
السسيولوجية الحديثة التي ظهرت خلال الفترة الزمنية ١٩٢٠-١٩٤٠ . فقد شهدت فترة العشرينات تغيرات
فكرية جذرية في ميدان علم الانثروبولوجيا الحضاري والاجتماعي . ومثل هذه التغيرات الفكرية انعكست
في كتابات وبحوث العالم الانثروبولوجي البولندي الأصل والبريطاني الجنسية البروفسور برونسلاو
مالنوفسكي الذي وضع أسلوبه الآلي واستعمله في تحليل المجتمعات البدائية إلى عناصرها الأولية . وقام
بتفسير المؤسسات الاجتماعية بالنسبة لعلاقتها بالمؤسسات الأخرى في المجتمع البشري الواحد ووضح
أهميتها في إشباع وسد الحاجات الضرورية خصوصاً الحاجات البايولوجية لأعضاء المجتمع (٢٣) . لكن أهمية
مالنوفسكي كعالم اجتماعي وظيفي تقل عن أهمية العالم الاجتماعي الانكليزي رادكلف براون بالنسبة
لتفسيرات المشاكل النظرية التي تواجه المدرسة الوظيفية البنائية . فرادكلف براون شبه الحياة الاجتماعية
بالحياة العضوية، غير انه حاول تجنب آراء دوركهايم التي تؤكد على أهمية إشباع حاجات الكائن
الاجتماعي واستعمل محلها الظروف الضرورية لوجود وبقاء الكائن الاجتماعي. وكان هذا بدافع من رغبته
بتجنب المدلولات الغائية للأشياء كفكرة الروح الموجهة أو القوة الغامضة في الحياة الاجتماعية . وفي الفترة
الزمنية التي نحن بصددها ١٩٢٠-١٩٤٠ اهتم علم الاجتماع اهتماماً متزايداً بالفكرة المجردة للأنظمة
الاجتماعية ، هذه الفكرة التي لم تنظر إلى المجتمعات البشرية نظرة ضيقة بل نظرت اليها نظرة شمولية
عامة اذ اعتبرها أنظمة متصلة ومكملة الواحدة للأخرى. وقد اعتمد العالم الاجتماعي تالكت بارسنز (
Talcott Parsons) هذا الأسلوب الدراسي في جميع بحوثه وتحليلاته الاجتماعية . في كتابه " تركيب الفعل
الاجتماعي " الذي نشره عام ١٩٣٧ يبرز هذا الأسلوب التجريدي الذي اعتمده في

تفسير نظريته البنائية الوظيفية التي لعبت دوراً كبيراً في تحويل الوظيفة الاجتماعية إلى فكرة نظامية وعقلانية متطورة قادرة على تفسير المجتمع وظواهره وملابساته .

غير ان بارسنز وصف أسلوبه الوظيفي هذا بالأسلوب الغائي الذي يختلـف عـن الأسـلوب الغـائي الذي اتبعه علماء اجتماع القرن التاسع عشر من حيث درجة موضوعيته وخلوه مـن التناقض والجـدل . وبالأسلوب الغائي يعنـي بارسـنز دراسـة العلاقـة بـين الواسـطة (Means) والغايـة (End) ، فالنشـاطات والظروف الاجتماعية قد تساعد على تطوير ونمو النظام الاجتماعي أو قـد تقـف موقفـاً معاكسـاً لنمـوه وتطوره . لكن الوظيفية البنائية (Structural Functionalism) تتميز بالمزايا التالية على حد قول بارسنز :

١- قيامها بتثبيت الحدود بين النظام الاجتماعي والأنظمة الأخرى كالنظام الحضاري والبايولوجي ونظام الشخصية مثلاً .

٢- قدرتها على وضع الحدود التجريدية والتاريخية بين الوحدات البنائية الرئيسية للنظام الاجتماعي مع التأكيد على العلاقات النظامية بين هذه الوحدات .

٣- اهتمامها المتزايد بالظروف والعوامل التي تساعد على استقرار وتكامل وفاعليـة النظام الاجتماعي المطلوب دراسته .

ان جميع الاتجاهات والأفكار الوظيفية تتصف بهذه المزايا ولكن من أهم هذه الاتجاهـات والأفكار وأكثرها تأثيراً فكرة الضرورات الوظيفيـة (Functional Imperatives) هـذه الفكرة التـي تشـير إلى أربـع مشاكل أساسية تكمن في النظام الاجتماعي وتواجه بقية الأنظمة الاجتماعية الفرعية في المجتمع[٢٤]. لـذا ينبغي على المجتمعات مواجهتها بصورة فعالة وحازمة، أما الضرورات الوظيفية الأربع فهي:

١- قابلية النظام على تكييف نفسه للأنظمة الأخرى وللبيئة الطبيعية التي يوجد فيها .

٢- تحقيق الأهداف الرئيسية للنظام .

٣- قابليته على تحقيق الوحدة بين أعضائه .

٤- قدرته على المحافظة على الاستقرار والانسجام .

لكن فكرة الضرورات الوظيفية ليست هي نفس فكرة المتطلبات الوظيفية (Functional Prerequisites) على الرغم من التشابه الموجود بينهما ففكرة المتطلبات الوظيفية تشير إلى تحقيق وإنجاز الظروف الأساسية التي تساعد النظام الاجتماعي على البقاء والاستمرار والتطور ، ومن هذه الظروف تنشئة الأطفال تنشئة اجتماعية ، اللغة المشتركة ، وطريقة توزيع الأدوار الاجتماعية على أبناء المجتمع أو الجماعة ، وأخيراً توزيع المكافآت والحقوق على الأفراد بطريقة تعتمد على طبيعة الواجبات التي يقومون بها في المجتمع . ان لجميع المنظمات الاجتماعية كالدولة والعائلة والجامع أو الكنيسة ، الأحزاب السياسية ، السلطات والجماعات الضاغطة ... الخ وظائف اجتماعية مهمة تساعد النظام على تحقيق أهدافه وطموحاته وتنتج في توازن وتكامل أجزائه البنيوية . والنظرية الوظيفية التي تكلمنا عنها أعلاه هي منهج لتفسير الظواهر الاجتماعية والسياسية من خلال الكشف عن طبيعة وظائفها وقدرتها على تحقيق الأهداف والطموحات . فدراستنا للأحزاب السياسية مثلاً تدفعنا إلى توضيح الوظائف التي تؤديها للمجتمع كترجمة حاجات الأفراد والجماعات إلى سياسات واضحة يمكن الاستفادة منها في رسم معالم شكلية المجتمع ومسيرته المستقبلية ، واذا كانت الأحزاب السياسية تعبر عن طموحات الأفراد وضمير الأمة ومستقبلها فإنها تشارك مشاركة فعالة وجدية في نهوض المجتمع وتقدمه . كما ان الطريقة الوظيفية تمدنا بالأدوات اللازمة للبحوث السياسية والاجتماعية [٢٥] اذ انها تمكننا من طرح التساؤلات الرئيسية عن موضوع البحث ومشكلته كأن نتساءل مثلاً كيف يستطيع الحزب السياسي التعبير عن مصالح الأفراد والجماعات ؟ واذا لم تكن هناك أحزاب سياسية فكيف يمكن التعبير عن المصالح المتصارعة والمتناقضة للناس . وما هو أسلوب إشباعها ؟ وهكذا تكون الطريقة الوظيفية طريقة للتفسير وطريقة للبحث في الوقت ذاته إضافة إلى

استعمالها لمجموعة من المفاهيم والمصطلحات العلمية التي تستخدم في صياغة فروضها ونظرياتها وقوانينها . ان الدراسة الوظيفية للأحزاب السياسية لا تتطرق فقط إلى الوظائف الأساسية التي تقوم بها الأحزاب لأعضائها وللمجتمع الكبير فقط بل انها تحاول الربط بين الأحزاب السياسية وبقية مؤسسات المجتمع . قد نتساءل مثلاً عن الوظائف الجوهرية للأحزاب السياسية ؟ وهناك إجابات كثيرة ومتنوعة عن هذا التساؤل . فالأحزاب السياسية هي وسيلة لتوصيل رغبات واستجابات وأفكار وميول الجماهير إلى الحكومة وتوصيل القرارات والإجراءات والسياسات التي تتخذها الحكومة إلى الجماهير [٢٦]. كما انها وسائل لمراقبة الممارسات التي تقوم بها الحكومة واذا كانت هذه الممارسات خاطئة فان الأحزاب تشكل خط المعارضة لهذه الممارسات اذ تنبه الحكومة حولها وتحاول تصحيحها بالطرق السلمية واذا لم تستجب الحكومة لملاحظاتها وتوجيهاتها فإنها تتحول إلى منظمات للردع والتقويم [٢٧]. إضافة إلى الدور الذي تلعبه الأحزاب السياسية في وضع الاديولوجية الفكرية التي يسير عليها النظام الاجتماعي واذا ما نجحت هذه الأحزاب في وضع الاديولوجية الفكرية التي يحتاجها المجتمع فان الأخير يعطيها الحق باستلام القوة والحكم .

والعالم السياسي الوظيفي لا يكتفي بمجرد تحديد الوظائف والمهام التي تقوم بها المنظمة السياسية كالحزب مثلاً بل يحاول ربط المنظمة السياسية مع بقية المنظمات الاجتماعية الأخرى . فالأحزاب السياسية كما يعتقد العالم السياسي الوظيفي لا يمكن ان توجد في فراغ فهي ترتبط بالمؤسسات السياسية الأخرى كارتباطها بالدولة والسلطات والجماعات الضاغطة . كما ترتبط بمؤسسات المجتمع الأخرى كارتباطها بالمدارس والجامعات والجيش والقوات المسلحة والعوائل والمجتمعات المحلية والمؤسسات الإنتاجية . أذن عند دراستنا للأحزاب السياسية لا نركز فقط على وظائفها بل نقوم بتفسير علاقتها بالنظم والأنساق الاجتماعية الأخرى . وهنا يصبح مفهوم الوظيفة أداة تحليلية تحدد لنا ما يجب ان نبحث عنه ،

ونقدم له تفسيراً لفعاليات الأحزاب السياسية من حيث تأثيرها وتأثرها بالنظم والأنساق الأخرى .

لذا ترتبط النظم السياسية ارتباطاً وثيقاً بالتنظيمات الاجتماعية الأخرى ولا يمكن ان تنفصل عنها . والواقع ان هذه النظرة إلى النظم السياسية أي كون النظم هذه ترتبط بالظروف الاجتماعية العامة كانت ولا تزال النظرة المعول عليها والتي يعتقد بها عدد كبير من المفكرين السياسيين . وقد شجعت هذه النظرية البحث العلمي في المجال السياسي الذي لم يعد يهتم فقط بالنظم السياسية الرسمية وبالقضايا الأخلاقية والفلسفية وانما اتجه نحو دراسة الجماعات السياسية غير الرسمية وربطها بالتنظيم الاجتماعي العام . من هذه الزاوية دخل علم الاجتماع المجال السياسي واصطحب معه نظرياته وأدواته البحثية الفنية وأطره العلمية وأساليبه الاستطلاعية التي استعملت في بحث ودراسة العديد من القضايا والمشكلات السياسية والتي كان لها الدور الكبير في إنماء وتطوير العلوم السياسية . وقد منحت النظرية الوظيفية العلوم السياسية الكثير من الإيجابيات والفوائد التي لا يمكن التقليل من أهميتها ، حيث زودته بالأدوات اللازمة لتحليل الأنشطة السياسية غير الرسمية دون الدخول بقضايا الأحكام القيمية والفلسفية . فالأسلوب الوظيفي يدرس ما هو كائن ولا يهتم بما ينبغي ان يكون أي انه أسلوب علمي موضوعي يتعلق بوصف وتحليل الظواهر السياسية كما هي ولا يهتم بتقييمها وإصدار الأحكام الذاتية حولها [٢٨]. والنظرية الوظيفية فوق كل ذلك تضع لنا أساساً ملائماً للدراسات المقارنة حيث انها تمدنا بالأدوات اللازمة لمقارنة الأنساق السياسية البسيطة والمركبة في المجتمعات التقليدية والنامية والمتقدمة على حد سواء لهذا نجح الأسلوب الوظيفي في الدراسات السياسية ، الا ان هذا لا يعني بأن جميع علماء السياسة يستخدمون هذا الأسلوب ويخضعون لشروطه وقوانينه وتعليماته . فهناك الكثيرين من علماء السياسة يستخدمون الأسلوب التحولي التاريخي المادي أو الأسلوب المقارن أو الأسلوب الميداني المسحي .

ان النظرية الوظيفية في علم الاجتماع توضح لنا كيفية قيام المنظمات السياسية بوظائفها والتزاماتها وذلك بعد تحليل هذه المنظمات إلى عناصرها الأولية، فالحزب السياسي الذي هو منظمة اجتماعية يتكون من أدوار اجتماعية مختلفة من حيث واجباتها وعلاقاتها الاجتماعية ومنازلها وقوتها الاجتماعية . ولكل دور اجتماعي في الحزب مجموعة واجبات وحقوق ونمط معين من العلاقات والاتصالات الاجتماعية التي تكون على أنواع مختلفة كالعلاقات العمودية والعلاقات الأفقية والعلاقات الرسمية وغير الرسمية [٢٩]. فواجبات وحقوق عضو الحزب تحدد له من قبل قانون أو دستور الحزب الذي قد يكون مدوناً أو غير مدون. عندما يتصل عضو الحزب بالنصير أو المؤيد أو بعضو الشعبة أو الفرع فان اتصاله هذا يسمى بالاتصال العمودي لأنه يقع بين أدوار اجتماعية تختلف بواجباتها وحقوقها الاجتماعية . وعندما يتصل العضو بعضو آخر فان اتصاله هذا يسمى بالاتصال أو العلاقة الأفقية لانها تقع بين شخصين يمثلان مركزاً وظيفياً واحداً . وفي حالة اتصال عضو الحزب بعضو آخر ويكون الاتصال هذا حول الأمور التنظيمية والحزبية أو السياسية فان هذا الاتصال يسمى بالاتصال أو العلاقة الرسمية . في حين اذا كان الاتصال بين هذين العضوين حول الأمور الشخصية التي تهمهم كأمور العائلة والأطفال والأمور الثقافية والترفيهية فان الاتصال أو العلاقة هذه تسمى بالعلاقة غير الرسمية وهكذا .

ان معظم العلاقات والتفاعلات الاجتماعية بين القيادة والقاعدة في الأحزاب السياسية تكون رسمية أي انها تحدد بقوانين رسمية مدونة أو غير مدونة . وفي حالات كثيرة تكون العلاقات الاجتماعية بين القيادة والقاعدة غير رسمية أي انها لا تحدد بقوانين وأحكام رسمية . وكلما كانت العلاقات الاجتماعية التي تربط أعضاء الحزب غير رسمية كلما كانت قوية ومتماسكة . وكلما كانت العلاقات الاجتماعية التي تربط القيادة بالقاعدة رسمية كلما كانت هذه العلاقة ضعيفة ومفككة . واذا كانت العلاقات الاجتماعية التي تربط أعضاء الحزب رسمية وضعيفة فان الحاجز

الاجتماعي والسيكولوجي سرعان ما يظهر بين قيادة وقاعدة الحزب . وهذا الحاجز لابد ان يقود إلى تصدع كيان الحزب وعدم وحدة أفراده ومنتسبيه . وعندما لا يكون الحزب موحداً فانه يكون عاجزاً عن تحقيق أبسط أهدافه وطموحاته . لذا والحالة هذه ينبغي ان تتحول العلاقات الاجتماعية التي تربط قيادة الحزب بقاعدته من علاقات رسمية تتسم بالضعف والجمود والسكون إلى علاقات غير رسمية تتميز بروح الصداقة والحب والإخاء والتعاون والإيثار . واذا كانت العلاقة الإنسانية التي تربط قيادة الحزب بقاعدته غير رسمية فان الحاجز الاجتماعي والنفسي الذي قد يفصل القيادة عن القاعدة سيزول عاجلاً أم آجلاً . وفي حالة زوال هذا الحاجز فان الحزب سيكون منظمة اجتماعية موحدة . ووحدة المنظمة هذه ستمكنها من تحقيق أهدافها وطموحاتها .

هذا ما يتعلق بتحليل العناصر والعلاقات والفعاليات الداخلية للمنظمة السياسية كالحزب مثلاً . أما الوظائف العامة التي يقوم بها النظام السياسي في المجتمع فيمكن تقسيمها إلى خمسة وظائف أساسية هي [*] :

١- ترجمة الأفكار والمبادئ والقيم والمثل السياسية التي يؤمن بها المجتمع إلى سياسات عملية تلعب الدور الكبير في نمو المجتمع وتقدمه وفي نفس الوقت تحقيق أهداف وطموحات أفراده .

٢- تشريع وتنفيذ القوانين المتعلقة بتنظيم شؤون وفعاليات المؤسسات البنيوية التي يتكون منها البناء الاجتماعي مع تحديد واجبات وحقوق الشعب تجاه الدولة وواجبات وحقوق الدولة تجاه الشعب .

---

[*] للحصول على المزيد من المعلومات عن الضرورات الوظيفية للأنظمة الاجتماعية الفرعية ومنها النظام السياسي ارجع إلى كتاب :

Marion J. Levy, The Structure of Society, Princeton University Press, 1952 .

كما يمكن الرجوع إلى كتاب :

Don Martindale, The Nature and Types of Sociological Theory , 2nd , Boston , Houghton Mifflin , 1981 , PP. 477-479 .

٣- التصدي للأخطار الداخلية والخارجية التي تهدم النظام الاجتماعي وتعرقل مسيرة المجتمع كالانقسامات السياسية الداخلية ، الصراع بين الاقليات القومية ، الصراعات الاجتماعية والطبقية . أو التصدي للعدوان الخارجي الذي يداهم المجتمع ويتحدى وجوده وقوميته وتراثه ومقدساته . وهنا تلعب القوات المسلحة التي تسيطر عليها البنية السياسية الدور الكبير في التصدي للعدوان الخارجي وتصفية آثاره السلبية .

٤- قيام النظام أو النسق السياسي على تشجيع الأفراد بالمساهمة في شؤونه وإشغال الأدوار المهمة فيه بعد الحصول على التدريب والمهارة والكفاءة الإدارية والمهنية مع مكافئة شاغلي هذه الأدوار وتحفيزهم على تقديم المزيد من الخدمات والفعاليات المفيدة والمخلصة والتي من شأنها ان تطور نوعية العمل السياسي في المجتمع .

٥- العمل على تكييف النظام السياسي برمته إلى طبيعة البيئة الاجتماعية التي يوجد فيها مع ترجمة اديولوجية النظام الاجتماعي إلى واقع عمل يسهم في تحقيق أهداف القيادة السياسية .

الهوامش والمصادر

1-   Radcliffe – Brown , A. Structure and Function in Primitive Society , London , 1952 , PP. 188-190 .

2-   MacIver , R. and Page, C. Society , Macmillan , London , 1962 , P. 16 .

3-   Davis , K. Human Society , Macmillan Co. , London , 1967 , P. 480.

4-   Firth , R. Element of Social Organization , London , 1956, P. 11 .

5-   Ibid. , P. 17 .

6-   Fortes, M. Social Structure , London , 1949, See the Ch. , Time and Social Structure : An Ashanticase Study .

7-   Evans-Pritchard, E. The Nuer, London, 1940 , PP. 10-12.

8-   Leach, E. Political Systems of Highland Burma , New York , 1954, P. 22 .

9-   Radcliffe-Brown, E. Natural Science of Society , London, 1956, See the Introduction .

١٠-   الحسن ، إحسان محمد (الدكتور) ، دراسات تحليلية في المجتمع المعاصر، بغداد ، ١٩٧٢ ، ص٥١ .

١١-   نفس المصدر السابق ، ص٥٢ .

12-   Gerth, H. and Mills, Character and Social Structure, London, 1956, P. 25 .

13-   Lundberg, G. Foundations of Sociology, London 1954 , See Ch. X.

14-   MacIver, R. and Page , Society , P. 453 .

15-   Ibid. , P. 18 .

16-   Easton, D. Limits of the Equlibirium Model , An Article Written in the Social Research Journal , London , March, 1955 , P. 82 .

17-   Ibid. , P. 89 .

18-   Almond, A. Developmental Approach to Political Systems , An Article Written in World Political , XVII. , 1963, London .

19-   Easton, D. An Approach to the Analysis of Political Systems, An Article Published in " World Politics " ,
Vol. 9 , 1956, P. 888 .

20-   Mitchell, D. A Dictionary of Sociology , Routledge and Kegan Paul , London , 1973 , P. 81 .

21-   Merton , R. Social Theory and Social Structure the Free Press of Glencoe , 1949 , See Ch. 1
.

22-   Spencer , H. , Principles of Sociology , London , 1891 , PP. 210-212 .

23-   Malinowskie, B. Magic , Science and Religion , New York , 1961, PP. 153-155 .

24-   Parsons , T. The Structure of Social Action , New York , 1937 .

25-   Rex, J. Key Problems of Sociological Theory , Routledge and Kegan Paul , London , 1963 ,
       See the Ch. On Functionalism .

٢٦-   حمادي ، شمران (الدكتور) ، الأحزاب السياسية ، بغداد ، مطبعة دار السلام ، ١٩٧٢ ، ص٢١٥ .

٢٧-   نفس المصدر السابق ، ص١٢ .

28-   Lowie, R. Social Organization , London , 1950 , See Ch. 14 .

29-   Ginsberg, M. Sociology , Oxford University Press , London , 1950 , P. 9 .

الفصل الرابع
تأريخ علم الاجتماع السياسي

علم الاجتماع السياسي هو فرع من فروع علم الاجتماع ، وله صلة وثيقة بكل من علم الاجتماع والعلوم السياسية سنوضحها فيما بعد . وقبل ظهور علم الاجتماع السياسي خلال فترة الأربعينات من هذا القرن كانت معظم مصطلحاته ومواضيعه وفروضه وحقائقه وقوانينه داخلة في حقلي علم الاجتماع والعلوم السياسية . الا انها انفصلت واستقلت عن هذين العلمين وأصبحت تشكل وحدة قائمة بحد ذاتها ترجع إلى حقل الاجتماع السياسي الذي ظهر للعيان كعلم مستقل بعد زيادة وتشعب وظائف الدولة وتعاظم أهميتها للفرد والمجتمع على حد سواء [1]. وبعد ظهور المشكلات السياسية والاجتماعية الناجمة عن تعقد طبيعة العلاقات التي تربط المجتمع بالدولة وتربط الشعب بالدولة وتربط الدول بعضها ببعض . وعلى الرغم من ظهور وتكامل واستقلال علم الاجتماع السياسي منذ فترة ليست بعيدة الا ان تراثه الفكري والعلمي قديم قدم المجتمع البشري نفسه وقدم السياسة والدولة . ان الأصول التاريخية والفكرية لعلم الاجتماع السياسي تمتد إلى الحضارات الإنسانية القديمة كحضارة وادي الرافدين ووادي النيل . وانها تأخذ بالتشعب والتطور والنمو كلما تشعبت وتطورت حضارة الإنسان وكلما ارتقت المعرفة البشرية وتوسعت المدارك الفلسفية والعلمية والحضارية، لذا يتطلب منا استعراض تطور الفكر الاجتماعي والسياسي ابتداء منذ ظهور الحضارات القديمة ومروراً بالحضارة العربية الإسلامية وانتهاء بعصر- الاضطرابات والقلاقل السياسية والثورات القومية التحررية التي اجتاحت القارة الأوربية خلال القرون السابع عشر والثامن عشر والتاسع عشر . هذا العصر الذي برز خلاله عدد من المفكرين الاجتماعيين

والسياسيين أمثال ميكيفيلي ، تيكيفيلي ، هيجل ، ماركس ، ماكس فيبر ، وغيرهم من الذين ساهموا في تطور الفكر الاجتماعي والسياسي ولعبوا الدور الكبير في نمو واكتمال واستقلالية علم الاجتماع السياسي كعلم موضوعي يهتم بدراسة الظواهر والنظم السياسية في ضوء البناء الاجتماعي والحضارة السائدة في المجتمع .

لو نظرنا إلى الفكر الاجتماعي والسياسي في الشرق القديم إبان عصر حضارتي وادي الرافدين ووادي النيل لشاهدنا وجود أفكار ناضجة ومكتملة حول العلاقة بين المجتمع والدولة وأهمية كل منهما للآخر . نجد في العراق القديم مثلاً فلسفات وشرائع وحكماً اجتماعية وسياسية على جانب كبير من الرقي والتقدم، وهناك فلاسفة تركوا وصايا وإرشادات وعبر لا تزال حتى الآن تعتبر من مقومات الحياة الاجتماعية والسياسية (٢). فقد قام حمورابي بإنشاء أول مسلة عرفها التاريخ دونت فيها الشرائع والقوانين والحكم والوصايا التي نظمت شؤون المجتمع المختلفة وحددت المثل الفلسفية والأخلاقية التي يجب ان يسير عليها الملك وأفراد الشعب وذلك من خلال تحديد واجبات وحقوق الملك إزاء الشعب وواجبات وحقوق الشعب إزاء الملك والدولة (٣). أما ألوان التفكير الاجتماعي والسياسي عند المصريين القدماء فتتمثل بالآثار التي تركوها . فمعتقدات المصريين الدينية وعنايتهم بدفن موتاهم وحبهم لإظهار عظمتهم وتسجيل فتوحاتهم قد أمدتنا بمصادر صحيحة وصريحة عن حياتهم الاجتماعية والاقتصادية والسياسية والدينية. لقد امتاز المصريون بحسن السياسة وفن الإدارة واستطاع الحكام بفضل ذلك ان يسيطروا سيطرة تامة على أمور بلادهم (٤).

وخلال عصر الحضارة اليونانية والرومانية نمى وتطور الفكر الاجتماعي والسياسي إلى درجة كبيرة ، وظهر عدد من الفلاسفة والمفكرين البارزين مثل أفلاطون وارسطو وسينكا وسيسرو الرومانيين . فقد وهب أفلاطون (٤٢٧-٣٤٧ ق.م) عدة أفكار ونظريات عن الدولة والمجتمع وطبقاته وفلسفته السياسية . وانعكست أفكاره ونظرياته هذه في كتابه الموسوم " الجمهورية" والكتاب

يهدف إلى وضع الأسس المثالية التي يجب ان يرتكز عليها المجتمع الإنساني كالعدالة الاجتماعية مثلاً والتي يقول عنها بأنها من أهم الأهداف السياسية التي يجب على الدول تحقيقها [٥]. وأشار أفلاطون في كتابه بأن الطبقة المثقفة يجب ان تقود وتحكم المجتمع لأنها أعرف من غيرها بالسبل والغايات التي تجلب الخير والرفاهية والسعادة للإنسان . كما ذكر بأن المجتمع مكون من أنظمة متصلة الواحدة بالأخرى كالنظام السياسي والاقتصادي والديني والعائلي . وان أي تغيير في أحدها لابد ان ينعكس على بقية الأنظمة الأخرى [٦]. ومن أهم أفكاره الأخرى توضيحه للعلاقة بين الفرد والدولة بقوله ان رئيس الدولة يجب ان يضحي بنفسه من أجل خدمة المجموع . ونادى بأن المثالية الأفلاطونية والمجتمع المثالي لا يمكن تحقيق أهدافه دون قيام الفرد بالتفاني من أجل خدمة أبناء الشعب جميعهم [٧].

أما ارسطو (٣٨٤-٣٢٢ ق.م) فقد عالج عدة مواضيع فلسفية واجتماعية وسياسية أهمها كيفية تكوين الجماعات السياسية . يعتبر ارسطو الأسرة بأنها أول خلية اجتماعية ، وهي أول اجتماع تدعو اليه الطبيعة لأن هناك ضرورة أولية تؤدي إلى اجتماع كائنين لا غنى لأحدهما عن الآخر وان الحياة الإنسانية لا يمكن ان تتحقق على وجه صحيح الا في الأسرة التي وظيفتها القيام بالحاجات اليومية. ومن اجتماع عدة أسر تنشأ القرية وهي وحدة اجتماعية أوسع نطاقاً وتقوم بوظائف أكثر تنوعاً من الأسرة الا ان طبيعة تكوينها تسمح بتقسيم العمل . ومن اجتماع عدة قرى تتكون المدينة أو الدولة [٨]، وهي أكمل الدرجات الاجتماعية وأتمها وأوضحها قصداً تكفي نفسها بنفسها وتضمن للأفراد وسائل العيش .

ووهب المفكر الروماني سينكا الذي ولد في مدينة قرطبة عام (٤ ق.م) الكثير من الأفكار الاجتماعية والسياسية أهمها اعتقاده بدور الملكية في تحديد الطبقة الاجتماعية للإنسان ، وأهمية المال والثروة في رسم مجال القوة والسلطة السياسية التي يهيمن عليها الحاكم . حيث قال بأن أغنياء المجتمع غالباً ما يكونوا حكامه الشرعيين [٩]. كما نادى بضرورة فصل السلطة السياسية عن السلطة الدينية

وقال بأن رجل الدين يجب ان لا يتأثر بأحكام السلطة السياسية في البلاد . اما الفيلسوف الروماني سيسيرو فقد اعتقد بضرورة تكوين الدولة المثالية التي يجب ان تكون على غرار جمهورية أفلاطون الا انه ذكر بأن المجتمع الروماني يجب ان لا يسعى وراء المثالية لأنه مجتمع خير وليس فيه ما يدل على وجود التعسف والظلم الاجتماعي . كما أكد على أهمية الحياة الاجتماعية والسياسية وذلك لما تقدمه من قوانين وضوابط سلوكية وأخلاقية للأفراد الذين شاركوا فيها [١٠]، ووضح أضرار العزلة الاجتماعية التي لا تعطي المجال للإنسان الانتفاع من قدراته وطاقاته إضافة إلى مقارنته بين التكامل الاجتماعي والتكامل السياسي للمجتمع والدولة .

وخلال عصر ـ الإمبراطورية العربية الإسلامية تبلورت الآراء والمفاهيم والنظريات الاجتماعية والسياسية التي تفسر أصل نشوء المجتمع وتطوره وعلاقة المجتمع بالدولة على أيدي المفكرين الاجتماعيين والسياسيين العرب كالفارابي وابن خلدون والغزالي والحموي وابن بطوطة . وقد ركزت هذه المفاهيم والنظريات على دور الغريزة الاجتماعية في تكوين المجتمع والدولة . فالغريزة الاجتماعية هي أساس الاجتماع الإنساني وان الإنسان هو حيوان اجتماعي وسياسي بالطبيعة . فهو لا يمكن ان يعيش بمعزل عن الآخرين ولا يمكن ان يحصل على أهدافه وطموحاته دون وجود سلطة تنظم وتشرف على واجبات وحقوق الأفراد وتنشر ـ العدل والمساواة والحرية في ربوع المجتمع [١١]. علينا هنا دراسة النظريات الاجتماعية والسياسية للفارابي وابن خلدون لنطلع على دور الحضارة العربية في إغناء الفكر الاجتماعي والسياسي العالمي ، هذا الفكر الذي تمخض عنه في النهاية ظهور وبلورة علم الاجتماع السياسي . الفارابي هو من المفكرين الاجتماعيين والسياسيين العرب الذين برزوا في مواضيع السياسة والاجتماع والفلسفة . ولد عام ٨٧٠م وتوفي عام ٩٥٠م من أهم مؤلفاته كتاب " السياسات المدنية " وكتاب " أهل المدينة الفاضلة " والكتاب الأخير هو من أشهر مؤلفاته اذ كان على غرار كتاب جمهورية أفلاطون من حيث ترتيبه العلمي وحكمه الفلسفية والسياسية . والغاية من تأليف

كتاب أهل المدينة الفاضلة هي توضيح طبيعة المجتمع الفاضل والدولة المثالية . وقد قسم هذا الكتاب إلى قسمين : قسم يهتم بدراسة الأسس الفلسفية التي تستند عليها المدينة الفاضلة . والقسم الثاني يوضح المبادئ التي تقوم عليها المدينة الفاضلة . وقد عالج الفارابي في هذا الكتاب أيضاً حقيقة الاجتماع الإنساني وحقيقة الدولة وأصل نشؤها .

بدأ الفارابي بحوثه الاجتماعية بتحليل حقيقة الاجتماع الإنساني والدوافع الأساسية إلى قيامه ولاشك انه رجع في هذا الصدد إلى ارسطو عندما قال بأن الإنسان حيوان اجتماعي بطبيعته أي انه يحتاج إلى أشياء كثيرة لا يستطيع الحصول عليها بمفرده . فهو لابد له من التعاون مع أعضاء جنسه لكي يستطيع بلوغ الكمال ، والكمال الذي يقصده الفارابي هنا هو السعادة (١٢) . ولا يتم للفرد تحقيق السعادة في نفسه عن طريق التعاون المادي فحسب بل لابد له من التعاون الروحي أو الفكري لأن السعادة تتصل بتحقيق الأشياء المادية والروحية في آن واحد . ورغبة الإنسان في تحقيق السعادة لا يمكن ان يتم الا اذا استطاع تكوين هيئة أو سلطة سياسية منظمة تتولى القيام بوظائف عديدة للأفراد . ومثل هذه الوظائف ينبغي ان تجلب السعادة للمجتمع وتحقق أماني الأفراد . واذا ما انتشرت السعادة في المجتمع وكان انتشارها يعتمد على مبادئ العدالة والمساواة فان المدينة الفاضلة التي كتب عنها الفارابي ستظهر للعيان . وقد تكلم الفارابي بإسهاب عن المدينة الفاضلة وهي المدينة التي يتعاون أفرادها واحدهم مع الآخر لغرض نيل السعادة ، كما يجب على كل واحد منهم القيام بعمل معين والتخصص به . وأهم وظائف المدينة وأكبرها خطراً وظيفة الرئاسة . وذلك لأن الرئيس هو منبع السلطة العليا وهو المثل الأعلى الذي تتحقق في شخصيته جميع معاني الكمال وهو مصدر حياة المدينة ودعامة نظامها . ومنزلة الرئيس بالنسبة للأفراد كمنزلة القلب بالنسبة لسائر أنحاء الجسم ولذلك لا يصلح للرئاسة حسب اعتقاد الفارابي الا من زود

بصفات وراثية ومكتسبة يتمثل فيها أقصى ما يمكن ان يصل إليه الكمال في الجسم والعقل والعلم والخلق والدين .

أما المفكر الاجتماعي العربي ابن خلدون (١٣٣٢-١٤٠٦م) فقد كان مهتماً بمواضيع كثيرة أهمها الأدب والفلسفة والتاريخ والسياسة والاجتماع الذي أطلق عليه في كتابه " المقدمة " اسم علم العمران البشري الذي يدرس ما استطاع الإنسان إنجازه في البيئة الحضرية من معالم المدنية والتراث الحضاري وباقي الفنون الحياتية التي طورت المجتمع ونمته في ضروب ومجالات مختلفة (١٣). ودرس ابن خلدون المجتمع دراسة تاريخية اذ اعتقد بأنه يمر في مراحل تاريخية متباينة ، وكل مرحلة حضارية متصلة بالمرحلة الحضارية التي سبقتها. وأشار إلى أن دراسة الماضي ترشدنا إلى فهم الحاضر والتنبؤ عن المستقبل ، ودراسة كهذه تعود إلى موضوع فلسفة التاريخ الذي برز فيه ابن خلدون قبل غيره من مفكري وفلاسفة العالم .

ولا يكتفي ابن خلدون بان يقرر ان المجتمع حقيقة يجب ان تدرس وان علم الاجتماع هو الذي يدرس المجتمع البشري وما يلحقه من عوارض . بل يحاول أكثر من ذلك اذ يحلل الضرورة الاجتماعية ويكشف عن الدعائم التي تقوم عليها. فيقول ان الاجتماع الإنساني ضروري لان الإنسان مدني بطبعه ويسير في شرح هذه القضايا على وتيرة من سبقه من مفكرين كأرسطو والفارابي . ويقرر ان عدم كفاية الفرد لنفسه يدفعه إلى التعاون والاشتراك في حياة الجماعة ومن ثم ينشأ التضامن الذي يعتبر أقوى الدعائم التي يقوم عليها المجتمع وهكذا (١٤). وما فطر عليه الإنسان من شعور نحو الجماعة يدفعه إلى الاستكمال بغيره ليستكمل بذلك خواصه النوعية والجنسية فضلاً عن حاجاته الضرورية وقد يكون التضامن على أنواع كثيرة كالتضامن الاقتصادي والسياسي والثقافي والعائلي . ففي حالة التضامن السياسي أي دخول الأفراد بعلاقات تعاونية تستهدف تمشية أمور المجتمع والسيطرة عليه والكفاح من أجل تحقيق أهدافه وطموحاته فان الدولة تظهر من هذا التضامن .

والدولة حسب اعتقاد ابن خلدون من أقوى مظاهر التضامن الاجتماعي وأكثرها أهمية وخطورة في تحديد معالم المجتمع وصورته السياسية [١٥]. والدولة كالمجتمع في نظر ابن خلدون شيء طبيعي وهي لهذه الصفة تخضع لقوانين عامة ، مثلها في ذلك مثل الظواهر الفردية وظواهر الحياة في الكائنات الحية . ولذلك يبـذل قصارى جهده في تفسير مبادئها وتحليل وظائفها والكشف عن العوامـل التـي تـؤثر في نشـأتها واسـتقرارها وتطورها .

وفي أوربا ظهر عدد كبير من المفكرين السياسيين والاجتماعيين خلال القرنين السابع عشر والثامن عشر أمثال توماس هوبز وجون لوك في إنكلترا وجان جاك روسو ومنتسكيو في فرنسا الذين طوروا الدراسات السياسية والاجتماعية في مجالات كثيرة ومهمة . فقد تساءلوا عن العوامل والأسباب التي دفعت الإنسان لتكوين المجتمع والدولة ومنح الدولة الصلاحيات المطلقة لقيادته والتصرف بشؤونه. وقد أجابوا عن هذه الأسئلة ووضحوها وشخصوا معالمها بكتاباتهم السياسية والاجتماعية . ان توماس هوبز وجون لوك الإنكليزيان وجان جاك روسو ومنتسكيو الفرنسيان هم من أقطاب مدرسة العقد الاجتماعي . فأقطاب مدرسة العقد الاجتماعي باستثناء روسو يجمعون على ان الإنسان بطبيعته حيوان لا اجتماعي وعدائي . ففي البداية كان معزولاً عن أبناء جنسه ومدفوعاً لسد حاجاته الشخصية التي تتناقض مع حاجات وطموحات الآخرين [١٦].

وسعي الإنسان القديم لسد حاجاته الخاصة بمفرده والحصول عل مكاسب شخصية دفعه للاصطدام مع الآخرين والاقتتال معهم، الأمر الذي خلق حالة الاضطراب والفوضى والقلق المستمر التي سيطرت على الأفراد والجماعات. فقد كان القوي يسلب أموال وحقوق الضعيف بالقوة ويتمتع بها لفترة من الزمن ، ولكن سرعان ما يضعف القوي فتسلب حقوقه وممتلكاته من قبل شخص أقوى منه. وحالة كهذه سببت الفوضى والدمار المستمرين ونتجت في قصر عمر الإنسان . وقد ساد قانون الغاب على علاقات الأفراد، هذا القانون الذي يعتقد بأن الحق

للقوة والفرد الذي لا قوة له ليس لديه حق [17]. واستمر قانونا الغاب (The Law of Nature) يحكم الأفراد والجماعات لفترة طويلة إلى ان قرر الأفراد إنهاء مفعوله والقضاء على حالة الاضطراب والدمار وذلك من خلال الاتفاق الجماعي بين الأشخاص الأقوياء والضعفاء والتوقيع على العقد الاجتماعي . هذا العقد الذي يستهدف انتخاب سلطة سياسية من بين الأفراد عن طريق الاستفتاء العام (Referendum). وتنازل الأفراد عن حقوقهم إلى السلطة التي اختاروها. والسلطة هذه تقوم بإعادة توزيع الحقوق والواجبات الاجتماعية على الأفراد بطريقة مشتقة من طبيعة واقعهم الاجتماعي ومن مبادئ العدالة والمساواة الاجتماعية [18]. وبعد اختيار السلطة السياسية هذه (الدولة) تقوم الأخيرة بتأسيس المنظمات الوظيفية على اختلاف أنواعها كالمنظمات الاقتصادية والسياسية والثقافية والعسكرية ... الخ ثم تحدد قوانينها وأحكامها (مؤسساتها) . وهنا يظهر البناء الاجتماعي وتنشأ العلاقات والتفاعلات الاجتماعية .

لكن هناك اختلافاً بين مفكري العقد الاجتماعي حول طبيعة العامل الذي دفع الأفراد إلى التوقيع على العقد الاجتماعي الذي ينهي قانون الغاب ويكون المجتمع المدني . فالمفكر هوبز يعتقد في كتابه " Levathian " بأن خوف الإنسان من أخيه الإنسان هو الذي دفعه لتكوين المجتمع . بينما يعتقد لوك بان رغبة الإنسان في المحافظة على حقوقه المدنية والمادية وممتلكاته هي التي دفعته إلى تكوين المجتمع والدولة . أما جان جاك روسو فيعتقد بان غريزة الإنسان الاجتماعية وحبه للصالح العام ورغبته في نشر العدالة الاجتماعية هي التي حفزته على إنشاء المجتمع والدولة .

وخلال القرنين التاسع عشر والعشرين تطور الفكر السياسي والاجتماعي على يد مجموعة من الفلاسفة والمفكرين أشهرهم هيجل وماركس وماكس فيبر وباريتو وميشيل. ونود هنا شرح وتحليل الهبات الفكرية والعلمية التي منحها كل مفكر لتطوير الفكر الاجتماعي والسياسي العالمي .

فردريك وليم هيجل (١٧٧٠-١٨٣١م) هو من أشهر الفلاسفة والمفكرين السياسيين والاجتماعيين الألمان . وقد اشتهر بابتداع قانون الدايلكتيك (Law of Dialectics) الذي يهدف إلى حل المتناقضات والأضداد بين الأفكار (Thesises) والأفكار المضادة (Anti Thesises) حلاً وسطاً وذلك من خلال الاعتراف بصحة جزء من الأفكار وجزء من الأفكار المضادة والتوحيد بينها واشتقاق أفكار جديدة تختلف عن جميع الأفكار والأفكار المضادة المطروحة على بساط البحث الفلسفي والعلمي [١٩]. وقد استعمل هيجل الدايلكتيك في فهم التاريخ وفهم المجتمع البشري وفهم طبيعة المعرفة العلمية (Epistemology) التي قال بأنها وليدة الصراع بين الفكر والطبيعة [٢٠]. وفي جميع كتاباته أشاد بالدور المهم الذي تلعبه الدولة في حياة الأفراد والجماعات . وذكر في كتابه " فلسفة الحق " بأن الدولة هي وعي الروح وظل الله في الأرض لهذا وجب عبادتها وتقديسها وتمجيد أعمالها وأهدافها . كما قال بان الدولة هي مصدر العلم والمعرفة وهي النقطة التي يتوحد فيها العقل والحرية [٢١]. والدولة باعتقاده هي الحق والمنطق والعقل وما بعد الحق والمنطق والعقل الا الظلم والجهل والفساد . وبعد هذه الأقوال عن مآثر وأهمية الدولة للمجتمع يقوم هيجل بتفسير أصل نشوء المجتمع والدولة في كتابه " فلسفة الحق " (Philosophy of Right) .

يعتقد هيجل بان الدولة وليدة العائلة وان المجتمع المدني وليد العائلة أيضاً. لكن العواطف الطبيعية عند الإنسان هي التي تدفعه إلى الزواج وتكوين العائلة [٢٢]. والعائلة البشرية تعتمد على عاطفة الحب وتعتمد على الإرث والملكية المشتركة . ولا توجد في المجتمع عائلة واحدة وانما توجد عوائل متعددة تجتمع فيما بينها وتكون المجتمع المدني الذي نعرفه. وعندما توجد عدة عوائل في بقعة واحدة وتشترك في لغة وتاريخ وعادات وتقاليد مشتركة ولها مصالح اقتصادية مختلفة فان الصراع لابد ان ينشب بينها. وهنا تظهر الدولة لتحل الصراع الذي يقع بين الأفراد والعوائل وفي نفس الوقت تتولى القيام بعدة وظائف للأفراد

والجماعات [٢٣]. يقول هيجل ان ما هو موجود أولاً هو العائلة التي فيها تتجسد الإرادة وتفرض الذاتية بملء رضاها . والعواطف الطبيعية هي أساس تكوين الأسرة . وفي الواقع لا توجد أسرة واحدة بل هناك أسر تنتظم في قلب صراع البقاء [٢٤]. ووجود الأسرة يعتمد على وجود المجتمع الذي يزودها بمقومات المعيشة والبقاء ويدافع عنها ضد الأخطار التي تهدد كيانها . وصراع الأسر أو العوائل ينتج في ظهور الدولة التي تحل الصراع وتضمن الخير والعدالة في المجتمع .

ويضيف هيجل قائلاً ان ماهية الدولة هي الكلي في ذاته ومن اجل ذاته، والعنصر العقلي للإرادة عنصر ذاتي بوصفه يعرف ذاته ويتوطد على انه كذلك، عنصر له فرديته بما هو واقعي . ان عملها بوجه عام مزدوج بالنسبة للفردية في تطرفها أي بالنسبة للأفراد جمهوراً . فيجب عليها أولاً ان تحافظ عليهم اشخاصاً ، وبالتالي ان تجعل من الحق واقعاً ضرورياً ، ثم ان توفر لهم رفاهيتهم التي يعمل كل واحد منهم ويسعى إليها لنفسه مع ان لها جانباً عاماً [٢٥] ويجب عليها ان تحمي الأسرة وتتولى قيادة المجتمع المدني .

أما بالنسبة لنظرية كارل ماركس (١٨١٨-١٨٨٣م) عن أصل المجتمع والدولة فإنها تستند على آرائه وتعاليمه المادية التاريخية الدايلكتيكية وتعتمد على ظاهرة الصراع الطبقي الاجتماعي الذي يقع بين الطبقة البرجوازية التي تمتلك وسائل الإنتاج والملكية الواسعة وتتمتع بالنفوذ الاجتماعي والسياسي والطبقة العمالية الكادحة التي لا تمتلك أي شيء سوى جهودها وطاقاتها البشرية التي تبيعها بأجور زهيدة إلى الطبقة البرجوازية [٢٦]. والصراع الطبقي الذي أساسه الملكية ووسائل الإنتاج دائماً ما ينتهي بالثورة الاجتماعية التي تغير معالم المجتمع البشري من شكل لآخر .

وتكوين المجتمع البشري بالنسبة لماركس يعتمد على عامل زيادة وتكاثر السكان وظهور الحاجة الملحة لإدخال نظام تقسيم العمل الذي يضمن سد حاجات

السكان المتزايد للمواد الغذائية والمواد الأخرى التي يحتاجها في حياته اليومية (٢٧). وخلال فترة زيادة وتكاثر السكان والاعتماد على منهج تقسيم العمل والتخصص فيه تظهر الطبقات الاجتماعية ويظهر الصراع بينها . وعند ظهور النظام الطبقي يظهر المجتمع البشري الذي ينظم حقوق وواجبات الطبقات الاجتماعية . وتلعب الطبقة العليا التي تسيطر على وسائل الإنتاج الدور الكبير في تحديد قوانين مسيرة المجتمع ورسم علاقات الإنتاج وتعيين طبيعة العلاقات التي تربط طبقات المجتمع واحدتها بالأخرى (٢٨). وعندما ينشب الصراع بين الطبقات تظهر الدولة لتحمل مسؤولية تخفيف حدة الصراع وعدم مجابهة الطبقة الاجتماعية للطبقة الأخرى . ولكن الصراع الطبقي يظهر بين القبائل عندما تتفاوت الأحوال المعاشية والاقتصادية بين الأفراد والجماعات . وقد ظهر فعلاً في القبائل اليونانية والرومانية خصوصاً بين الطبقة الأرستقراطية (طبقة الأحرار) وطبقة العبيد (٢٩). وبعد سقوط المجتمع القديم الذي كان قائماً على مبدأ الصراع بين أفراد القبائل ظهرت الدولة لتتولى تخفيف أو إنهاء حدة الصراع . الا ان الدولة بعد ظهورها تمكنت من تكوين سلطة متنفذة وقادرة على الوقوف فوق مصالح الطبقتين المتصارعتين وقد منحت هذه السلطة قوة كافية لتحل الخصام وتنشر الأمن والطمأنينة والسلام في ربوع المجتمع. وفي بادئ الأمر كانت هذه السلطة عادلة ومنصفة وليس تحت تأثير الطبقة المالكة لوسائل الإنتاج (٣٠). ولكنها سرعان ما انحرفت عن مبادئ العدل والمساواة وأخذت تنحاز وتتعصب للطبقة التي تمتلك وسائل الإنتاج . وخلال فترة العهود الإقطاعية والرأسمالية أصبحت السلطة جزءاً لا يتجزأ عن الطبقات المالكة لوسائل الإنتاج والطبقات المستغلة خصوصاً عندما أصبحت الدولة نفسها تتكون من مالكي وسائل الإنتاج والمسيطرة على ثروات ومقدرات المجتمع (٣١). فأعضاء الطبقات الإقطاعية والرأسمالية لا يملكون مسببات القوة الاقتصادية والاجتماعية فحسب بل يملكون أيضاً مسببات القوة السياسية والقانونية . وقد استعملت هذه القوة في قهر الطبقة الفلاحية في المجتمع الإقطاعي والطبقة العمالية في المجتمع الرأسمالي (٣٢). ومثل

هذا الظلم والقهر الذي تمارسه الطبقة الحاكمة سيولد تأجج الوعي الطبقي عند أبناء الطبقة المحكومة على حد قول ماركس والوعي الطبقي سيساعد على تحقيق وحدة هذه الطبقة . وبعد تحقيق الوحدة الطبقية تقوم الطبقة المحكومة بإعلان التمرد والثورة ضد الطبقة الحاكمة . هذا التمرد الذي غالباً ما يسبب سقوط الدولة والمجتمع الإقطاعي أو الرأسمالي وظهور مجتمع جديد يعتمد على مبادئ العدالة والحرية والمساواة .

واهتم ماركس بمسألة الصراع (Conflict) ومسألة الاتفاق (Consensus) حيث اعتبر الصراع حقيقة قائمة بين طبقات المجتمع البشري ولا يمكن التخلص منها الا بتحقيق مجتمع عديم الطبقات (المجتمع الشيوعي) . وذكر بان الصراع بين الطبقات اشغل جميع المراحل التاريخية التي مر بها المجتمع الإنساني ابتداء من المرحلة المشاعية وانتهاء بالثورة البروليتارية [٣٣]. وأضاف بان الاتفاق والانسجام والتكامل لا يمكن ان يتحقق الا بعد القضاء على الطبقات الاجتماعية والصراع الطبقي، والقضاء على الطبقات والصراع الطبقي يشهده المجتمع البشري بعد اجتيازه للمراحل المتقدمة للاشتراكية ودخوله في مرحلة المجتمع الشيوعي. ولما كان الاتفاق شيئاً قائماً في المجتمع الشيوعي حسب اعتقاد ماركس ومفقوداً في المجتمعات العبودية والإقطاعية والرأسمالية التي كرس كتاباته الأكاديمية حولها فانه يفصح عن مصادر التضامن والاستقرار في هذه المجتمعات ومع هذا فانه طرح بعض القضايا المتعلقة بالتنشئة الاجتماعية للفرد ونمو اهتماماته واتجاهاته وقيمه ومصالحه . إذن تنطوي نظرية ماركس على نظامين اجتماعيين متكاملين : نظام يسوده الصراع ونظام آخر يسوده التضامن والانسجام. ان النظام الأول بطبيعته يقف ضد كرامة وتطلعات وسعادة الإنسان ، لهذا يجب القضاء عليه وإنهاء مفعوله بأسرع وقت ممكن. أما النظام الثاني فيخلو من مصادر المنافسة والصراع وتسيطر عليه روح المحبة والسلام والطمأنينة. ونظام كهذا لا يحتاج إلى نظم ومؤسسات

ديمقراطية تحمي سلطة الدولة وسلطانها وتدحر القوى المستبدة وتقضي على الظلم والقهر والجبروت .

أما العالم الاجتماعي والسياسي الألماني ماكس فيبر (١٨٦٤-١٩٢٠م) فقد وهب الكثير من الأفكار والمفاهيم والحقائق الجديدة التي طورت وبلورت حقل علم الاجتماع السياسي وجعلته على ما هو عليه الآن . والدراسات العلمية التي برز بها في حقل علم الاجتماع السياسي تتعلق بدراسته عن البيروقراطية والديمقراطية وبتقسيمه للدول والسلطات السياسية إلى ثلاث أصناف رئيسية هي السلطات العقلية والشرعية، السلطات التقليدية، وأخيراً السلطات الكرزماتيكية . ان دراسة البيروقراطية والديمقراطية قد ارتبطت ارتباطاً وثيقاً باسم ماكس فيبر [٣٤]. واهتمامه بها يعكس الفكر الاجتماعي للمراحل المتأخرة من الثورة الصناعية التي بدأت في إنكلترا خلال القرن الثامن عشر وانتشرت إلى بقية الأقطار الأوربية في القرن التاسع عشر . وقد اهتم كثير من الفلاسفة الاجتماعيين في القرن التاسع عشر- بالتأثيرات المخربة للثورة الصناعية على المجتمع وفي نفس الوقت كانوا يفتشون عن هياكل سياسية تعزز دور الديمقراطية في المجتمع الصناعي ويبحثون عن الظروف الاجتماعية والسياسية التي تمكنهم من إقامة المجتمع البيروقراطي الذي لا يمكن ان يستغني عنه المجتمع الصناعي . اعتقد فيبر بأن نمو وتكامل التنظيمات البيروقراطية هو شيء لابد منه لإقامة المجتمع الصناعي المتطور [٣٥]. والبيروقراطية تضمن المنظمات الاجتماعية وتحفز قوى التوازن الاجتماعي ، أي القوى التي تريد المحافظة على الوضع السابق للمجتمع ، على التصادم مع أسباب ومقومات التغير [٣٦]. الا ان الداينميكية البيروقراطية سرعان ما تنتصر على القوى الرجعية والمحافظة وهنا يستطيع المجتمع من بلوغ النمو والتطور الذي يدعم حركة التصنيع والتحديث الشامل .

عالج ماكس فيبر موضوع البيروقراطية معالجة سسيولوجية حديثة وذلك بعد ان فصل فكرة البيروقراطية عن الأفكار العاطفية والانفعالية التي أحاطت بها

لفترة طويلة من الزمن . واعتقد ان النظام البيروقراطي هو شيء لا يمكن الاستغناء عنه عند إنجاز الأهداف العقلية لمؤسسات المجتمع الصناعي . وقد طبق فيبر مذهبه المشهور النموذج المثالي (Ideal Type) في تعريف ودراسة المزايا الجوهرية للنظام البيروقراطي . وقال بان البيروقراطية تتميز بالصفات التالية :

١- الأحكام والقوانين العقلانية هي التي تحدد واجبات ووظائف الأدوار الإدارية في المؤسسة ، وان هذه الأدوار هي أدوار أخصائية يحتلها موظفون مؤهلون عقلياً وأكاديمياً .

٢- ان الأدوار الإدارية تكون على شكل مراتب متسلسلة من ناحية مقدار سلطتها وقوتها الإدارية .

٣- تعتمد الإدارة البيروقراطية على وثائق ومستمسكات مدونة لا يستطيع الهيمنة عليها إلا من حصل على تدريب ودراسة خاصة في الشؤون الإدارية .

٤- يعين الموظفون على أساس مؤهلاتهم الفنية وقابلياتهم في الإدارة التي اكتسبوها عن طريق الدراسة الطويلة أو التجربة والخبرة .

٥- لا يمتلك الموظف الإداري مركزه الوظيفي ولا الأدوات التي يستعملها في تنفيذ واجباته [٣٧].

أما أفكار فيبر عن تقسيم الدول والسلطات فقد لعبت الدور المباشر في تطوير علم الاجتماع السياسي . يقسم ماكس فيبر السلطات إلى ثلاثة أقسام رئيسية هي: (١) السلطة التقليدية (٢) السلطة العقلية - الشرعية (٣) السلطة الكرزماتيكية. السلطة التقليدية هي التي تعتقد بان نظمها ما هي الا امتداد لنظم كانت موجودة في الزمن السابق أو ان رئيسها تقلد منصبه بموجب مؤهلات معينة كانت شرعية في الزمن الماضي أو ان الأوامر التي يصدرها مدعومة بأوامر كانت ماثلة في الزمن السابق ومتفق على التصرف بموجبها . وهذا يعني بأن الجماعة التي تخضع للسلطة التقليدية تطيع أوامر سلطتها بسبب شرعيتها التاريخية أو بسبب تعودها منذ الزمن القديم على إطاعة مثل هذه الأوامر [٣٨]. أما السلطة الشرعية - العقلية فإنها

تعتقد بان نظم وأحكام السلطة ذاتها والطريقة التي من خلالها يشغل الفرد دور سلطته وأسلوب ادعاء السلطة يجب ان يتم بالطرق والأحكام القانونية العامة .

والسلطة الكرزماتيكية تتجسد في شخصية الفرد الذي يشغلها، هذه الشخصية التي تتميز ببعض الصفات والمزايا المقدسة التي تدل على قابلياته الفذة وسحر شخصيته وصلاحيته للدور الذي يحتله (٣٩). وفي جميع حالات السلطات الثلاثة نشاهد بأن أحكام السلطة وقوانينها والطريقة التي يحتل بها الرئيس مركز قيادته وجوهر الحكم ومبدأ إصدار الأوامر كلها تعتمد على الاعتقاد بأن السلطة متصلة بصورة مباشرة أو غير مباشرة بقوة شرعية نهائية ومطلقة . وهذه قد تكون إرادة الله أو إرادة مؤسسي ـ الخلافة أو المجتمع أو القانون الطبيعي أو إرادة الشعب. وهذا يعني بأن شرعية السلطات التقليدية والشرعية ـ العقلية حسب اعتقاد فيبر تعتمد على اعتقادها واتصالها بمصدر مقدس أي مصدر كرزماتيكي . الا ان السلطتين الأوليتين تختلفان عن السلطة الكرزماتيكية من حيث كون اتصالها بالمصدر المقدس غير مباشر في حين تكون علاقة السلطة الكرزماتيكية بالمصدر المقدس علاقة مباشرة وعميقة .

أما العالم الاجتماعي والسياسي الإيطالي فلفريد وباريتو (١٨٤٨-١٩٢٣) فقد وهب عدة أفكار ومفاهيم ونظريات كان لها الدور المباشر في نمو وتطوير علم الاجتماع السياسي . قد عبر عن أفكاره وتعاليمه الاجتماعية والسياسية في كتابه الموسوم " العقل والمجتمع" الذي بين من خلاله حقيقة السلوك الاجتماعي والسياسي والقواعد التي تستند عليها العلاقات الاجتماعية بكافة أنواعها والفوارق بين الدوافع الحقيقية للسلوك والمظاهر الخارجية والعقلانية له . وفي دراساته هذه اعتمد على نظرية الرواسب والمشتقات التي استعملها في تفسير مؤسسات المجتمع من حيث أصولها ووظائفها وبنائها وعلاقتها الواحدة بالأخرى وفي تفسير السلوك السياسي والعلاقات السياسية ذات الدوافع والأبعاد الاجتماعية (٤٠).

كما انه تطرق في كتابه العقل والمجتمع إلى دراسة النخبة (Elite) التي قسمها إلى قسمين أساسيين النخبة الحاكمة والنخبة غير الحاكمة (Ruling and Non-Ruling Elite) . ووضح العلاقة بين النخبة والعوام من أبناء الشعب ودرس العوامل التي تكمن خلف دورة النخبة (Circulation of Elite) وعلاقتها بتوازن أو عدم توازن المجتمع .

أكد العالم باريتو في أحد المقالات التي كتبها والموسومة " علم الاجتماع العام " على أهمية دراسة النظريات اللامنطقية ، هذه النظريات التي تعتبر بمثابة تفسيرات فلسفية ومثالية لظواهر لا يمكن تحليلها وشرحها بواسطة العلوم الطبيعية وهذه التفسيرات حسب اعتقاده تكمن في عنصرين أساسيين : العنصر الدائم الذي سماه بالرواسب والعنصر ـ المتغير الذي سماه بالمشتقات. فالرواسب (Residues) تعكس العواطف الإنسانية وحالات العقل الشعوري التي يمكن مشاهدتها في المجتمع الإنساني مهما كان نوعه قديماً أو حديثاً بدائياً أو متقدماً [٤١]. وغالباً ما تكون الرواسب مقنعة أو متنكرة في أشكال وصيغ مختلفة ، غير انه يمكن كشفها وتعريتها وفضح حقيقتها والتوصل إلى أهدافها ومقاصدها من خلال الفحوصات والاختبارات السسيولوجية . أما المشتقات فهي الوسائل أو السبل التي من خلالها تنفذ الرواسب أو هي الأشياء التي تكمن خلفها الرواسب [٤٢]. وهذه يقسمها باريتو إلى أربعة أصناف أساسية هي العبارات، المظهر الخارجي ، الحجج الموضوعية التي تبرر العاطفة ذاتها وأخيراً البراهين الكلامية . ويمكننا تطبيق نظرية البروفسور باريتو عن الرواسب والمشتقات (Residues and Derivations) على واقع وحقيقة الكيان الصهيوني الذي يدعي بأنه كيان يتكون من شعب مظلوم ومتعسف ضده وشعب يريد السلم والاستقرار والتقدم (هذه الادعاءات الكاذبة والمزورة هي المشتقات التي تكلم عنها باريتو) بينما حقيقة الكيان العدوانية والعنصرية والتوسعية والإمبريالية واعتماده على أساليب الغش والتزوير والكذب

والغدر والكراهية للشعوب الآمنة والمستقرة هي الرواسب التي وضحها باريتو في سياق نظريته الاجتماعية والسياسية .

كما تكلم باريتو عن نظرية النخبة حيث قال بأن النخبة هي الطبقة الحاكمة أو المتنفذة في المجتمع التي تشكل الأقلية من أبناء الشعب . وهذه الطبقة يمكن تمييزها عن الطبقة المحكومة في معيار القوة والسلطة والنفوذ فهي تتمتع بقوة ونفوذ وتأثير أكثر مما تتمتع به الطبقة المحكومة في المجتمع . كما انه درس في كتابه العقل والمجتمع الفوارق الأساسية بين النخبة الحاكمة (Ruling Elite) والنخبة غير الحاكمة (Non-Ruling Elite) ووضح طبيعة التناقض والانقسام التاريخي المستمر بين النخبة وعوام الشعب حيث ذكر بأن أساس التناقض والصراع بين الجماعتين يعزى إلى عامل القوة أي كون العوام مجردين عنها [٤٣] . وحقيقة كهذه تسبب انقسام المجتمع وتصدعه وقد يسيطر هذا الانقسام على جميع المؤسسات الاجتماعية البنيوية بضمنها المؤسسات السياسية خصوصاً الأحزاب والسلطات السياسية .

ويركز باريتو في دراساته السياسية على دورة النخبة من حيث طبيعتها وأسبابها ويربط بين دورة النخبة والتغير الاجتماعي . فالمجتمع حسب تعاليمه ينقسم إلى فئتين النخبة التي تتكون من حكام وقادة وزعماء المجتمع ومن الأشخاص المتنفذين والمسيطرين على مؤسساته المختلفة . وهؤلاء يشكلون نسبة قليلة من أبناء المجتمع وقد أطلق عليهم باريتو بجماعة الأسود . والفئة الثانية تتكون من عوام الشعب (The Ruled Class) الذين ليس لديهم قوة سياسية او نفوذاً اقتصادياً واجتماعياً ولكنهم يملكون الطاقات الذكائية والقدرات البدنية الداينميكية التي تساعدهم على العمل والإنتاج . وقد أطلق باريتو على هذه الفئة اسم الثعالب [٤٤] . والنخبة هي في صراع دائم مع عوام الشعب بسبب القوة التي تمتلكها النخبة وتجرد عوام الشعب منها والصراع المستمر بين الفئتين ينتهي بسقوط النخبة أو الطبقة الأرستقراطية وصعود جماعة من عوام الشعب إلى مراكز النخبة

لاحتلالها والتمتع بحقوقها وامتيازاتها . فأعضاء النخبة لا يستطيعون احتلال مراكزهم القيادية أكثر من عشرين سنة على حد قول باريتو بسبب كبرهم وهرمهم وضعف قواهم العقلية والجسمانية وإصابتهم بمرض الخدر والترهل والملل من إشغال مراكز القيادة والقيام بوظائفها الرسمية والروتينية التي تجعل حياتهم ضيقة وميكانيكية ومملة . لهذا يضعف أدائهم وتقتل عندهم روح العمل المبدع والخلاق . وفي الوقت الذي يتعرض فيه أعضاء النخبة إلى مرض الملل والخدر والترهل والخمول تبادر جماعة من عوام الشعب خصوصاً تلك التي تتميز بالذكاء والنشاط والفاعلية والرغبة في احتلال مراكز القيادة والحكم بمضاعفة جهودها وتكثيف نشاطاتها وتصعيد صراعها مع فئة النخبة . وغالباً ما ينتهي الصراع بفوز جماعة العوام على النخبة بحيث تفقد النخبة مراكزها القيادية وقوتها وتأثيرها وتنخفض إلى طبقة العوام في حين تقفز جماعة العوام (الثعالب) إلى مراكز القوة والحكم . وهذه الظاهرة الاجتماعية والسياسية يسميها باريتو بدورة النخبة (Circulation of Elite) التي تصيب جميع المجتمعات البشرية مهما كانت نظمها السياسية والاديولوجية. ونظريته عن دورة النخبة تفسر أفكاره حول السكون الاجتماعي (Social Static) والداينميكية الاجتماعية (Social Dynamic) وبعد تفسيره للنخبة ودورة النخبة يقول باريتو بأن التاريخ هو مقبرة الأرستقراطية، أي ان النخبة سائرة نحو الزوال والاندثار عاجلاً أم آجلاً والتاريخ الإنساني هو خير شاهد على ذلك .

أما فضل العالم الاجتماعي السياسي الإيطالي روبرت ميشيل (١٨٧٦-١٩٣٦) في تطوير النظرية الاجتماعية والسياسية فيتجسد في نظريته عن الديمقراطية (Democracy) والاوليكاركية (Oligarchy) أي حكم الأقلية ، وفي تشخيصه لطبيعة القانون الحديدي للاوليكاركية (The Iron Law of Oligarchy).

وقد ظهرت دراسته الاجتماعية والسياسية هذه في كتابه الشهير " الأحزاب السياسية " . في بداية هذا الكتاب أشار ميشيل بأن الديمقراطية دائماً تتحول إلى الاوليكاركية (٤٥) التي تطغي عليها بعض الصفات السلبية والمضرة للأفراد والجماعات الذين شاركوا في اختيار القادة التي تمثلهم وتدافع عن حقوقهم . واعتمد ميشيل في تعميماته الاجتماعية والسياسية على دراسته للأحزاب السياسية ونقابات العمال والمنشآت الصناعية والتجارية في إيطاليا . حيث شاهد بأن الممارسات الديمقراطية الهادفة إلى انتخاب قيادة المنظمات السياسية والاقتصادية والاجتماعية من قبل أعضاء هذه المنظمات هي ممارسات لا تؤمن بديمقراطية هذه المنظمات . فسرعان ما تتحول القيادة الديمقراطية التي انتخبها الأعضاء انتخاباً حراً وشريفاً إلى قيادة اوليكاركية أي قيادة شبه ديكتاتورية محتكرة من قبل عدد من القادة واتباعهم من المدراء العامين والمدراء والخبراء والفنيين بل وحتى صغار الموظفين من أعضاء الجهاز الإداري (٤٦) . فالقادة المنتخبون من قبل نقابات العمال مثلاً يعينون اتباعهم وأقاربهم وأنصارهم في المراكز الإدارية والتنفيذية العليا لنقابات العمال ويعطونهم صلاحيات واسعة لحكم وإدارة أمور هذه النقابات . وهؤلاء الأقارب والاتباع المعينون في المراكز الحساسة يطيعون القادة الذين عينوهم طاعة عمياء . كما ان بقية أعضاء الجهاز الإداري المنفذ يودون كسب رضى القادة والتقرب اليهم بإطاعتهم طاعة عمياء حتى ولو لم يكونوا على حق رغبة في الحصول على بعض المكاسب الشخصية منهم (٤٧) . وبالتالي تتحول إدارة المنظمة إلى إدارة متملقة ومزيفة وتحت التأثير المباشر للقادة المنتخبين . كما ان القادة أنفسهم يودون الاستمرار بالحكم والسيطرة لأطول فترة ممكنة ويكونون مستعدين لاتخاذ أقصى العقوبات بحق من يخالفهم أو يتحداهم (٤٨) . وهنا تتحول الإدارة والقيادة الديمقراطية إلى قيادة شبه دكتاتورية تسمى بالإدارة أو القيادة الاوليكاركية التي تكلم عنها روبرت ميشيل .

كما ان القيادة تكون بعيدة كل البعد عن آمال وطموحات وأماني الأشخاص الـذين انتخبوها وصوتوا لها في عملية الاقتراع السري . لذا يعتقد ميشيل بأن أغلب القيادات الديمقراطية في العالم خصوصاً العالم الرأسمالي الغربي الذي يطلق على نفسه العالم الديمقراطي الحر الذي يتشدق بالديمقراطيـة البرلمانيـة وبالحريات والمساواة هي قيادات مزيفة تطغي عليها الصفات الاوليكاركيـة التـي تكلـم عنهـا ميشـيل في سياق نظريته عن القانون الحديدي لحكم الأقلية .

الهوامش والمصادر

١. الحسن ، إحسان محمد (الدكتور) . محاضرات في علم الاجتماع السياسي ، كلية الأمن القومي ، بغداد ، ١٩٨٠ ، (محاضرات مسحوبة بالرونيو).

2. Becker and Barnes. Social Thought From Lore to Science, Vol. 1 , New York , 1933 , P. 143 .

٣. الحسن ، إحسان محمد (الدكتور) . علم الاجتماع : دراسة نظامية ، بغداد ، مطبعة الجامعة ، ١٩٧٥ ، ص١١ .

٤. الخشاب ، مصطفى (الدكتور) . علم الاجتماع ومدارسه ، الكتاب الأول ، القاهرة ، ١٩٦٦ ، ص١٥ .

5. Plato. The Republic-Translated by H.Lee, Penguin Books Middlesex, England, 1963, P. 174 .

6. Ibid., P. 181 .

7. Ibid., P. 193 .

8. Tomlin, E. The Great Philosophers of the Western World London, 1955, P. 61 .

9. Maus, S. A Short History of Sociology, New York, 1949, P. 27 .

١٠. الحسن ، إحسان محمد (الدكتور). علم الاجتماع : دراسة نظامية ، ص٢١.

١١. نفس المصدر السابق ، ص٢٢ .

١٢. الخشاب ، مصطفى (الدكتور). علم الاجتماع ومدارسه، ص١١٦ .

١٣. ابن خلدون ، المقدمة ، دار القلم ، بيروت ، ١٩٧٨ ، ص٤١ .

١٤. نفس المصدر السابق ، ص٤٢ .

١٥. نفس المصدر السابق ، ص١٦٣ .

16. Hobbes, T. Leviathan, London, 1931, See Ch. 21 .

17. Locke, J. Essays Concerning Toleration , London 1942 , PP. 9-11 .

18. Benn, I. And Peters, R. Social Principles and the Democratic State , George Allen and Unwin , London , 1959 , P. 95 .

19. Hegel , W.F. Lectures on the Philosophy History , Vol. 3 , London , 1956 .

20. Hegel , W.F. Phenomenology of the Spirit , See the Introduction , London , 1961

٢١. فرانسوا شاتليه ، هيجل ، ترجمة جورج صدقني ، دمشق ، ١٩٧٦ ، ص١٧٢ .

٢٢. نفس المصدر السابق ، ص١٧٤ .

٢٣. نفس المصدر السابق ، ص١٧٨ .

٢٤. نفس المصدر السابق ، ص١٨٢ .

٢٥. نفس المصدر السابق ، ص١٨٨ .

26. Mitchell , D. A Dictionary of Sociology, Routledge and Kegan Paul , London , 1973 , P. 115 .

27. Marx, K. Selected Writings in Sociology and Social Philosophy , Edited by Bottomore and Rubel , A Pelican Book , Middlesex , England , 1967 , P. 119 .

28. Ibid. , P. 122 .

29. Marx , K. and Engels , F. Selected Works , Moscow , 1975 , P. 472 .

30. Ibid. , P. 481 .

31. Ibid. , P. 482 .

32. Freedman , R. Marx on Economics , A Pelican Book , Middlesex , England , 1968 , P. 234 .

33. Ibid. , P. 5-7 .

34. Weber , Max. The Theory of Social and Economic Organization , New York , 1969 , P. 329 .

35. Ibid. , P. 331 .

36. Ibid. , P. 335 .

37. Bendix , R. Max Weber : An Intellectual Portrait , New York , 1960 , P. 293 .

38. Weber , Max. The Theory of Social and Economic Organization , P. 341 .

39. Ibid. , P. 358-359 .

40. Pareto , V. Mind and Society , Vol. 1 , New York , 1963 , PP. 499-500 .

41. Hinkle , R. The Development of Modern Sociology , Random House , New York , 1963 , P. 50 .

42. Ibid. , P. 51 .

43. Pareto , V. Mind and Society , PP. 1422-3 .

44. Ibid. , P. 1426 .

45. Mitchell , R. Political Parties , New York , The Macmillan Co. , Paper Back , 1968 , P. 6.

46. Broom , L. and Zelznick. Sociology (4th Ed.), New York, Harper and Row , 1968 , P. 219 .

47. Bottomore, T.B. Elites and Society , A Pelican Book , Midllesex , England , 1967 , P. 112 .

48. Ibid. , PP. 115-116 .

الفصل الخامس
الفكر الاجتماعي والسياسي عند نيقولا ميكافيلي

أولاً - تاريخ حياته وأعماله العلمية

ولد نيقولا بيرناردو ميكافيلي في مدينة فلورنسيا بإيطاليا عام ١٤٦٩ وكان والده يعمل قاضيا في إحدى محاكم فلورنسا . حصل ميكافيلي على تعليمه في مدارس فلورنسا واكتسب قسطا من التربية والتعليم وأصول الكتابة والقانون . وبعد انتهاءه لدراساته الأولية عين كتاباً في مقر إدارة المدينة في عهد الحاكم لورنزو ميديسي ، وعند عزل الحاكم ميديسي وتعيين سودريني ، الذي كان صديقاً حميماً لميكافيلي ، حاكماً لفلورنسا رُفع ميكافيلي إلى درجة مستشار ثاني للحاكم، ثم تقلد منصب مدير إدارة الحاكم وشغل العديد من المناصب الدبلوماسية في بلاط الحاكم[١]. إضافة إلى تفويضه من قبل الحاكم لقيادة التشكيلات العسكرية لمقاطعة فلورنسا . وأثناء أشغال ميكافيلي للمناصب الدبلوماسية والعسكرية التي اسندها له الحاكم سودريني بُعث مفاوضاً مع ملك فرنسا لويس الثاني عشر ومفاوضاً مع الإمبراطور مكسمليان ومرافقاً للأمير القيصر بوركيا أمير مقاطعة رومكانا بإيطاليا. كذلك بعث سودريني ميكافيلي لمشاهدة انتخابات البابا عام ١٥٠٣ ، وبعثه أيضاً لمرافقة الأمير جوليوس الثاني أثناء حملته العسكرية لإخماد الانتفاضة ضد حكمه في إحدى المقاطعات الإيطالية [٢]. كما عُين ميكافيلي قائداً للتشكيلات العسكرية لاحتلال مدينة بيزا الإيطالية عام ١٥٠٩ ، ولكن ثلاث سنوات بعد احتلال بيزا اشتبكت قوات ميكافيلي مع جيوش العصبة المقدسة في مدينة براتو الإيطالية ، وقد أسفر الاشتباك عن هزيمة ميكافيلي وقواته العسكرية التي كان يقودها .

ولكن في عام ١٥١٢ تمكن لورنزو وميديسي من العودة إلى الحكم ثانية بعد ان اسقط سودريني في انقلاب عسكري خاطف ، وعندما سقط سودريني وحل محله لورنزو ميديسي حاكماً لمدينة فلورنسا قرر ميديسي طرد ميكافيلي من جميع مناصبه الدبلوماسية والعسكرية بعد ان اعتبره من أنصار ومساعدي سودريني ومن الرجال المقربين له . ولم يكتف ميديسي بطرد ميكافيلي من مناصبه وإنهاء حياته العامة فحسب بل سجنه وعذبه لمدة سنة كاملة بعدها فرض عليه الإقامة الجبرية في مزرعته الكائنة في أطراف مدينة فلورنسا [٣]. وعند فرض الإقامة الجبرية عليه وعزله عن الحياة العامة قرر ميكافيلي التفرغ للبحث والكتابة والتأليف، فألف خلال الفترة ١٥١٢-١٥٢٠ أربعة كتب مهمة هي كتاب (الأمير) وكتاب (فن السياسة) وكتاب (فن الحرب) وكتاب (محاضرات عن الكتب العشرة الأولى عن منطقة تيتيوس ليفيوس) . وفي عام ١٥٢٠ كلف الحاكم جيليو ميديسي ابن الحاكم لورنزو ميديسي ميكافيلي بتأليف كتاب عن تاريخ مدينة فلورنسا ، فقبل ميكافيلي التكليف هذا ، وأنهى تأليف كتاب (تاريخ مدينة فلورنسا) في عام ١٥٢٥ . وعند تأليفه للكتاب سُمح لميكافيلي بالمشاركة المحدودة في الحياة العامة الخاصة بالأنشطة الأدبية والفنية . وفي عام ١٥٢٧ توفي ميكافيلي دون ان يحقق طموحاته السياسية وهي الوصول إلى أعلى المراكز السياسية في إيطاليا والتأثير من خلالها على مسيرة الحياة السياسية والعسكرية لإيطاليا لاسيما ما يتعلق بوحدتها وتكامل استقلالها السياسي .

علينا في هذا المقام التحدث عن أهم الأعمال العلمية التي أنجزها ميكافيلي وهي كتاب (الأمير) وكتاب (فن السياسة) وكتاب (فن الحرب) . كتاب الأمير هو كتاب في السياسة العلمية وفن إدارة شؤون الدولة من الموقع الأعلى. هدف الكتاب يكمن في عرض طرائق الحكم والممارسات السياسية التي يمكن ان يعتمدها الحاكم لكي يبقى أطول فترة ممكنة في الحكم. كما يظهر الكتاب كيفية الإيقاع بخصوم الحاكم أو الأمير وتصفيتهم بطريقة ذكية تعتمد أساليب المكر والدهاء

والمراوغة التي تؤمن للحاكم التفرد بالحكم وإدارة شؤون الدولة حسب رغباته وإرادته ومصالحه وطموحاته [٤]. أما الأساليب والطرائق التي يوضحها كتاب (الأمير) للحاكم فمستقاة من بطون التاريخ القديم أو التاريخ المعاصر للفترة التي عاشها ميكافيلي . علما بان هذه الأساليب التي يسردها بدقة وتمعن كتاب الأمير تُنسَب إلى الحكام الذين اتخذوها عبر التاريخ وتوضح الأفعال السياسية التي اعتمدوها للوصول إلى دفة الحكم والتعامل مع الخصوم والمناوئين السياسيين مع تجسيد فوائد وسلبيات القرارات السياسية التي تبنوها لهم ولرعاياهم وممالكهم التي حكموها . ومن الجدير بالذكر ان الأفكار والطروحات التي وردت في كتاب الأمير تشكل الإضافات الأساسية قدمها ميكافيلي لتطور علم السياسة بصورة عامة وعلم الاجتماع السياسي بصورة خاصة .

لقد ألف ميكافيلي كتاب الأمير عندما كان رهن الإقامة في داره ومزرعته كما وضحنا أعلاه وبعد الانتهاء من تأليف الكتاب في مطلع عام ١٥١٤ قرر إهدائه إلى الحاكم ميديسي ليستفيد منه في إطالة مدة حكمه عن طريق كيفية التعامل مع خصومه السياسيين وتصفيتهم وتجنب الأخطاء التي ارتكبها الملوك والأمراء والحكام عبر التاريخ . اما الغرض الحقيقي الذي دفع ميكافيلي لإهداء الكتاب إلى الحاكم فهو التقرب للحاكم وإرضائه كيما يعفو عنه وربما يعيده إلى مناصبه السابقة. قال ميكافيلي لميديسي عند إهدائه للكتاب (فتشتت ممتلكاتي المادية والاعتبارية لأقدم جزءاً منها هدية لك فلم أجد بينها اثمن من كتاب (الأمير) الذي قررت إهدائه لك لقراءته والاستفادة منه في تعزيز موقعك السياسي وإطالة مدة حكمك . علماً بان الأعيان من الناس يهدون لفخامتكم النقود والأرض والعمارات والخيول والذهب والفضة والأثاث الفاخرة والتحفيات والملابس المذهبة ... الخ ولكني لا املك اثمن من كتاب الأمير لأقدمه هدية رمزية متواضعة فرجاءً التمس فخامتكم قبول الهدية مقرونة بمشاعر الود والاحترام)[٥].

ولما قرأ الحاكم لورنزو ميديس كتاب (الأمير) وجد انه كتاب مليء بالخدع والجرائم والأعمال المنكرة التي يريد ميكافيلي ان يتضلع بها الحكام والأمراء ويتعلموها ويعتمدوها في حكمهم مما اغضب ذلك الحاكم ميديسي اذ أطلق على كتب الأمير كتاب الشيطان وطلب من المسؤولين حرق الكتاب ونفي الكاتب الملعون إلى جزيرة بعيدة كيما لا تطأ قدماه مدينة فلورنسا (٦). وهنا خاب ظن ميكافيلي بالحاكم وطالت مدة عزله السياسي وفقد طموحاته في تبؤ المراكز السياسية التي كان يحلم باحتلالها .

اما كتابا (فن السياسة) و (فن الحرب) اللذان ألفهما ميكافيلي خلال فترة عزله السياسي فكانا يحتويان على أفكار وطروحات وطنية وقومية تتلخص بكيفية توحيد إيطاليا وتصفية عوامل الفرقة والانقسام التي كانت تعاني منها، وضرورة العمل على تحقيق الوحدة الإيطالية التي هي كما يقول ميكافيلي أمنية كل إيطالي غيور وشريف يعمل من اجل إيطاليا الكبرى الموحدة (٧). يضاف إلى ان الكتابين يوضحان السبل التي يمكن ان يعتمدها الإيطاليون في إزالة فرقتهم وانقسامهم وتحقيق المصالحة الوطنية التي تضمن وحدتهم وقوتهم وقهر أعدائهم .

ثانياً - طبيعة النفس البشرية كما يراها ميكافيلي

لقد نظر ميكافيلي إلى الإنسان نظرة متشائمة وقاتمة لأنه يعتقد بان طبيعة النفس البشرية شريرة وبائسة ومتدنية نتيجة لعناصرها التكوينية التي تطغي عليها النزعات والميول الحيوانية والوحشية غير المهذبة (٨). علما بان العناصر التكوينية الحيوانية والعاطفية عند الإنسان لا تقبع في منطقة اللاشعور فحسب بل تقبع أيضا في منطقة الشعور كما يعتقد ميكافيلي . والدليل على ذلك ان الإنسان بالطبيعة كائن رديء يتسم بالدونية والانحطاط لذا فهو مستعد على إظهار طبيعته الحقيقية وذاتيته الوحشية واللاأخلاقية عندما تحين الفرصة المناسبة لذلك . ان الإنسان بالطبيعة ميال نحو الطمع والجشع والاستغلال والاستحواذ على ممتلكات الآخرين ونهبها بالقوة ، وانه ميال نحو الاقتتال مع الآخرين والاعتداء عليهم والتنكيل بهم ، وانه

ميال نحو إشباع حاجاته الغريزية والحيوانية حالا وبدون تردد حتى لو كلفه ذلك حياته ، وانه ميال نحو حب الظهور والسيطرة على الآخرين وقهر أرادتهم والتعسف ضدهم وظلمهم وغمط حقوقهم[٩].

إضافة إلى اتسام العديد منهم بالصفات السلبية والمنبوذة كالكذب والنفاق والنميمة والوشاية والتسرع والغيرة والحسد والغش وجلب الضرر للآخرين والنزاع لاتفه الأسباب والغرور والتعالي والتكبر وكسر المواعيد والمخادعة والتضليل والتقليل من شأن الآخرين والطعن بهم وإظهار عيوبهم ... الخ من الصفات الساقطة والمنحدرة .

اما الميول والاتجاهات الوحشية والشريرة التي يتسم بها الإنسان منذ بداية حياته وحتى مماته فترجع إلى الغرائز والرواسب الشهوانية والحيوانية التي يرثها من أسلافه والتي لا يمكن التحرر منها بسهولة . لذا تبقى ترافق مسيرة حياته وتدفعه دائما إلى الدخول في حلقات الشر والأذى والانتقام، تلك الحلقات التي تفسر جميع الحوادث المؤسفة والمأساوية التي تقع في المجتمع كالمنازعات والحروب والسرقات والقتول والاغتصاب وأعمال العنف .. الخ . لقد اظهر ميكافيلي طبيعة النفس البشرية على حقيقتها وحذر الحكام في كتابه (الأمير) من شرورها التي لابد ان تمسهم لأنهم يتعاملون دائما مع الرعية الذين هم بشر ولكونهم بشراً فان خصال الدونية والانحطاط والرذيلة تسري في عروقهم ولا بد للحاكم ان يوجهها ويطوق دوافعها وادرانها .

يقول ميكافيلي في كتابه (الأمير) ينبغي ان يكون الحاكم ثعلباً لكي يستطيع كشف المصائد المنصوبة له ومعرفة أماكنها لكي لا يكون ضحية لها ، وينبغي في الوقت نفسه ان يكون أسداً ليخيف الذئاب ويطردها عنه . لذا على الحاكم ان يكون نصف ثعلب ونصف أسد لكي يكون قادرا على حماية نفسه من مكر الماكرين والدهالقة ومن شرور الوحوش الكاسرة المحيطة به من كل جانب[١٠]. وفي مبحث آخر من كتاب (الأمير) ينصح ميكافيلي الحكام بضرورة الاحتراس من الطبيعة

الوحشية والشريرة للناس الذين يتعامل معهم ، فهناك الكثير من الناس يكذبون ويخلفون المواعيد وينافقون ويسرقون ويحسدون . ولما كان هؤلاء الناس يتسمون بهذه الطبيعة اللاأخلاقية فان على الحاكم ان يتعرف على طبيعتهم ويتعلمها منهم ويتصرف على وفق مسارها ، فلا ضير عليه ان يكذب ويخلف المواعيد وينافق ويسرق ويحسد لكي لا يكون ضحية الكذب والنفاق والدس والسرقة والحسد. وينهي ميكافيلي نصيحته بالقول (يشير التاريخ إلى ان الحكام والأمراء والملوك الناجحين هم الذين يتخذون من الثعالب قدوة لهم اذ يتفننون في الكذب والغش والدس والإيقاع بالآخرين . أما التمسك بالأخلاق والمبادئ والقيم الشريفة في جميع الأحوال والمناسبات فقد يجلب للحكام والأمراء والملوك الدمار الكامل ويعرض شعوبهم للهلاك المحقق لان هؤلاء لا يفهمون الطبيعة الشريرة للبشر ، وعدم فهمها يجعلهم يثقون بها ويستسلمون لإرادتها . لذا نراها تضرهم وتضجعهم بدمائهم خلال ليلة وضحاها ، وهنا لا يفيد الندم [١١] .

ثالثاً- سبل تطبيع النفس البشرية في فكر ميكافيلي

يرى ميكافيلي بان النفس البشرية ذات الخصال الملتوية والشريرة ليس من السهولة بمكان تطبيعها وتكييفها للوسط الذي توجد فيه . ومع هذا فان هناك أساليب قاسية وحازمة يمكن ان يتعمدها الأمير في تهذيب وتطبيع وتنشئة النفس البشرية بحيث تكون مرنة ومتجاوبة ومطيعة ومتكيفة مع الأوضاع التي يمر بها المجتمع . أما الأساليب التطبيعية التي يمكن اعتمادها في ترويض النفس البشرية وإخضاعها لما يريده الأمير فهي الضغط والقسوة والشدة والعنف وتقييد الحرية بل وحتى الحرمان والتجويع . ذلك ان مثل هذه الأساليب القهرية والحازمة التي يعتمدها الأمير وحاشيته واتباعه مع الناس تكفل تحريرهم من عقدهم وأمراضهم النفسية والاجتماعية وشرورهم وتجعلهم مطيعين وملتزمين وجيدين في سماتهم وقيمهم ومبادئهم وسلوكهم وتفاعلهم مع الآخرين [١٢] .

في حين ان استعمال الأساليب التربوية والمتساهلة القائمة على مفاهيم الديمقراطية والحرية والاحترام والتقدير والشفقة والعطف لا يمكن ان يكون نافعا ومؤثرا في تطبيع النفس البشرية وجعلها متكيفة ومتفاعلة وخاضعة لإرادة الأمير . فالأساليب التربوية اللينة التي يستعملها ميكافيلي ، لا يمكن ان تحررهم من عقدهم وادرانهم وسلبياتهم اذ ان هذه الأساليب تجعلهم اكثر صلفاً وشراً ونقمة على القادة المسؤولين كما انها تدفعهم إلى عدم احترام من يخدمهم ويضحي من أجلهم ومن يريد إصلاحهم والأخذ بيدهم إلى طريق الخير والفلاح والتقدم. لذا فأساليب الشدة والقسوة والحزم والتنكيل التي يمكن ان يستعملها الأمير مع الرعية هي وحدها التي تكفل تطبيع نفوسهم الشريرة واصلاحها وتقويمها وهدايتها إلى الطريق المستقيم[١٣].

ومن الجدير بالذكر ان ميكافيلي يعتقد بان اعتماد القادة والمسؤولين أساليب العنف والشدة والقسوة مع الناس لا يصلح نفوسهم الشريرة فحسب بل يدفعهم إلى العمل المتميز الذي ينمي المجتمع ويطوره في المجالات كافة . فاذا لم يكن الأمير شديداً مع الأفراد ولم يستعمل معهم أساليب العنف والقسوة والتنكيل والتخويف فانهم يتكاسلون ويتهربون من أداء العمل المطلوب منهم . وهنا لا يمكن ان ينمو المجتمع ويتقدم . يضاف إلى ذلك ان النظام والقانون اللذين يطبقهما الأمير على المجتمع ويفرضهما على الأفراد فرضاً انما يسهمان ويشاركان مشاركة فعالة في تحويل الناس من كائنات رديئة ومشاكسة إلى كائنات جيدة وملتزمة[١٤].

يقول ميكافيلي في كتابه (الأمير) على الأمير ان يكون قاسياً مع الرعية ، فالقسوة تجعلهم يحترمونه ويطيعونه ويهيبون جانبه .

ويضيف قائلا في الكتاب نفسه " عندما استعمل الأمير بوركيا القسوة مع شعبه فان القسوة هذه علمت شعبه الطاعة والنظام والانضباط وجعلته ينصلح ويعمل بجد ومثابرة وتصميم وإرادة قوية لا تلين . إضافة إلى أهميتها في إزالة الخلافات والنزاعات والتناقضات فيما بينهم ، ودورها الفاعل في تضامنهم ووحدتهم وتماسكهم[١٥]. وفي فقرات أخرى من كتاب (الأمير) يقول ميكافيلي ان الأمير

ينبغي ان لا يلوم نفسه على استعمال الصيغ القاسية والمتشددة مع رعاياه لان هذه الصيغ هي لمصلحتهم طالما انها تضمن طاعتهم وانضباطهم وتضامنهم ووحدتهم "[16]. ويسترسل ميكافيلي قائلا (اذا خُير الأمير بين استعمال القسوة أو اللين مع الرعية فان عليه ان يختار القسوة طالما انه يتعامل مع أفراد يتسمون بصفات شريرة وساقطة ، هذه الصفات التي تتمثل في نكران الجميل والغش والكذب وتقلب الأهواء والمزاج والأنانية والغيرة والحسد والظلم والتسرع والغرور . ان القسوة التي يستعملها الأمير مع هؤلاء الأفراد يمكن ان تحررهم من صفاتهم المذمومة التي توارثوها من آبائهم وأجدادهم)[17].

رابعاً - أصل نشوء المجتمع البشري عند ميكافيلي

يعتقد ميكافيلي بان الناس في البداية كانوا قليلي العدد ومنعزلين بعضهم عن بعض ويعيشون كالحيوانات الكاسرة . ذلك ان قويهم كان يسيطر على ضعيفهم ويجرده من ممتلكاته وحقوقه وربما يقتله وينهي حياته لفترة من الزمن ، وعندما يضعف يتعرض للعدوان الذي يقوم به شخص أقوى منه . والعدوان ينتج في تصفية الضعيف وسيطرة القوي حتى يضعف . وهكذا مر أبناء الجنس البشري بهذه الحالة الحيوانية غير المهذبة التي ساد فيها قانون شرعية الغاب ، هذا القانون الذي يساوي بين القوة والحق ، فالحق لا يمكن ضمانه بدون القوة ، والقوة هي التي تحمي الحق وتمكن صاحبه من التمتع به طالما انه يمتلك القوة والسيطرة .

ويرجع ميكافيلي سيادة قانون شريعة الغاب إلى الغريزة العدوانية المتأصلة في الإنسان ، هذه الغريزة التي تدفع الإنسان إلى تسليط عدوانيته على الآخرين، وترجع أيضاً إلى غريزة حب الظهور والسيطرة على الآخرين . والغريزة الأخيرة نجم عنها انقسام أبناء الجنس البشري إلى مجموعتين هما الأقوياء والضعفاء، وأفراد هاتين المجموعتين كانوا يتقاتلون بعضهم مع بعض بسبب كون الإنسان يمتلك طبيعة شريرة أساسها الغرائز الحيوانية غير المهذبة المتأصلة في ذاتيته[19].

لقد استمرت هذه الحالة تحكم بني الإنسان لفترة طويلة من الزمن كما يعتقد ميكافيلي، ولكن عند زيادة أبناء الجنس البشري تعاظمت التفاعلات فيما بينهم واخذوا يحتكون بعضهم ببعض ووضعت حالة العزلة الاجتماعية التي كانوا يعانون منها عندما كانوا قليلي العدد. لذا قرروا إنهاء قانون شريعة الغاب من خلال اختيار أقواهم وأشجعهم ليكون حاكماً عليهم ، كما عقدوا العزم على طاعته وتنفيذ أوامره والامتثال لأحكامه وقراراته . وعندما يظهر الحاكم تتبلور العلاقة بينه وبين الناس . وهذه العلاقة تقوم على مبدأ اتفاق الحاكم مع الناس في تكوين الهيئات التي تخدم الناس وتلبي مطاليبهم ، وفي الوقت نفسه تدافع عن شرعية الحاكم واستمراره بالسلطة . ان مثل هذه التفاعلات وما ينجم عنها من واجبات وحقوق متبادلة ترعاها الهيئات التي تخدم الناس وتنشر العدالة بينهم انما هي جوهر المجتمع وأساس تكوينه كما يعتقد ميكافيلي .

ولكن بعد ظهور الحكام يكتشف الناس ان بعضهم جيدين وأمينين وبعضهم الآخر رديئين ومنحرفين . فالحكام الجيدون كما يرى ميكافيلي هم الذين يستعملون أساليب البطش والقوة والتنكيل مع الناس ليحرروهم من طبيعتهم الشريرة والرديئة، والذين يأتون إلى الحكم عن طريق الاختيار الحر وحكم الشرع والقانون . أما الحكام الرديئون فهم الذين يعتمدون الطرق الديمقراطية والمتساهلة مع الناس ، الطرق التي لا تنجح في إصلاح الناس وتحريرهم من صفاتهم الشريرة والبائسة ولا تضمن طاعة الناس للحكام وتعاونهم معهم [٢٠]. ويعد الحكام رديئين من قبل الناس عندما يأتون إلى الحكم عن طريق الجريمة وليس عن طريق الاختيار الحر وحكم الشرع والقانون . ومن الحكام الرديئين الذين جاءوا إلى الحكم عن طريق الجريمة الحاكم اوليفرتو الذي بدأ حياته جندياً عند أخيه فيتيلزو ، وبسبب شجاعته وذكائه ودهائه تمكن من ان يكون مساعداً لأخيه القائد . وعند اشغاله للمنصب تمكن بالتعاون مع بعض ضباط تشكيله العسكري بتوجيه دعوة عشاء لأمير مقاطعة فيرمو المدعو جيوفاني ، فلبى الأمير الدعوة . وبعد الانتهاء من العشاء دعا اوليفرتو الأمير إلى

غرفته للتحدث عن بعض الأمور الخاصة . وعند دخوله إلى الغرفة وجلوسه على أحد الكراسي خرج من وراء ستائر الغرفة عشرة جنود حاملين سيوفهم فهجموا على الأمير جيوفاني بإيعاز من اوليفرتو فأردوه قتيلاً في الحال [٢١] . وبعد مقتل الأمير جيوفاني امتطى اوليفرتو جواده مع العشرات من فرسانه الضباط متوجهين إلى قصر الأمير المقتول في فيرتو فطوقوه واحتلوه مع المدينة بأكملها . وبعد احتلال المدينة نصب اوليفرتو نفسه أميراً على مدينة فيرمو التي حكمها مدة سنة واحدة تعرض بعدها إلى القتل مع أخيه القائد العسكري فيتيلوزو .

خامساً - عدالة الحاكم مع الرعية في فكر ميكافيلي

العدالة في مفهوم ميكافيلي هي اعتماد السلوك الذي يتناسب مع الشيء أو الحدث الذي يتصرف الحاكم أو الأمير أو الملك تجاهه . في حين ان الظلم كما يفهمه ميكافيلي هو التصرف نحو الشيء أو الحدث بطريقة تتناقض مع خصوصيته وطبيعته . ذلك ان الأمير يكون عادلاً في تصرفه مع الرعية اذا استعمل معهم أساليب العنف والإرهاب والتنكيل ، لان هذه الأساليب تتناسب مع طبيعتهم الشريرة واللاإنسانية والبائسة ويمكن ان تخلصهم من سمات الشر والبؤس والفساد والتداعي [٢٢] . من جهة ثانية يكون الأمير ظالماً مع الرعية اذا استعمل الأساليب الإنسانية والديمقراطية والمتساهلة معهم لان هذه الأساليب بنظره لا تتفق مع طبيعتهم الشريرة واللاأخلاقية . إذن العدالة عند ميكافيلي هي حكم الأفراد والجماعات حكماً إرهابياً قاسياً يعتمد على صيغ التخويف والترهيب والاستفزاز والتنكيل طالما ان هذه الأساليب يمكن ان تضبط الأفراد وتصلحهم وتحررهم من صفات الشر والجريمة ، بينما الظلم هو عدم معرفة التصرف مع الناس كاحترامهم وتقديرهم والتساهل معهم في وقت ينبغي الإساءة اليهم وإذلالهم واحتقارهم لأنهم يستحقون ذلك نتيجة صفاتهم المتدنية وممارساتهم المنحرفة كما يعتقد ميكافيلي . لذا يؤكد ميكافيلي على ان الحاكم أو الأمير يكون عادلاً مع الرعية وناجحاً في حكمه

عندما يستعمل أساليب البطش والقوة والقهر والتنكيل اذ ان هذه الأساليب كفيلة بإصلاحهم وتحريرهم من عقدهم وشرورهم وأدرانهم الاجتماعية والنفسية .

يقول ميكافيلي في كتابه (الأمير) ان عدالة الحكام والأمراء لا تتحقق إلا باستعمال الشدة والقسوة والإرهاب مع الشعب . طالما ان هذه الأساليب قسرية تتلائم مع طبيعته المنحرفة وتؤدي في الوقت ذاته إلى إصلاحه وتحريره من عقد الشر واللؤم والأنانية والتمرد "(٢٣).

وتأخذ العدالة في تفكير ميكافيلي بعداً آخراً ، ذلك انها تتجسد في تجنيب الحاكم أو الأمير صفة الكرم والانحياز لصفة البخل. فالكرم يجعل الأمير يبذر الأموال ويهدرها من خلال إنفاقها على عدد قليل من الأفراد . علماً بأن التبذير ينتهي في إفلاس الحاكم وفقره ، مما يضطره إلى الاستحواذ على أموالهم ومصادرة ممتلكاتهم أو فرض الضرائب عليهم . وأفعال كهذه يقوم بها الأمير تجعل الناس يكرهونه ويحتقرونه ويعتبرونه غير عادل معهم مما قد يدفعهم إلى التآمر عليه وإسقاط حكمه أما بالمكر والدهاء والحيلة أو باستعمال القوة والعنف(٢٤) . أما صفة البخل التي يعتمدها الحاكم في سلوكه اليومي والتفصيلي فقد تجعله عادلا مع الرعية ذلك ان البخل يجعل الأمير أو الحاكم غنياً وميسوراً لأنه يمكنه من جمع الثروات والمحافظة عليها ، وهنا يستطيع إنفاق الأموال على أبناء الجيش القوي والمقتدر الذي يدافع عن البلاد بصورة عامة ويدافع عنه بصورة خاصة . كما يستطيع الأمير بناء المشاريع الإنتاجية والخدمية التي تنفع الناس وتقوي أركان الدولة .

يضاف إلى ذلك ان غنى الأمير يجعله بعيداً عن فرض الضرائب على الناس أو الاستحواذ أو السيطرة على ممتلكاتهم مما يقودهم إلى حبه واحترامه وطاعته باعتباره عادلاً ومستقيماً في حكمه وتعامله معهم ومع غيرهم . وهنا ينجح الأمير في الحكم ويقوي مركزه ويستطيع التمتع بالقوة والنفوذ لأطول فترة ممكنة .

سادساً - الديمقراطية والدكتاتورية في فكر ميكافيلي

يعتقد ميكافيلي ان الديمقراطية والدكتاتورية هما نظامان سياسيان يتعاقبان الواحد بعد الآخر ذلك ان الديمقراطية تنتهي بالدكتاتورية وان الدكتاتورية تنتهي بالديمقراطية . والتاريخ يوضح لنا كيفية تحول الحكام الديمقراطيين إلى حكام دكتاتوريين [٢٥]. علماً بان هذين النوعين من الحكام يختلفان بعضهما عن بعض، فالحاكم الديمقراطي يؤمن بالحرية ويسمع إلى آراء الآخرين ويمنحهم حرية التعبير عن الـرأي ولا يستعمل ضدهم أساليب العنف والقوة اذا اختلف معهـم في الـرأي والتفكير . أما شخصية الحاكم الديمقراطي فتتسم بالمرونة والأخذ والعطاء والانفتاح وتقبل النقد والتكيف للظروف والمعطيات المتغيرة .. الخ . بينما يؤمن الحاكم الدكتاتوري بالمركزية وتقييد الحريات وخنق الأصوات والاستبداد بالـرأي والتـدخل في الصغيرة والكبيرة والاعتقاد بأنه افضل من الاتباع ، واستعمال الشـدة والبطش والقسـوة والتنكيـل ضد الخصوم والمعادين . وان شخصية الحاكم الدكتاتوري كما يرى ميكافيلي تتسم بالتعصب والتحيز والانغـلاق وعدم تقبل النقد .. الخ .

يعتقد ميكافيلي بان الحكام كانوا في السابق ديمقراطيين لانهم كانوا ينتخبون مـن قبـل النـاس , واذا لم يكن الحاكم ديمقراطياً فان الناس لا ينتخبونه . ذلك ان الحاكم غير الديمقراطي يكون ظالمـاً وقاسياً مع الاتباع ، لذا يبتعد عنه هؤلاء كلما استطاعوا إلى ذلك سبيلاً . وبتتابع الـزمن اخذ الحكام ينصبون أنفسهم في أماكن الحكم والقيادة ، واصبحوا يمارسون أساليب الحكم الاستبدادي والدكتاتوري مـع النـاس . مثل هذه الأساليب جعلتهم أغنياء وميسورين ومتنفذين وقساة مع الناس الـذين يحكمونهم . لـذا بـدأ الناس يتذمرون منهم ويوجهون الانتقادات المرة اليهم . وعندما لم تجد هذه الأساليب نفعاً فانهم اخذوا يتآمرون على الحكام ويحاولون إخراجهم من مراكز القوة والسلطة والنفـوذ . وعنـد شـعور الحكام بتـآمر الناس ضدهم فانهم يتحولون كما يقول ميكافيلي ، من حكام دكتاتوريين إلى طغاة يمارسون أشكال أساليب القهر والظلم والتعسف الاجتماعي ضد الناس .

وعندما لا يطيق الناس شدة هذه الأساليب الطاغية فانهم يطيحون بالطغاة والحكام المتجبرين ويحولون نمط الحكم من الشكل الدكتاتوري والاستبدادي إلى الشكل الديمقراطي الحر . ولكن عندما تسيطر الديمقراطية على المجتمع ويستلم الحكام الديمقراطيون دفة الحكم فان الحكم بالتدريج سرعان ما يتحول إلى نظام قائم على الحريات المطلقة غير المفيدة . وسريان هذه الحريات في ربوع المجتمع يقود إلى حدوث الفوضى الاجتماعية والإباحية والتحلل التي لا يمكن التصدي لها وكبح جماحها الا من خلال الدكتاتورية التي تضع حداً للفوضى وعدم الاستقرار (٢٦). وهكذا تتعاقب الدكتاتورية والديمقراطية في سياق دائري لا يمكن إيقافه أو تغيير مساره التاريخي .

يوضح ميكافيلي في كتابه (الأمير) كيفية تحول الحاكم إلى دكتاتور مطلق. عند استلام الحاكم أو الأمير دفة الحكم فانه سرعان ما يحارب الأشخاص الذين ساعدوه في استلام السلطة ، وهو في نفس الوقت قد خلق أعداءً لدودين له من الذين حاربهم الأمير وقضى عليهم واحتلهم وأخضعهم لإرادته . لذا تتحالف ضد الأمير القوتان المعاديتان له وتكونان قوة واحدة تعلن العصيان والتمرد ضده وتثور عليه . وعند فشل العصيان الموجه ضد الأمير ، فان الأخير يتحول إلى دكتاتور مطلق يحكم المجتمع حسب أهوائه ومصالحه ونزواته الذاتية . وعندما لا يروق مثل هذا الحكم إلى الناس ، فانهم يعملون ما في استطاعتهم لإسقاطه وتغييره إلى نظام ديمقراطي يحل محله (٢٧). غير ان الديمقراطية كما يعتقد ميكافيلي تجلب معها الفوضى والارتباك اللتين يمكن وضع نهاية لهما عن طريق الدكتاتورية. وهكذا تتعاقب أنظمة الحكم اذ تتحول من الديمقراطية إلى الدكتاتورية ومن الدكتاتورية إلى الديمقراطية .

سابعاً - الغاية والواسطة كما يفسرها ميكافيلي

يعتمد ميكافيلي في جميع طروحاته السياسية على مبدأ الغاية تبرر الواسطة، والغاية بالنسبة للأمير هي البقاء في كرسي الحكم والسلطة لأطول فترة زمنية ممكنة يستطيع خلالها التمتع بالحكم وما ينطوي عليه من جاه وأبهة وشرف واحترام وتقدير والحصول على منافع وامتيازات مادية يتمناها لنفسه ويريد الحفاظ عليها مهما كلفه ذلك من جهود وتضحيات وعطاءات . أما الواسطة التي يعتمدها الأمير والتي تمكنه من البقاء على رأس دفة الحكم فهي جميع الأفعال التي يقوم بها سواء كانت هذه أخلاقية أو غير أخلاقية ، شريفة أو غير شريفة ، أو رديئة . ان هدف الأمير هو التمتع بشهوة الحكم لأطول فترة ممكنة ، وهذا الهدف لا يمكن نيله دون اعتماد وسيلة أو واسطة تعين الأمير على تحقيق الهدف .

ان كتاب (الأمير) برمته هو محاولة ذكية تبين الوسائل التي يمكن ان يعتمدها الأمير لبقائه في الحكم فترة طويلة من خلال المهام التي يقوم بها والتي تبرهن على أهليته لاحتلال مقاليد السلطة والحكم اكثر من غيره ، أو عن طريق الإنجازات والنجاحات الفعلية التي يحققها والتي تجعل الآخرين والجماعات يؤيدونه ويلتفون حوله . ناهيك عن الأفعال الإجرامية التي قد يرتكبها ضد خصومه ومنافسيه السياسيين لتصفيتهم ومن ثم التمتع بالسلطة والحكم بدون منافس .

أذن الغاية التي يحددها ميكافيلي للأمير هي البقاء في الحكم لفترة طويلة، والواسطة التي ينصح الأمير على اعتمادها لتضمن له البقاء على سدة الحكم قد تكون شريفة وأخلاقية قائمة على الصدق والإخلاص في العمل والتفاني في خدمة الرعية والبذل والعطاء من اجل رفاهيتهم وعزتهم وكرامتهم والدفاع عنهم ورعايتهم وقد تكون الواسطة غير شريفة فهي تتجسد في تصفية الخصوم والمناوئين واعتماد أساليب التمويه والغش والكذب والرياء والتضليل في حكم الناس وجلب الأذى والضرر للأفراد الذين يتعامل معهم الأمير [(٢٨)] . ناهيك عن استعمال الأمير سياسة فرق تسد مع الجماهير التي يحكمها لإضعافها وتمزيقها وتشويه صورتها والطعن

بمصداقيتها وبعثرة صفوفها أولاً ، ثم الإجهاض عليها وحكمها وفق مصالحه ورغباته وأهدافه المنشودة . وأخيراً قد يستعمل الأمير أنواع الجرائم والموبقات والأفعال المنكرة مع الجماهير لتخويفها وترهيبها وإرباكها ومن ثم حملها على طاعته والاستسلام لإرادته ومخططاته .

ان ميكافيلي في كتاب (الأمير) يعلم الحاكم على اتباع أية وسيلة كانت مع الجماهير تضمن له البقاء في الحكم . فهو يحث الحاكم على عدم الوفاء بالعهد مع الناس والكذب عليهم وترويضهم وغشهم والتحايل عليهم والإيقاع بهم اذا كانت هذه الأفعال تخدم وتحقق مطاليبه ونزواته . وينصحه على عدم التردد عن ارتكاب الجرائم والمنكرات ضد الناس اذا كان ذلك يخدم مصالحه ويلبي طموحاته وأهدافه. إضافة إلى حثه على استعمال أساليب العنف والقسوة والبطش والتنكيل بكل من يشك بولائه وإخلاصه له كيما ينهيه ويستأصله قبل ان تتاح له فرصة الانقضاض عليه أي على الحاكم أو الأمير (٢٩). ان ميكافيلي يبيح للحاكم استعمال جميع المحرمات والمحضورات والممنوعات التي من شأنها ان تقضي على الخصوم والنقاد والمعارضين وتمكنه بالتالي من الاستئثار بالقوة والسطوة والجاه .

يقول ميكافيلي في كتابه (الأمير) عندما يبدأ الحاكم بممارسة حكمه في المقاطعة أو المدينة عليه استعمال القوة ضد الخصوم والمعارضين مرة واحدة ليقضي عليهم وينهيهم كيما يتفرد بالحكم بدون معارض . وعندما يستعمل القوة مع الخصوم التي تنهيهم وتزيل خطرهم فانه يبادر في الوقت نفسه بإرضاء أهل المدينة وكسبهم إلى جانبه عن طريق أساليب الترغيب والتكريم والجذب والاستمالة . ان الأمير يعتمد أساليب التنكيل والترهيب مع بعض الناس والترغيب والتكريم مع البعض الآخر لكي يبقى على راس دفة الحكم لأطول فترة ممكنة . ذلك ان الترهيب والقتل والبطش والتخويف يجعل خصومه يخشونه ويتجنبونه كلما استطاعوا إلى ذلك سبيلا . أما الترغيب والاستمالة والجذب فتحمل بعض الناس إلى الالتفاف حول

الأمير وتأييده وإسناد حكمه والوقوف إلى جانبه . وهكذا يبقى الأمير في السلطة لفترة طويلة عن طريق اعتماد أساليب الترهيب والترغيب .

ثامناً - موازنة القوى واستقرار الدولة في فكر ميكافيلي

يعني ميكافيلي بموازنة القوى في الإمارة أو المقاطعة أو المملكة ثلاثة أشياء رئيسية هي أولاً توزيع المناصب السياسية على قادة الفئات والعناصر السكانية بالتساوي دون إجراء أي تمييز بين فئة وأخرى من ناحية المراكز التي تتبوؤها . وثانياً تعني موازنة القوى السياسية التحكم في التوزيع الجغرافي للفئات الاجتماعية والعناصر السكانية ، فكل فئة اجتماعية أو عنصر سكاني ينبغي ان يتمازج مع العناصر السكانية الأخرى في طريقة لا تعطي المجال لذلك العنصر ان يسيطر على بقعة جغرافية معينة ويتحكم في مصيرها ويطرد العناصر السكانية الأخرى من تلك البقعة أو المنطقة . وهنا تتحقق موازنة القوى في المقاطعة أو الإمارة [٣٠] . وأخيراً يعني ميكافيلي بموازنة القوى تحقيق العدالة والمساواة بين قوة الدولة وقوة الشعب ، أو بين قوة الأمير واتباعه وقوة الرعية التي يحكمها الأمير .

ان الموازنة السياسية في فكر ميكافيلي تعني في هذا المفهوم ان تتعادل قوة الفئة الحاكمة مع الفئة المحكومة. أي ان يتمتع الأمير بامتيازات وحقوق وتتمتع الفئة المحكومة بدرجة لا باس بها من هذه المكافآت كيما يتولد الانسجام والتناغم بين ما يريده الحاكم أو الأمير وما يريده الشعب والمحكومين .

ومهما يكن من أمر فأن موازنة القوى السياسية في الإمارة أو المملكة تؤدي إلى استقرار الدولة وثباتها وقوتها وتماسكها، بينما اختلال الموازنة بين القوى السياسية يؤثر تأثيراً سلبياً في استقرار الدولة وتنميتها وتقدمها ورفعتها [٣١]. لهذا يحرص الأمير على عدم الاستحواذ على جميع المناصب والمراكز السياسية هو وجماعته لان ذلك يربك استقرار الدولة ويخل بتوازنها ويخرب وحدتها وتماسكها . بينما اذا وزع الأمير المراكز السياسية ومناصب القوة والحكم على جميع القوى والتيارات السياسية بصورة عادلة ومحققة ترضي الجميع وتقنعهم فان ذلك سيقود

إلى الاستقرار والطمأنينة والتضامن والوحدة التي تعد من مقومات القوة للإمارة أو المملكة . اذاً من صالح الأمير ان يكون عادلاً في توزيع المواقع السياسية ومراكز النفوذ والقوة على أبناء الشعب بطريقة تأخذ بعين الاعتبار الثقل السياسي والمكانة الاجتماعية للفئة أو الشريحة أو الجماعات التي يمنحها الأمير القوة السياسية وحق ممارسة السلطة والسيادة . أما اذا لم يكن الأمير عادلاً مع القوى والتيارات السياسية ومياlاً إلى غمط حقوقها والتعسف ضدها ومصادرة إرادتها فان القوى والتيارات السياسية ستكون في حالة عدم استقرار وهدوء مما قد يعصف ذلك بالفئة الحاكمة ويسقطها ويزيلها عن الوجود.

وما يتعلق بموازنة القوى واستقرار الدولة يقول ميكافيلي في كتابه (الأمير) عند حدوث العصيان في مقاطعة من مقاطعات المملكة فان على الأمير التحرك لإخماد العصيان وتطويقه ، وعند نجاحه في المهمة يتطلب منه اتخاذ ما يلزم بالانتقال والإقامة في المنطقة أو المقاطعة التي وقع فيها العصيان ، مع تهجير أهلها الأصليين إلى مناطق أخرى واستبدال المهجرين بأسر وأشخاص موالين له . وهنا تستقر الأمور ولا يمكن للمقاطعة ان تثور عليه مرة ثانية .

ومن جهة أخرى يتحقق الاستقرار في المقاطعة أو الإمارة اذا بادر الأمير بتوزيع المناصب السياسية على العناصر السكانية المختلفة . ان على الأمير ان يسند بعض المناصب الحساسة لأهله وعشيرته واتباعه ، وان يسند المناصب الأخرى للفئات والعناصر السكانية الأخرى التي تمكن الأمير من إخضاعها لحكمه وسطوته . وهكذا تتوازن القوى وتستقر الدولة وتبقى ، والعكس هو الصحيح اذا استأثر الأمير وجماعته والمقربين له بمراكز السلطة والحكم وابعد الفئات الأخرى عن اشغالها وممارسة القوة والسيادة من خلالها .

الهوامش والمصادر

1- Machiavelli, N. The Prince , Penguin Classics , London , 1970, P. 12.

2- Ibid. , P. 15.

3- Ibid. , P.16 .

٤- بطرس غالي ، ومحمود خيري عيسى، المدخل في علم السياسة ، القاهرة ، ١٩٥٧ ، ص٢٠٥-٢٠٦ .

5- Machiavelli, N. The Prince , P.29.

6- Martindale , Don . The Nature and Types of Sociological Theory , Boston , 1981 , P.136.

7- Ibid. , PP.136-137.

8- Ibid. , P. 136.

9- Becker, H. and H. Barnes. Social Thought From Lore to Science , Vol.1 , New York , 1961 , P.303.

10- Machiavelli, N. The Prince , P. 100.

11- Ibid. , P. 101.

12- Ibid. , P. 96.

13- Ibid. , P. 97.

14- Ibid. , P. 98.

15- Ibid. , P. 95.

16- Ibid. , P. 96.

17- Ibid. , PP. 95-96.

18- Martindale , Don. The Nature and Types of Sociological Theory , P.136.

١٩- الحسن ، إحسان محمد (لدكتور) . علم الاجتماع السياسي ، مطبعة جامعة الموصل ، الموصل ، ١٩٨٤ ، ص٣٥.

20- Becker , H. and H, Barnes . Social Thought From Lore to Science , P. 304 .

21- Machiavelli, N. The Prince, P. 63.

22- Ibid. , P. 97.

23- Ibid. , P. 92.

24- Ibid. , P. 93.

25-   Machiavelli, N. The Prince and The Discourses on the First Ten Book of Titus Livius, edited by Max Lerner, New York , 1946 , P. 117.

26-   Ibid. , P.120.

27-   Ibid. , P. 125.

28-   Becker, H. and H. Barnes. Social Thought From Lore to Science ,PP.303-304.

29-   Ibid. , P. 305.

30-   Machiavelli, N. The Prince, P. 38.

31-   Ibid. , P. 39.

الفصل السادس
السلوك السياسي

مفهوم السلوك السياسي

السلوك السياسي هـو نمـط مهـم مـن أنماط السـلوك الاجتماعـي ويخضـع إلى نفـس الشروط
والمواصفات والأحكام والقوانين التي يخضع لها السلوك الاجتماعي . الا انه يركز على النشاطات والفعاليات
المتعلقة بحكم وقيادة وتنظيم وتنسيق المجتمع بغية تحقيق أهدافه وإشباع طموحات وتطلعات أفراده
شريطة ان تنسجم هذه الطموحات والتطلعات مع طبيعة النظام الاجتماعي التي تحاول القيادة السياسية
تعزيزه والحفاظ على نهجه من الأخطار والتحديات الداخلية والخارجية وفي نفس الوقت تعمل جاهـدة
على ترسيخه وتنميته وتطويره خدمة لأهداف المجتمع التكتيكية والاستراتيجية . ان السـلوك السياسي هـو
ذلك النشاط والفاعلية التي يمارسها فرد أو مجموعة أفراد يشغلون أدواراً سياسية معينة يستطيعون مـن
خلالها تنظيم الحياة السياسية في المجتمع وتحديد مراكز القوى فيه وتنظيم العلاقات السياسية بين القيادة
والجماهير [١]. ويشترط في السلوك السياسي تواجد المتغيرات التالية :

١-   وجود دور أو أدوار اجتماعية يمكن من خلالها اتخاذ القرارات السياسية .

٢-   وجود علاقة اجتماعية صميمية بين الأدوار التي تتخذ القرار السياسي والأدوار التي تنفذه [٢].

٣-   وجود مجموعة أحكام وقوانين مدونة أو غير مدونة تحدد كيفية الوصول إلى القرار السياسي وكيفية
تنفيذه ومدى علاقته بحاجات وطموحات المجتمع الكبير [٣].

٤- شمولية وشرعية وعقلانية القرار السياسي الذي يتخذه المشرع السياسي أو القيادة السياسية .

والقرارات السياسية التي تتخذها السلطة الحاكمة في المجتمع تحدد أنماط ووسائل السلوك السياسي التي ينتهجها أعضاء أجهزة الدولة على كافة مستوياتهم وتخصصاتهم الوظيفية . وفي نفس الوقت تحدد أيضاً مدى استجابة أبناء المجتمع لهذه القرارات وأثر القرارات في تحقيق طموحات الأفراد وسعادتهم [٤]. والسلوك السياسي الذي تنتهجه السلطة الحاكمة غالباً ما ينبعث من أديولوجية وأهداف النظام الاجتماعي الذي تمثله السلطة وتدافع عنه ضد الأخطار والتحديات . واذا لم ينبعث هذا السلوك من اديولوجية النظام الاجتماعي فأن مردوده يكون مضاداً لطموحات النظام وأهدافه الاستراتيجية خصوصاً اذا كانت فلسفة النظام الاجتماعي تعبر خير تعبير عن حاجات وأماني وأهداف الجماهير . لذا والحالة هذه يجيء التشريع السياسي معبراً عن حاجات المجتمع وظروفه الخصوصية . واذا كان على هذا النحو فأنه سيلعب الدور القيادي والحاسم في عملية التغير الثوري وسيلقى التأييد الجماهيري المطلق الذي يقود إلى نجاحه واستقراره وفاعليته في التأثير على مجرى الأحداث والظروف الاجتماعية [٥].

ان جميع القوانين والتشريعات التي اتخذتها القيادة في العراق بعد عام ١٩٦٨ كانت مستوحاة من تعاليم وأفكار وفلسفة الشعب . هذه التعاليم والأفكار التي تعبر خير تعبير عن حاجات وطموحات الأمة العربية وتعبر عن تراثها وتاريخها وتطلعاتها . وتعالج سلبياتها ومشكلاتها وتناقضاتها وأدرانها التي ورثتها من عهود الاحتلال الأجنبي والاستغلال الاجتماعي والقهر الطبقي والتمزق القومي . تعالجها معالجة ثورية وجذرية تقود إلى تحرر الأمة وانعتاقها وبعثها من جديد لتأخذ مكانها الطبيعي بين أمم وشعوب العالم . لهذا تكللت جميع هذه القوانين والتشريعات بالنجاح والظفر إلى درجة انها استطاعت تغيير المجتمع تغييراً ثورياً لم يعرفه أبناء المجتمع من قبل . هذا التغيير الذي جلب للمواطنين بكافة خلفياتهم وانحداراتهم

القومية والطبقية التقدم والرفاهية والازدهار في جميع ميادين وأصعدة الحياة . واذا ما استمرت القيادة السياسية في جهودها الحثيثة وقراراتها الثورية وإنجازاتها المثمرة هذه فان القطر العراقي خلال فترة قصيرة سيقف على صعيد واحد مع الأقطار الصناعية المتقدمة في العالم وسيضرب أروع الأمثلة في الجد والعمل والصدق والإخلاص والتقدم . وهنا يتخلص قطرنا من التخلف والفقر والمرض والجهل الذي فرضته عليه قوى الاحتلال والاستغلال ويتقدم في مجالات الحياة المادية والروحية .

وفي هذا الصدد ينبغي توضيح أثر القرارات السياسية التي اتخذتها القيادة في تقدم المجتمع من جهة وفي التحام الجماهير مع السلطة والتعاون معها من جهة أخرى . ان العمل السياسي الذي جاء نتيجة القوانين التي اتخذتها القيادة إزاء القضايا السياسية والاجتماعية والاقتصادية والثقافية التي تهم القطر كان بمثابة السلوك الاجتماعي السياسي الذي يعتمد الوسيلة العقلانية (Rational Means) والغاية العقلانية (Rational End) أي السلوك الاجتماعي السياسي المثالي كما يسميه البروفسور ماكس فيبر [٦]. ان مجموع القرارات السياسية التي اتخذتها السلطة الثورية منذ عام ١٩٦٨ كقرار حل المسألة الكردية في شمال القطر وتحقيق الوحدة الوطنية بين العرب والأكراد في العراق وقرار تأميم شركات البترول الاحتكارية الأجنبية وقرار التصدي للأطماع الإمبريالية والصهيونية في الوطن العربي ، وقرار الحملة الوطنية الشاملة لمحو الأمية والتعليم الإلزامي وغيرها من القرارات السياسية المهمة هي قرارات تعتمد على الوسائل والأهداف العقلانية والواقعية والموضوعية . أي إنها قرارات سياسية ينعكس فيها النموذج المثالي للسلوك الاجتماعي السياسي . هذا النموذج الذي ينشد العلمية والعقلانية في تخطيط المجتمع وتنميته ويهدف إلى نقلة المجتمع برمته من مرحلة حضارية متخلفة وجامدة إلى مرحلة حضارية متقدمة وداينميكية.

لو أخذنا القرار السياسي التاريخي الخاص بتأميم البترول من الشركات الاحتكارية الأجنبية في شهر حزيران عام ١٩٧٢ لشاهدنا بأنه نمط من أنماط السلوك السياسي والاقتصادي المثالي الذي يعتمد الوسيلة العقلانية التي تتجسد في تصفية ممتلكات الشركات البترولية الاحتكارية في العراق وإنهاء سيطرتها الاقتصادية والسياسية وترحيل موظفيها الأجانب عن القطر وتحطيم مصالحها الاقتصادية والاستغلالية ومنعها من نهب خيرات الشعب العراقي . وغاية التأميم كانت عقلانية أيضاً . فالتأميم حرر العراق من التبعية الاقتصادية والسياسية التي كانت مفروضة عليه منذ بداية هذا القرن وأعطاه المجال في التصرف بثرواته المعدنية حسب مقتضيات وظروف مصالحه الوطنية والقومية ومنحه الأموال الطائلة التي ساعدته على إحراز التقدم والنهوض المادي والاجتماعي والثقافي . زد على ذلك ما للتأميم من أهمية بالغة في اعتماد القطر على أبنائه في استثمار ثرواته المعدنية استثماراً اقتصادياً علمياً يجلب التقدم والرفاهية والسعادة للمواطنين جميعاً. هذا ما استطاع القطر ان يحققه بعد تأميم البترول . كذلك الحال بالنسبة للقرارات السياسية التي اتخذتها السلطة الثورية إزاء القضايا المختلفة التي تهم القطر ، هذه القرارات التي برهنت نفسها بأنها تعتمد الصيغ العقلانية والموضوعية في ترجمتها إلى واقع عمل وتهدف في نفس الوقت إلى تحقيق الطموحات المصيرية والاستراتيجية للعراق بصورة خاصة والأمة العربية بصورة عامة .

ان القرارات السياسية العقلانية ، التي تشكل المادة الأساسية للسلوك السياسي في العراق ، جاءت معبرة عن حاجات وأماني وطموحات الجماهير وكانت بمثابة حجر الزاوية لتلاحم الجماهير مع السلطة الثورية تلاحماً مصيرياً. فالجماهير من خلال منظماتها النقابية والمهنية والشعبية ساهمت مساهمة فعالة في صياغة هذه القرارات ووضعتها موضع التنفيذ ، والسلطة كانت عازمة على تشريع مثل هذه القرارات وتعميقها في المجتمع لكي تنتفع منها الجماهير ويتطور القطر من خلالها في شتى الميادين الحياتية . لذا فالتفاعل العضوي بين الدولة والجماهير

الذي يهدف إلى تحقيق الصالح العام ونشر الديمقراطية والعدالة الاجتماعية في المجتمع هو من المقومات المركزية للطبيعة الجماهيرية والثورية التي يتسم بها النظام الاجتماعي. ولما كان مثل هذا التفاعل موجوداً في العراق ويعبر عن ذاتيته في عدة ميادين سياسية واجتماعية وعلى مختلف الأصعدة الوظيفية والشعبية فإننا نستطيع القول بأن المجتمع سائر في الطريق الصحيح طريق التقدم والنهوض والازدهار .

الرأي العام والمواقف السياسية

قبل دراستنا وتحليلنا لمفهومي الرأي العام والمواقف السياسية يجب علينا القول بأن السلوك السياسي للمواطن كانتمائه الحزبي وتصويته السياسي في الانتخابات البرلمانية العامة ومشاركته في المظاهرات والمسيرات السياسية المؤيدة لآراء أو ممارسات سياسية معينة ، والسلوك السياسي للدولة كعقد المعاهدات والاتفاقيات السياسية مع الدول الأجنبية أو إعلان حالة الحرب مع دولة من الدول أو توطيد العلاقات السياسية مع المنظمات المهنية والشعبية أو تكوين الجبهة السياسية مع الأحزاب والقوى الوطنية والتقدمية والقومية ... الخ يعتمد على طبيعة الآراء والمواقف السياسية التي يحملها المواطن وتحملها الدولة إزاء القضايا والأحداث السياسية التي يشهدها المجتمع [٧]. فإذا كان المواطن مثلاً يحمل آراء ومواقف جيدة وإيجابية عن الدولة كاعتقاده بأنها دولة قومية وتقدمية غرضها تحقيق الوحدة العربية الشاملة وضرب مصالح الاستعمار والصهيونية في الوطن العربي ومحاربة الاستغلال الاقتصادي والقهر الطبقي والنضال من اجل تطوير المجتمع العربي في الأصعدة المادية والحضارية والاجتماعية وتحرير الشعب العربي من الاستعمار والسيطرة الأجنبية ومن واقع التخلف والتجزئة ، فان مثل هذه الآراء والمواقف ستدفع ذلك المواطن إلى تأييد الدولة والوقوف بجانبها في جميع القضايا التي تطرحها أو حتى انه يجند نفسه في خدمتها والنضال من اجل تحقيق أهدافها وطموحاتها . وكذلك الحال بالنسبة للحزب . فالآراء والمواقف الإيجابية التي

يحملها الحزب إزاء حزب آخر هي التي تقود الأولى إلى عقد المعاهدات والاتفاقيات الرامية إلى توطيد العلاقات السياسية والاقتصادية والثقافية مع الحزب الآخر لصالح الطرفين المتعاقدين . أما اذا كانت الآراء والمواقف التي يحملها حزب من الأحزاب إزاء دولة أخرى سلبية وعدائية فان الدولة لا تتردد عن الدخول في حرب مدمرة مع الدولة الأخرى . أذن الآراء والمواقف السياسية التي يحملها الأفراد وتحملها الدول هي التي تقرر سلوكها وفعلها السياسي . لذا يتطلب منا دراسة الرأي العام والمواقف السياسية دراسة علمية لكي نفهم حقيقة السلوك السياسي الذي يعتمد ، كما بينا ، على الآراء والمواقف والميول والاتجاهات السياسية عند الأفراد والجماعات .

عند دراستنا للرأي العام يجب ان نعرف مفهوم " الرأي " ومفهوم " العام " لكي نحدد ماهية الموضوع وخصائصه وندرك أهميته ونلم بجوانبه الأساسية ومضامينه الجوهرية . نعني باصطلاح " عام " الأشياء والأحداث التي لا تتعلق بفرد واحد أو جماعة واحدة بل تتعلق بأفراد كثيرين وجماعات مختلفة وجماهير متعددة ومجتمعات محلية متباينة بصفاتها الموضوعية والذاتية ، مراحل تطورها ومشكلاتها الآنية والمستقبلية (٨).

أما اصطلاح " رأي " فيعني فكرة أو عقيدة أو مذهب لم تبرهن صحته في الوقت الحاضر ولم تثبت فرضياته وحججه، لذا فهو يحتاج إلى براهين وأدلة وتجارب تؤيد صحته وتعزز مبادئه وتثبت فرضياته لكي يتحول إلى حقيقة قائمة بحد ذاتها لا تشوبها الشكوك والتساؤلات ولا تتأثر بالقيم الذاتية والنزوات النفسية التي تطغي على عقول الأفراد ومداركهم فتجعلهم يتسمون بخصائص التحيز والتعصب واللاموضوعية (٩). واذا دمجنا الاصطلاحين " رأي " و " عام " (الرأي العام) فيكون معناه الشامل والدقيق مجموعة الأفكار والآراء والمعتقدات المتداولة والمنتشرة بين الناس حول موضوع أو حادثة معينة لن تثبت أو تؤيد صحتها وشرعيتها وقانونيتها لكونها تتعلق بالجوانب الذاتية للأفراد والجماعات ولم يتيسر

الوقت الكافي لها ببرهان طروحاتها ومبادئها وفلسفتها [١٠]. واصطلاح الـرأي العـام يستعمل في معنيـين مختلفين : المعنى الأول يتميز بالثبات والاستقرار والسكون أي كون الرأي جامداً وغير محرك للجماهـير ولا يمكن إثبات صحته وشرعيته . والمعنى الثاني يتميز بالحركـة والداينميكيـة أي كون الـرأي قـادراً عـلى دفـع الناس لاتخاذ بعض المواقف والقرارات التـي مـن شـأنها ان تشبع حاجـاتهم وتحقـق طموحـاتهم القريبـة والبعيدة الأمد [١١].

ولكي يكون الرأي ناضجاً ومتبلوراً وثابتاً وقادراً في نفس الوقت عـلى تحريـك الجماهـير باتجاه معين يجب ان يمر بالمراحل التالية :

١- يجب ان يدور الرأي العام حـول قضية أو مشـكلة أو أزمـة تجـذب اهتمـام أبنـاء المجتمـع المحـلي وتجعلهم مستعدين لاتخاذ المواقف إزائها كـالحرب أو الثورة أو تـأميم البـترول أو تحقيـق الوحـدة والاشتراكية أو عقد الاتفاقيات والمعاهدات والبروتوكولات السياسية ... الخ .

٢- الاستفسار تجاه القضية أو المشكلة كشن الحرب على الأعداء أو إنهائها معهم مثلاً . وفي هذه الحالـة من تكوين الرأي تثار عدة تساؤلات أهمها درجة خطورة المشكلة المطلوب تكوين الـرأي تجاهـها ، هل أن الوقت قد حان لاتخاذ القرارات المناسبة إزائها، هل ان المشكلة قابلة للحل وما هـي الحلـول المناسبة ؟ واذا لم تحل فما هي النتائج المترتبة على ذلك ؟ وهنا يمكن الاستعانة بالخبراء والمختصين لإعطاء المعلومات حولها ، كما يمكن إجراء المقابلات معهم في الصحف وأجهـزة الراديـو والتلفزيـون لتزويد المواطنين بالمعلومات المطلوبة عـن القضية لـكي يستطيعوا إبـداء وتكـوين الآراء حولهـا [١٢]. ويمكن كذلك إجراء الندوات والمؤتمرات القطرية أو القومية أو الدولية حولها لـكي يحصل المواطنـون على المزيد من المعلومات حول المشكلة المطلوب تكوين الرأي حولها .

٣- بعد تزويد الناس بالمعلومات والحقائق والتفصيلات عن المشكلة التي تواجههم والتي تحتاج إلى حلول سريعة وجذرية يبدأ هؤلاء باتخاذ المواقف الإيجابية أو السلبية تجاهها وتبدأ ميولهم واتجاهاتهم تتبلور وتقوى (١٣).

٤- بعد المناقشات والمجادلات والكتابة والخطب والمقابلات والندوات والمؤتمرات التي يعقدها الناس عن المشكلة المطلوب مواجهتها يتفق جميعهم على رأي واحد وهذا الرأي هو الرأي العام .

أما المواقف السياسية فهي الميول أو النزعات التي يتعلمها الأفراد من بيئتهم الاجتماعية ويستخدمونها في تقييم الأحداث السياسية كالحروب والثورات والانقسامات العقائدية والمعاهدات والاتفاقيات السياسية بطريقة متميزة ومتماسكة تبعد كل البعد عن التناقض والتنافر . وأول من استعمل اصطلاح "موقف" و " مواقف " العالم هربرت سبنسر عندما تكلم عن موقف العقل الذي يساعد الإنسان على التوصل إلى قراراته وأحكامه حول الأمور والقضايا المتنازع عليها. وهذا المعنى الذي قصده سبنسر عندما تكلم عن موقف العقل لا يزال يستعمل لحد الآن في عبارات مختلفة كالموقف الاستفساري والموقف العلمي النقدي (١٤). بيد ان جميع هذه الاستعمالات للموقف تختلف عن الاستعمال المعاصر الذي يقصد به الحالة العقلية التي تنتاب الفرد وتجعله مستعداً للقيام بسلوك معين تجاه شيء أو حادثة تثير اهتمامه (١٥). وقد أخذ الاصطلاح يكتسب معاني جديدة منها استجابة الفرد للمؤثرات الخارجية في طريقة معينة ، ومثل هذه التعاليم الجديدة اشتقت من تعاليم المدرسة السلوكية لعلم النفس . إلا ان تأكيد العالم السلوكي على ان تصرفات الأفراد يمكن ان ترجع إلى مؤثرات وأسباب معينة لم تستطع بعد تفسير تعقيدات السلوك الاجتماعي . لذا اصبح اصطلاح موقف يستعمل بمثابة المتغير الوسيط بين المؤثر والاستجابة لكي يتمكن من تفسير التعقد المتطرف للسلوك الاجتماعي. فالموقف الإيجابي الذي يحمله المواطن تجاه الاديولوجية الاشتراكية مثلاً ما هو بالحقيقة الا نتيجة فعل للمعلومات والخبر والتجارب الإيجابية التي يحملها عن

الفلسفة الاشتراكية وهو في نفس الوقت سبب مهم من أسباب الممارسات الاشتراكية التي يقوم بها الفرد في حياته اليومية .

ومن اشهر الدراسات التي أجريت في حقل المواقف دراسة " الفرد في المجتمع " (Individual in Society) التي قام بها العالمان كريج وكرجفيلد (Krech and Crutchfield). ففي الفصل الخامس من هذه الدراسة حاول العالمان دراسة أهم العوامل المساعدة على تكوين المواقف (Attitides) وقد شخصا هذه العوامل كالآتي : مستوى المعلومات التي اكتسبها الفرد من بيئته الاجتماعية ومن تجاربه الحياتية ، المصالح والحاجات عند الفرد وعلاقتها بالمواقف التي يحملها ، الجماعات المرجعية ، الطبقة الاجتماعية وأخيراً عامل مميزات الشخصية التي يتمتع بها الفرد [١٦] . كما حلل العالمان العناصر الأساسية التي تتكون منها المواقف وطبيعة هذه من حيث درجة إيجابيتها أو سلبيتها . فالموقف السياسي الذي يحمله المواطن العربي إزاء الصهيونية مثلاً يتكون من ثلاثة عناصر أساسية هي المعتقدات والآراء والمفاهيم (Cognition and Concept) كاعتقاده بان الصهيونية هي حركة إمبريالية عنصرية هدفها التوسع على حساب الغير وسلب حقوق وممتلكات الغير والاعتداء على كيانهم وكرامتهم . إضافة إلى انها حركة خبيثة تربطها علاقات وثيقة مع قوى العدوان والشر والتوسع في العالم ، حركة قائمة على روح التضليل والخداع والمراوغة ومبنية على ممارسات التعصب والتعنت والازدواجية . وأخيراً يعتقد المواطن بأن الصهاينة هم أرذل وأحط البشر وأكثرهم سوءاً وتفسخاً وعنجهية . كل هذه المعلومات والآراء والمعتقدات يحملها المواطن العربي إزاء الصهيونية . والعنصر الثاني للمواقف هو الشعور (Feeling) فالمواطن العربي الذي يحمل الآراء والمعتقدات والمفاهيم السلبية تجاه الصهيونية غالباً ما ينتابه الشعور السلبي تجاهها ، وهذا الشعور يجعله كارهاً إياها ومستعداً لاتخاذ الإجراءات الانتقامية ضدها . والعنصر الثالث والأخير للمواقف هو السلوك أو الحركة (Action) فالشعور السلبي الذي ينتاب المواطن العربي عن الصهيونية

هو الذي يدفعه للقيام بسلوك سلبي تجاهها كقيامه بمحاربتها والتنكيل بها واستعداده على شن الحملات الدعائية والإعلامية ضدها ومقاطعة جميع الأفراد والجماعات التي تكون علاقات وطيدة معها ... الخ . اذن لو كانت المعتقدات التي يحملها المواطن عن موضوع معين إيجابية فان شعوره وحركته أو سلوكه تجاه ذلك الموضوع لابد ان يكون إيجابياً والعكس بالعكس اذا كانت المعتقدات سلبية . كما حددت دراسة المواقف التي قام بها العالمان الأساليب التي من خلالها يمكن تغيير المواقف وتبديلها خلال فترة زمنية معينة . فلو أردنا تغيير المواقف التي يحملها الفرد فإننا يجب ان نغير مستوى معلوماته عن الحوادث والأشياء المحيطة به، ونغير الجماعات المرجعية المختلفة التي ينتمي اليها ، ونخفف من الآثار المباشرة التي تتركها طبقته الاجتماعية عليه . ونغير طبيعة حاجاته ومصالحه بتغيير ظروفه الاقتصادية والاجتماعية ، وأخيراً ينبغي علينا تغيير السمات الأساسية لشخصيته. وعملية كهذه تستغرق وقتاً طويلاً وتحتاج إلى جهود مضنية تتعلق بتغيير بيئة الفرد ومكوناته السيكولوجية .

العوامل المؤثرة في تكوين الآراء والمواقف السياسية

لا يوجد عامل واحد يؤثر في تكوين الآراء والمواقف السياسية بل توجد عدة عوامل ومتغيرات تؤثر تأثيراً فعالاً في تكوين وصياغة واستقرار وانتشار الآراء والمعتقدات السياسية . ان الآراء والمواقف السياسية التي يحملها الأفراد عن الاديولوجيات والحركات السياسية في العالم كالنازية والفاشستية والشيوعية والصهيونية ... الخ أو الثورات والانقلابات العسكرية والحروب أو الإمبريالية والاستعمار الجديد أو الأحزاب السياسية في العالم أو حقيقة الصراع بين الإمبريالية ودول العالم الثالث ... الخ تتأثر بالعوامل الذاتية عند الأفراد الذين يحملونها ويعتقدون بها . وبهذه العوامل نعني طبيعة شخصياتهم وأفكارهم وتصوراتهم الذهنية ومواقفهم وقيمهم وخبراتهم السابقة وميولهم واتجاهاتهم الاجتماعية والسياسية . وتتأثر كذلك بالجماعات المرجعية التي ينتمي اليها الأفراد كالعائلة

والقرابة والمدرسة والحزب والجامع والمجتمع المحلي ... الخ وبالخلفيات الاجتماعية التي ينحدرون منها .

إضافة إلى تأثرها بعوامل القيادة وبوسائل الإعلام الجماهيرية . وكل هذه العوامل تشارك مشاركة فعالة في تكوين الآراء والمواقف السياسية عند الأفراد والجماعات خصوصاً خلال فترة الأمد البعيد . ويكون تأثير هذه العوامل فعالاً ومتميزاً اذا كانت جميعها تردد نفس الآراء والأفكار عن القضية السياسية قيد الدراسة والتحليل . بينما تقل وتضعف فاعليتها اذا كانت أفكارها وطروحاتها حول الموضوع أو القضية مختلفة ومتناقضة . والعوامل التي تؤثر في تكوين الآراء والمواقف السياسية هي كالآتي :

١- العوامل الذاتية

وهي العوامل النفسية والقيمية التي تجعل الفرد يؤمن ويعتقد برأي معين دون الرأي الآخر كإيمانه بالاشتراكية ووقوفه ضد الرأسمالية مثلاً . فهناك تصور الفرد لذاته وتصوره للآخرين . وتصور الفرد للآخرين كتصور المواطن للإمبرياليين يعتمد على علاقاته وتفاعلاته وخبره وتجاربه معهم . والصورة التي يحملها الفرد عن الآخرين قد تكون صحيحة وصادقة اذ تعكس وتجسد طبيعتهم وحالتهم الموضوعية أو تكون مشوهة وكاذبة . وهذا يعتمد على طبيعة اتصالنا بهم وكمية المعلومات التي نكتسبها عنهم ونوعية تجاربنا معهم . إلا ان الصورة التي نحملها عن الآخرين كمعتقداتنا وأفكارنا عن الاقليات القومية أو الأجانب قد تكون جامدة وغير موضوعية وتطغي عليها الصفات المتعصبة وغير العقلانية . وعند تكوينها عندنا لا نستطيع بسهولة تبديلها أو التخلص منها أو الوقوف ضد آثارها السلبية والمخربة [١٧] . وفي حالة كهذه نرتكب شيئاً من الخطأ عندما نقيم الآخرين ، فتقييمنا لهم لا يعتمد على الحقيقة والواقع بل يعتمد على ذاكرتنا وتجاربنا وإدراكنا لهم . وأمور كهذه لا تتميز بالشرعية والموضوعية والاستقلالية . وبجانب التصورات التي يحملها الأشخاص أو الجماعات إزاء الأشخاص والجماعات

الأخرى ، هناك كمية ومستوى ودرجة المعلومات التي يحملها الشخص أو تحملها الجماعة إزاء قضية أو مسألة معينة [١٨]. ان كمية ومستوى المعلومات عند الأفراد يؤثر في تكوين الآراء والمواقف بصورة لا يمكن تجاهلها بأية صورة من الصور . فالمعلومات المشعبة والعميقة التي يحملها الشخص تجاه مسألة معينة تساعده على تكوين الآراء حولها وبالتالي تقييمها ووضعها في مكانها المناسب والعكس هو الصحيح اذا كان الفرد يفتقر المعلومات والحقائق عن المسألة المراد تقييمها واتخاذ القرار حولها [١٩]. وهنا يمكن ان تلعب وسائل الإعلام الجماهيرية الدور المؤثر في تزويد الفرد بالحقائق والمعلومات المطلوبة عن المسألة بحيث يستطيع تقييمها وتكوين الرأي الواضح حولها . فعندما يحمل المواطن العربي مثلاً معلومات وتجارب كثيرة ومريرة عن الكيان الصهيوني ويعرف جميع أساليبه الشريرة وممارساته اللاإنسانية ويعلم الشيء الكثير عن نواياه التوسعية وأهدافه الاستغلالية في الأرض العربية ، فانه بكل سهولة يستطيع تكوين الآراء حوله وتقييمه ووضعه في مكانه الحقيقي .

أذن كلما كثرت المعلومات والحقائق والتفصيلات عن الشيء أو المسألة كلما كان بمقدور الشخص أو الجماعة تقييمها وتكوين الآراء حولها .

٢- الجماعات المرجعية

من العوامل المهمة والجوهرية في تكوين الآراء والمواقف حول الأحداث والقضايا السياسية والاجتماعية طبيعة الجماعات المرجعية التي ينتمي اليها الفرد . فالفرد في المجتمع المعقد والمتحضر ينتمي إلى عدة جماعات مرجعية في آن واحد، فهو ينتمي مثلاً إلى حزب سياسي وينتمي إلى عائلة وينتمي إلى دائرة بيروقراطية وينتمي إلى مصنع أو شركة أو ينتمي إلى نادي اجتماعي أو رياضي وينتمي إلى جامع أو كنيسة ... الخ [٢٠]. ولكل من هذه الجماعات المرجعية أهدافها ووظائفها وطموحاتها وقد تتناقض أهداف ووظائف جماعة مرجعية مع أهداف ووظائف جماعة مرجعية أخرى . وهذا ما يؤثر تأثيراً سلبياً في شخصيات الأفراد

الذين ينتمون اليها ويؤثر كذلك على آرائهم وأفكارهم وتقييمهم للأشياء والأحداث السياسية . فالفرد الذي ينتمي إلى الحزب السياسي مثلاً يطلب منه دراسة الكراسات الحزبية عن أديولوجية الحزب وأهدافه وسلوكه الأخلاقي والانضباطي بينما تطلب المدرسة أو الكلية من نفس ذلك الفرد دراسة الكتب والمصادر المنهجية المقررة المتعلقة باختصاص معين . وهنا لا يستطيع الفرد اتخاذ القرار عن الدراسة والتحضير الذي يقوم به هل يركز على الكتب السياسية أم الكتب والمصادر المنهجية والعلمية ؟ ان مثل هذه المؤثرات المتناقضة التي تتركها الجماعات المختلفة على آراء وأفكار الأفراد تسمى بالضغوط المتعارضة(Cross Pressures) [٢١]. لكن الضغوط المتعارضة هذه التي يتعرض اليها الفرد وسط المجتمع المعقد تجعله غير قادر على تكوين أفكاره بسهولة واتخاذ القرارات المناسبة حول القضايا والأمور التي تخصه وهذا ما يجعل أفكاره متناقضة وغير مستقرة ويجعل شخصيته مضطربة وغير متزنة . وتتفاهم آثار الضغوط المتعارضة في أفكار وشخصية الفرد كلما كثرت وتعقدت الجماعات الاجتماعية التي ينتمي اليها [٢٢]. لهذا يتوجب على المجتمع اتخاذ الإجراءات الحازمة التي من شأنها ان توحد وتنسق بين أهداف وطموحات الجماعات المرجعية بحيث لا تتناقض بعضها مع البعض الآخر . وإذا أنجز المجتمع هذا الهدف المهم فان شخصية الفرد ستكون أكثر توازناً وصحة وحيوية وبالتالي يكون المجتمع قادراً على المضي قدماً نحو تحقيق أهدافه التكتيكية والاستراتيجية . من هذا الشرح نستنتج بأن الفرد ينتمي إلى عدة جماعات مرجعية في آن واحد ، ولكل من هذه الجماعات وظائفها وأهدافها التي تؤثر في صب آراء ومفاهيم الأفراد في اتجاهات معينة .

٣- أثر الطبقة الاجتماعية

يمكن اعتبار الطبقة الاجتماعية من أهم الجماعات التي تؤثر في المواقف والميول والاتجاهات والأفكار السياسية عند الأفراد أكثر من غيرها من الجماعات الاجتماعية الأخرى التي ينتمون اليها ويلازمونها في حياتهم اليومية . والطبقة

الاجتماعية (Social Class) هي المجموعة التي تتميز عن غيرها باختلاف في المستوى الاجتماعي الذي يتحدد بعوامل شتى منها الدخل والملكية ، التخصص المهني ، المستوى العلمي ، النسب والحسب وما إلى ذلك من الفوارق التي توجد في المجتمع ^(٢٣). وهي بخلاف الطبقة الطائفية (Caste) التي تتميز عن غيرها بالدين أو اللون أو الجنس أو المولد . ويلاحظ أنه قد توجد مرونة اجتماعية بين الطبقات المختلفة تساعد على وجودها التغيرات السريعة في حياة المجتمع وكذلك الزيادة المستمرة في الإنتاج الزراعي والصناعي ، بينما تكاد هذه المرونة تكون معدومة بين الطبقات الطائفية كما يشاهد ذلك في الهند ^(٢٤). ومعايير الانتماء الطبقي تنقسم إلى قسمين رئيسيين : المعايير الموضوعية (Objective Criteria) وهذه تنعكس في الثقافة والتربية والتعليم ، المهنة ، الدخل والملكية ، المنطقة السكنية ولقب العائلة . والمعايير الذاتية التي تنعكس في قيم وآراء وميول واتجاهات ومصالح وأهداف الفرد ^(٢٥).

ومن الجدير بالذكر ان الأحوال الموضوعية والذاتية للطبقة المتوسطة تختلف عن تلك التي تميز الطبقة العمالية والكادحة . فالمستوى الاقتصادي والثقافي والاجتماعي للطبقة المتوسطة يكون أعلى نوعاً من المستوى الاقتصادي والثقافي والاجتماعي للطبقة العمالية الكادحة . وظروف الطبقة المتوسطة الاجتماعية والحضارية والمادية تختلف عن ظروف الطبقة العمالية . وهذا ما يجعل أفراد الطبقتين يختلفون الواحد عن الآخر في آرائهم وقيمهم ومقاييسهم ومصالحهم وأهدافهم وميولهم واتجاهاتهم وشخصياتهم ^(٢٦) . ففي بريطانيا مثلاً نرى بأن معظم أبناء الطبقة العمالية والكادحة يؤيدون أما حزب العمال الاشتراكي أو الحزب الشيوعي حيث ان هذه الأحزاب تدافع عن حقوق وأماني الطبقات العمالية الكادحة . أما الطبقة المتوسطة والطبقة الأرستقراطية فتؤيد حزب المحافظين البريطاني حيث ان هذا الحزب يدافع عن حقوق وأماني وامتيازات الطبقة المهنية والبرجوازية وطبقة أصحاب رؤوس الأموال . لذا نرى بأن الانتماء الطبقي للفرد وخلفيته

الاجتماعية تلعب الدور المؤثر في تحديد طبيعة آرائه وأفكاره وقيمه ومواقفه الاجتماعية والسياسية . وحقيقة كهذه تؤيد قول البروفسور النمساوي جوزيف شمبيتر (Joseph Schumpeter) ان عملنا اليومي يقرر ما تعتقد به ومركزنا بالنسبة لقوى الإنتاج يقرر آرائنا حول الحياة وما فيها من وقائع ومشاهد [٢٧]. اذن الطبقة الاجتماعية ومتغيراتها الموضوعية والذاتية تلعب الدور المباشر في بلورة وتماسك آراء وأفكار ومعتقدات الفرد نحو الأشياء والحوادث المحيطة به في المجتمع .

٤- عامل القيادة

يلعب القائد الجماهيري والثوري الدور الحاسم في تكوين الرأي العام وقت تسلمه للسلطة وقيامه بتغيير مكونات البنية الاجتماعية وتغيير أنماط العلاقات الاجتماعية وتغيير الأحكام والقوانين التي تحدد سلوكية الأفراد وتفاعلهم الواحد مع الآخر . والقائد الثوري هو ذلك الشخص الذي يتسم بصفات معينة تجعله قادراً على التأثير في سلوكية الجماهير بحيث يستسلم كل عضو من أعضائها إلى آرائه وتعاليمه الإنسانية والثورية ويحاول الالتزام بها والعمل بموجبها دون تردد أو ملل.

وللقائد الثوري القدرة على تبديل أفكار الناس وصبها في قالب معين يتماشى مع أماني ومصالح وطموحات المجتمع الكبير الذي يقوده ويكافح من أجل تقدمه ونهوضه وسعادته . والقائد الجماهيري هو ذلك الشخص الذي لديه القدرات والقابليات على تحقيق وحدة المجتمع وجمع كلمة أفراده وجماعاته بحيث تكون هذه قادرة على الوصول إلى أهدافه وطموحاته القريبة والبعيدة الأمد [٢٨]. وهو الشخص القادر على تسيير دفة المجتمع بالطريق المناسب الذي ينسجم مع اديولوجية ومبادئ وأهداف المجتمع الكبير . فالقائد الجماهيري والثوري الذي يحمل الصفات الديمقراطية والشعبية الفريدة من نوعها لا يستطيع تغيير الآراء والمواقف والاتجاهات عند الأفراد فحسب بل يستطيع أيضاً تغيير مسيرة الأحداث المجتمع وينقل المجتمع برمته من مرحلة حضارية نامية إلى مرحلة حضارية متطورة

ومتقدمة لم يشهدها المجتمع في تاريخه من قبل . والصفات الديمقراطية الإيجابية التي يحملها القائد لابد ان تزيد من درجة شعبيته في المجتمع وتجعل علاقاته مع أبناء الشعب قوية ومتماسكة وتجعله اكثر قدرة وقابلية على تغيير المجتمع نحو الأحسن والأفضل . من هنا نستنتج بان دور القيادة الثورية في عملية تكوين أو تبديل الآراء والمواقف السياسية هو دور مهم وأساسي ولا يمكن التقليل من أهميته في دراسة العوامل المؤثرة في تكوين الرأي العام بأية صورة من الصور .

أما القيادة المجهولة أو غير المؤثرة فلا تلعب أي دور في عملية تكوين أو تبديل الرأي العام أو التأثير في الآراء والأفكار والقيم أو تغيير طبيعة وبنية المجتمع الكبير . والرئيس الذي يتميز بضعف الشخصية وبالمجهولية هو الشخص الذي لا يؤثر في تكوين وبلورة وانتشار الرأي العام ولا يجذب الجماهير نحو مبادئه وفلسفته السياسية التي يعتمدها في حكمه للمجتمع . كما لا يمكن ان يحقق أية انتصارات في حقول وميادين الحياة المتشعبة . وهنا يبقى جامداً وغير قادر على التطور والتقدم . ورئيس كهذا لا يستطيع الحفاظ على مركزه القيادي لفترة طويلة من الزمن خصوصاً اذا كان مجتمعه يعاني من مشكلات حضارية واجتماعية ومادية مزمنة ، هذه المشكلات التي تحتاج إلى قيادة حازمة وحكيمة وقادرة على تذليلها وكبح جماحها . مما تقدم ذكره نستنتج بان القيادة الثورية تستطيع التأثير في تكوين الآراء والمواقف السياسية وبلورتها أو تغييرها وتحويرها إلى أنماط معينة . وتستطيع أيضاً تغيير بنية المجتمع وتحقيق المنجزات الكثيرة له . في حين لا تستطيع القيادة المجهولة واللاثورية التأثير في تكوين الآراء والمواقف وتفشل في تغيير المجتمع وتحقيق الانتصارات والمنجزات لأفراده .

٥- وسائل الإعلام الجماهيرية مع إشارة خاصة للتلفزيون

في المجتمع العصري الحديث تتأثر الآراء والمواقف السياسية بصورة مباشرة أو غير مباشرة بوسائل الإعلام الجماهيرية كالتلفزيون والراديو والمجلات والكتب والأفلام التي تعرض من شاشات دور السينما ... الخ. ووسائل الإعلام

الجماهيرية تستطيع خلال فترة الأمد البعيد المشاركة في تغيير المواقف والميول والاتجاهات التي يحملها أبناء المجتمع إزاء القضايا والأمور السياسية والاقتصادية والاجتماعية والاديولوجية التي تهمهم شريطة قيام هذه الوسائل ببث وعرض مناهج وفعاليات تتلاءم مع طبيعة الأفكار والممارسات المطلوب ترسيخها ونشرها بين الجماهير ، وشريطة قيام أجهزة وقطاعات المجتمع الأخرى بتأييد وتعزيز مثل هذه الأفكار والممارسات . من هذه الحقيقة يجب على المسؤولين الاهتمام ببرامج وأنشطة وسائل الإعلام والسيطرة عليها بطريقة تؤمن إحداث التغيير المنشود في الآراء والمواقف [٢٩]. كما يجب على المسؤولين عن أجهزة ومنظمات المجتمع تنسيق وظائف ومهام أجهزتهم ومنظماتهم مع فعاليات وأنشطة وسائل الإعلام الجماهيرية لكي يكون المواطن تحت تأثيرها المباشر ولكي تؤثر في آرائه ومواقفه السياسية في الاتجاه المطلوب .

فالتلفزيون الذي هو وسيلة مهمة من وسائل الإعلام يمكن اعتباره مربياً وموجهاً في البيت حيث تشارك نشاطاته الإعلامية في عملية التنشئة السياسية التي تزرع الأفكار والقيم والمقاييس السياسية المطلوب نشرها وترسيخها في المجتمع ، في نفوس أبناء العائلة . علماً بأن شيوع وانتشار وسيطرة أفكار وقيم سياسية واحدة من خلال أجهزة الإعلام الجماهيرية ستلعب الدور الكبير في تحقيق الوحدة الاديولوجية والسياسية بين أبناء المجتمع . ومثل هذه الوحدة لابد ان تساعد المجتمع على بلوغ أهدافه الجوهرية . كما ان التلفزيون ينقل الصور والأخبار السياسية عن المجتمعات الأجنبية إلى بيوت العوائل وبقية منظمات المجتمع بصورة منقطعة النظير ويشارك مشاركة فعالة في زيادة الوعي السياسي والفكري بين الجماهير [٣٠]. ووظائف سياسية مهمة كهذه تلعب الدور الكبير في بلورة وترسيخ المعرفة السياسية بين قطاعات المجتمع المختلفة .

أما أهمية التلفزيون في تغيير المواقف السياسية التي يحملها الأفراد إزاء قضايا ومواضيع معينة فلا يمكن التقليل من مكانتها وآثارها بأية صورة من

الصور. فالتلفزيون يلعب الدور الكبير في تمسك المواطنين بأفكار ومعتقدات سياسية معينة دون الأفكار والمعتقدات الأخرى . وفي الحملات الانتخابية التي تقوم بها الأحزاب السياسية في المجتمعات الصناعية يلعب التلفزيون الدور المؤثر في مساعدة هذه الأحزاب على تنفيذ حملاتها الإعلامية والسياسية . فهو يبث أفكارها وأهدافها ومشاريعها المستقبلية بين صفوف الشعب وينقل صور قادتها إلى الشعب من خلال عقد الندوات معهم في محطاته [٣١]. ويؤثر في الأفكار والمعتقدات السياسية التي يحملها أبناء الشعب من خلال برامجه التثقيفية . إلا ان آثار التلفزيون في الآراء والمواقف السياسية التي يحملها أبناء الشعب لا يمكن لمسها والشعور بها إلا خلال فترة الأمد البعيد [٣٢]. وبرامج التلفزيون السياسية لا يمكن ان تكون محركة ومؤثرة في عقول وآراء الجماهير اذا لم تنسجم موادها وبرامجها مع تطلعات وطموحات الجماهير واذا لم تخدم حاجات وأهداف الأفراد والجماعات على حد سواء . تقول البرفسورة هملوايت (Professor Himmelweit) ان باستطاعة التلفزيون التأثير في أفكار ومواقف الفرد المشاهد اذا توفرت العوامل التالية :

١- يستطيع التلفزيون تبديل سلوك وقيم الأفراد اذا كانت جميع برامجه متكاملة ومكررة لنوع واحد من الآراء والقيم والمقاييس .

٢- عرض الآراء والقيم والمقاييس المطلوب نشرها وترسيخها في عقول الأفراد بصورة تثير انفعالاتهم النفسية تجاه هذه الآراء والمقاييس .

٣- يجب ان ترتبط الآراء والقيم والمقاييس الجديدة بمصالح وطموحات الأفراد الآنية والمستقبلية .

٤- يجب ان تكون برامج التلفزيون غير معرضة للانتقاد الهدام من قبل أية جهة وتنسجم مع رغبات ومصالح الأفراد [٣٣].

العوامل المؤثرة في تغيير السلوك السياسي

لا يمكن للسلوك السياسي الذي ينتهجه الأفراد والجماعات والمنظمات والقوى السياسية في المجتمع ان يتغير من نمط لآخر دون تغيير عناصره ومكوناته الأساسية أي تغيير الأفكار والآراء والمفاهيم والشعور والمواقف السياسية عند الأفراد والجماعات [٣٤]. فإذا تغيرت الآراء والمواقف السياسية لسبب أو لآخر فان السلوك السياسي لابد ان يتغير طالما انه تعبير عن الآراء والمفاهيم والمواقف التي يحملها الأفراد وتعتقد بها الجماعات والمنظمات فأبناء المجتمع مثلاً لا يستطيعون تأييد ومناصرة الحركة الاشتراكية والالتزام بأساليب التطبيق الاشتراكي والمبادرة نحو العمل في سبيل خدمة المجموع والتخلص من الممارسات والادران البرجوازية والأنانية الضيقة دون الاعتقاد والتمسك بالمبادئ والأفكار والقيم الاشتراكية كالمشاركة الجماهيرية والشعور بالمسؤولية الجماعية والتفاني في خدمة المجتمع ، تخفيف الفوارق الطبقية ، القضاء على الاستغلال الطبقي والقهر الاجتماعي ، إعادة توزيع الثروة على أبناء الشعب وانتهاج نظام التخصص الوظيفي في العمل ... الخ [٣٥]. الا ان تغيير الآراء والمفاهيم والمواقف السياسية الذي يدعم ما يعزز تغيير السلوك السياسي ويضمن تحقيقه وإبراز معالمه الجوهرية في المجتمع لا يتأثر بعامل واحد بل يتأثر بمجموعة عوامل جوهرية كتبديل الوعي السياسي والمعرفة السياسية للفرد وتبديل بناء ووظائف وايديولوجية الجماعات المرجعية التي ينتمي اليها وتبديل وعيه الاجتماعي والطبقي وتغيير ظروفه الاقتصادية والاجتماعية والثقافية وأخيراً تبديل السمات الأساسية لشخصيته وحاجاته النفسية والادراكية .

لو أردنا مثلاً تغيير الآراء والمواقف التي يحملها المواطن العربي إزاء الاشتراكية وتحويلها من آراء ومواقف سلبية إلى آراء ومواقف إيجابية فإننا يجب القيام بالإجراءات التالية :

١- تغيير مستوى وطبيعة المعلومات والحقائق والبيانات التي يحملها المواطن إزاء الاشتراكية كتزويده بمعلومات مفصلة عن علاقة الاشتراكية بالإنسانية وأثرها في حل مشكلات الفقر والتخلف والاستغلال التي يعاني منها الإنسان في المجتمعات الإقطاعية والرأسمالية . إضافة إلى توضيح آثار الاشتراكية في تقدم المجتمع البشري في النواحي المادية والمثالية والاجتماعية ، والدور الذي تلعبه في القضاء على الظلم الاجتماعي والاستغلال المادي والبشري والصراع الطبقي وبالتالي تحقيق مجتمع الكفاية والعدل . ومثل هذه المعلومات عن الاشتراكية ستدفع المواطن إلى تأييدها والتمسك بمبادئها وفلسفتها ثم ترجمة هذه المبادئ والفلسفة إلى واقع عمل يساعد على تسريع عمليات التحول الاشتراكي في المجتمع .

٢- إدخال المبادئ والأفكار والممارسات الاشتراكية والإنسانية في الجماعات المرجعية التي ينتمي اليها المواطن كالعائلة والمدرسة والجامع أو الكنيسة والحزب السياسي والمجتمع المحلي ... الخ . وعندما ينتمي ويحتك المواطن بمثل هذه الجماعات التي تعتقد بالأفكار والقيم الاشتراكية فانه سيتأثر فيها بطريقة أو أخرى ويكتسب منها تعاليمها وأخلاقها وفلسفتها بحيث تصبح هذه جزءاً من شخصيته وسلوكيته اليومية .

٣- تخفيف الفوارق الطبقية الاجتماعية بين أبناء المجتمع والقضاء على أسباب التمايز الطبقي الموضوعية منها والذاتية كالقضاء على الفوارق الاقتصادية والاجتماعية والثقافية والسيكولوجية بين الأفراد . وهنا لابد ان تتحقق المساواة والعدالة الاجتماعية وتظهر القيم الاشتراكية في جميع أجهزة ومنظمات المجتمع . وحالة كهذه تجعل الفرد مستعداً على قبول الاشتراكية والمشاركة الفعالة في تثبيت أركانها ونشر مبادئها وممارساتها في كل مكان .

٤- التنسيق بين وسائل الإعلام الجماهيرية والمنظمات المهنية والشعبية حول إبراز فوائد ومزايا الاشتراكية للمجتمع والدور المهم الذي تلعبه في عملية

التنمية القومية وعلاقتها بتحقيق الأهداف الاستراتيجية للامة العربية كالوحدة والحرية والعدالة الاجتماعية .

٥- العمل على تغيير السمات الجوهرية لشخصية الفرد وتغيير حاجاته النفسية والادراكية . ان شخصية الفرد يمكن ان تتحول من شخصية سلطوية (Authoritarian Personality) ومتحجرة تتسم بالتعصب والتحيز والجمود إلى شخصية ديمقراطية (Democratic Personality) تتسم بالبساطة والوضوح وعدم التعقد .

وتغيير الشخصية يمكن ان يتم بإعادة تنشئة الفرد ومساعدته على التخلص من مسببات تعصبه وتحيزه ودوافعه العدائية الغريزية . وفي ظروف كهذه يستطيع الفرد قبول الأفكار الاشتراكية واعتمادها في سلوكه اليومي وفي نفس الوقت نبذ الأفكار والممارسات البرجوازية والرجعية والشوفينية التي قد ينزلق اليها . وحاجات الفرد الشخصية والأنانية يمكن ان تبدل إلى حاجات جماعية وإنسانية من خلال عمليات التثقيف والوعي القومي والتنشئة السياسية . وهنا يكون الفرد مستعداً على قبول واعتماد الأفكار والمبادئ الاشتراكية في حياته الاجتماعية .

غير أن استعداد وقدرة الفرد على تغيير آرائه ومواقفه السياسية تعتمد على عدة متغيرات يمكن حصر أهمها بالنقاط التالية :

١- تطرف وتعصب الآراء والمواقف السياسية . كلما كان الفرد متعصباً لأفكاره ومواقفه السياسية كلما كان صعباً عليه تغييرها والاعتقاد بأفكار ومواقف جديدة. وكلما كان الفرد لا يؤمن إيماناً شديداً بأفكاره ومواقفه كلما كان سهلاً عليه تبديلها .

٢- تعقد وتشعب الآراء والمواقف السياسية . اذا كانت الآراء والمواقف السياسية التي يحملها الفرد معقدة ومتشعبة فانه يصعب عليه تبديلها وقبول أفكار وقيم جديدة . والعكس بالعكس اذا كانت آراؤه ومواقفه بسيطة وواضحة .

٣- اتساق الآراء والمواقف . اذا كانت الآراء والمواقف السياسية التي يحملها الفرد متسقة أي منسجمة ومتكاملة بعضها مع بعض فان من الصعوبة عليه تبديلها والعكس بالعكس اذا كانت أفكاره ومواقفه متناقضة ومبعثرة .

٤- أثر الآراء والمواقف السياسية في سد وإشباع حاجات الفرد . اذا كانت الآراء والمواقف السياسية التي يحملها الفرد تشبع حاجاته الخاصة وتفي بمصالحه وطموحاته وتخدم أغراضه المادية والمعنوية فأنه لا يستطيع بسهولة تبديلها والعكس بالعكس اذا كانت آراؤه ومواقفه لا تخدم أغراضه ولا تشبع حاجاته الأساسية وطموحاته الشخصية .

٥- اشتقاق الآراء والمواقف السياسية من القيم والمقاييس الاجتماعية التي يؤمن بها الفرد . اذا كانت الآراء والمواقف السياسية التي يحملها الفرد مشتقة من قيمه ومقاييسه الاجتماعية التي يؤمن بها فانه لا يكون مستعداً على تغييرها والعكس بالعكس اذا كانت أفكاره ومواقفه السياسية غير معتمدة على قيمه ومقاييسه الاجتماعية .

الهوامش والمصادر

1. Weber, Max. The Theory of Social and Economic Organization , New York , 1969 , P. 88 .
2. Ibid. , P. 96 .

٣. الحسن ، إحسان محمد (الدكتور) . علم الاجتماع : دراسة نظامية ، بغداد ، ١٩٧٦ ، ص٦٨ .

4. Barker, E. Principles of Social and Political Theory , Oxford University Press , London , 1951 , PP. 2-3

٥. الحسن، إحسان محمد (الدكتور). طبيعة السلوك السياسي في المجتمع الثوري ، بحث منشور في جريدة الإعلام ، كلية الآداب ، جامعة بغداد ، العدد ١٠ السنة الثالثة ٧٩/١٢/١ .

6. Weber, Max. The Theory of Social and Economic Organization , P. 115 .
7. Krech, D. and Crutchfield, R. Individual in Society , New York , 1962 , See the Ch. On Attitude Formation.
8. Newcomb, T. Social Psychology , New York , Dryden , 1950 , P. 118 .
9. Broom, L. and Selznick, P. Sociology , New York , 1968 , P. 236 .
10. Ibid. , P. 237 .
11. Blumer, H. Public Opinion and Public Opinion Polling , American Sociological Review, B. Oct.1948 , PP. 542-549.
12. Al-Hassan, Ihsan . Collective Behaviour , Baghdad , 1974 , P. 33 .
13. Ibid. , P. 34 .
14. Mitchell, D. A Dictionary of Sociology , Routledge and Kegan Paul , London , 1973 , P. 10 .
15. Allport, F. Social Psychology, New York, 1924, PP. 52-54.
16. Krech, D. and Crutchfield, R. Individual in Society , See Ch. 5 .

17. Vernon, M.D. The Psychology of Perception , 2nd Edition , Penguin Books , Middle Sex, England, 1975, PP. 182-183 .

18. Ibid. , P. 185 .

١٩. الحسن، إحسان محمد (الدكتور). آثار التلفزيون الاجتماعية والنفسية على الأطفال، بحث منشور في مجلة الفنون الإذاعية، العدد الخامس، تشرين أول ، ١٩٧٣ ، ص١٣١ .

20. Landis, J.R. Sociology : Concepts and Characteristics , (3rd Ed.), Belmont, California , 1971 , P. 107 .

21. Sherif, M. An Outline of Social Psychology , New York, 1948 , PP. 110-112 .

22. Ibid. , P. 134 .

23. Ginsberg, M. Sociology, Oxford University Press , London, 1950, P. 159 .

24. Ibid. , P. 166 .

25. Bottomore, T.B. Classes in Modern Society , London , 1960, PP. 10-12 .

26. Johnson, H. Sociology : An Introductory Analysis , Routledge and Kegan Paul , London , 1961 , P. 474 .

27. Schumpeter, J.A. Capitalism, Socialism and Democracy, New York , 1942 , See Ch.

28. Biesanz, M. Introduction to Sociology (2nd Ed.) , New Jersey , 1973 , PP. 459-461 .

29. Himmelweit, H. , T.V. and the Child, 1959 , PP. 161-163 .

30. Klapper, J.T. The Effects of Mass Communication , New York , 1961 , P. 150 .

31. Halloran, J.D. The Effects of Mass Communication , with Special Reference to Television , Manchester , 1963 , P. 19.

32. Ibid. , P. 47

33. Himmelweit, H. , T.V. and the Child, 1959 , PP. 169 .

34. Krech, D. and Crutchfield, R. Individual in Society , See the Ch. On Attitude Change .

35. Crosland A. The Future of Socialism , London , 1956 , See the Conclusion .

الفصل السابع
السلطة السياسية والنظم السياسية

لا يمكن دراسة ظاهرة السلطة وشرعيتها دون دراسة الدولة دراسة علمية طالما ان السلطة هي القوة التي تمارسها الدولة بعد ان تبرر شرعيتها وشرعية استعمالها وطالما ان سيادة الدولة هي سيادة مطلقة لا تحدها حدود وسيادة عامة وشاملة تفرض على جميع الأفراد والمنظمات والهيئات الموجودة في المجتمع [1]. لا يمكننا دراسة سلطة الدولة وقانونيتها وأهميتها دون ربطها بالمجتمع الذي تحكمه، فالمجتمع هو المحرك الأساس لظهور الدولة واستقرارها ونموها وديمومتها . ان الدولة تظهر إلى حيز الوجود عندما يكون هناك مجتمع بحاجة إلى جهود وخدمات ترعى متطلباته وتحمي أفراده من التحديات الداخلية والخارجية التي قد يتعرضون اليها وتحقق أهدافه وطموحاته القريبة والبعيدة الأمد [2]. لذا عند دراستنا لظاهرة السلطة يجب التركيز على أهمية الدولة للمجتمع وأهمية المجتمع للدولة أي الخدمات والواجبات التي تقدمها الدولة للمجتمع والخدمات والواجبات التي يقدمها المجتمع للدولة . وبعد الانتهاء من دراسة ظاهرة السلطة وربطها بالدولة والمجتمع سنركز على تحليل المبررات الجوهرية التي تستند عليها شرعية السلطة ثم نختم الفصل بدراسة أنواع السلطات السياسية وهي السلطة التقليدية والسلطة العقلانية الشرعية والسلطة الكرزماتيكية .

ظاهرة السلطة

السلطة هي شكل من أشكال القوة التي توجه وتقود جهود وفعاليات الأفراد نحو تحقيق الأهداف الخاصة والعامة للمجتمع . والشروط المساعدة على توجيه الجهود وحث الأفراد على العمل هي :

١- التبادل الذي يتم عندما يقوم عضو الجماعة بتقديم مجموعة وظائف وخدمات يستفيد منها بقية الأعضاء .

٢- المصالح المشتركة : التي تتحقق عندما يقوم الفرد بإنجاز العمل المطلوب منه لمصلحة شخص ثالث .

٣- التماسك الناجم عن وجود عواطف ومعتقدات ومصالح مشتركة : يظهر التماسك عندما يشعر كل فرد ان عمله مفيد للآخرين ومكمل للأعمال التي ينجزها الآخرون .

٤- القوة التي تكمن في التأثير ، السلطة والسيطرة الجبرية . تظهر القوة عندما يتأثر سلوك الآخرين أو تتأثر أعمالهم بأوامر شخص يحتل منصباً عالياً في المؤسسة أو الجماعة [٣] .

لذا فالسلطة هي نوع من أنواع القوة المنظمة لجهود وفعاليات الآخرين نظراً للأوامر التي يصدرها حكام وقادة المجتمع والتي تتسم بصفة الإلزام والشرعية بعد إطاعتها وتنفيذها تلقائياً من قبل المحكومين من أبناء المجتمع. والسلطة الشرعية هي السلطة التي تتأثر فعاليتها بالأجهزة التي تعتمدها كالمصلحة العامة والفائدة المشتركة التي يجنيها كل من الحكام والمحكومين من السلطة. والسلطة غالباً ما تقدم المكافآت المادية والمعنوية للأشخاص الذين يقدمون الخدمات لها وتدافع عنهم وقت تعرضهم للخطر . وهناك جملة مصالح مشتركة بين أعضاء السلطة وقادتها من جهة والأشخاص الخاضعين لها من جهة أخرى [٤] . وهذه المصالح تتجسد في تحقيق الأهداف العليا للمجتمع التي تهم مصلحة الطرفين كتحقيق الانتصار العسكري على الأعداء والطامعين أو إنجاز الخطط والمشاريع الاقتصادية والثقافية والصحية والاجتماعية التي يستفيد منها المجتمع الكبير . كما ان التماسك الذي يربط السلطة بالجماعة التابعة لها غالباً ما يحقق لها أغراضاً نافعة ومفيدة كالفوز في لعبة أو سباق رياضي معين أو رفع المستوى العلمي في المدرسة أو الجامعة . لكن الجهاز الذي يساعد السلطة على القيام بأعمالها وواجباتها قد

يقوى أو يضعف تبعاً لدرجة اندفاع الأفراد على تنفيذ الأوامر الصادرة لهم من السلطة وهذا ما يـؤثر في كمية وعدد المنجزات التي تستطيع السلطة تحقيقها لأبناء الشعب . الا ان الأجهـزة التي تسـتعين بها السلطة في تنفيذ خططها قد لا تعمل بصورة متوافقة ومتناسقة لأسباب مختلفة منها عدم وجود المصـالح المشتركة بين السلطة والأشخاص التابعين لها أو ضعف العلاقات المتبادلـة بينهما اذ يكره أحدهما الآخر لأسباب معينة . أو قد تكون العلاقات القائمة بينهما غير مقنعة خصوصاً بالنسبة للطرف الـذي يخضـع للسلطة ، فقد يعتقد مثلاً بأن الجهود التي يبذلها لا تنطبـق مـع المكافآت والامتيازات التي حصلها مـن السلطة (من إدارة المصنع أو الدائرة التي يعمل فيها) . غير ان ممارسة السيطرة الجبرية من قبل السـلطة الشرعية قد تكون ديمقراطية أو غير ديمقراطية . والممارسة غير الديمقراطية للسيطرة الجبرية قد تخلق مشاكل ومتاعب للسلطة أو للأشخاص الذين يمارسونها أو قد تؤدي إلى تدمير السلطة أو القضاء عليها مـن خلال عدم إطاعتها من قبل اتباعها . لذا تعتمد شرعية السلطة علـى أرجحيـة الأسلوب أو الطريقـة التي تمارس بها السلطة خصوصاً الجدارة والكفاءة والشخصية الجذابة التي يتمتع بها قائد السلطة .

والدولة كما بينا هي من أعلى السلطات في المجتمع لكونها القوة والسيادة المطلقة التي من خلالها يحكم المجتمع وتدار وتنظم شؤونه [٥]. لكن السلطة هي مفهوم قانوني يشير إلى القوة العليا التي تتمتع بها الدولة . ولكل دولة جهاز ذو سلطة تخوله على ترجمة إرادة الدولة إلى صيغ قانونية نافذة المفعول وهذا الجهاز السلطوي قد يتمثل بشخصية فرد أو مجموعة أفراد . وإرادة الدولة بسبب السلطة العليا التي تتمتع بها تفرض على جميع الأفراد وكافة المنظمات والهيئات الداخلة في نطاقها ، وفي حالة وقوع الصراع بين الأفراد أو المنظمات تكون هذه السلطة صاحبة السيادة في التدخل لإنهاء الصراع حفظاً للسلام والأمن في المجتمع [٦]. لكن الدولة تمارس سيادتها أو سلطتها العامة اما من خلال القوة أو الإجماع أو

باستخدامهما معاً . وطبيعة ممارسة هذه السلطة من قبل الدولة ترجع أساساً إلى بناء ووظائف وايديولوجية الدولة وأسلوب الحكم الذي تتبعه ، كما ترجع إلى درجة النضج السياسي والوعي القومي الذي يتمتع به الشعب . ففي الحكم المطلق أو الاستبدادي تميل الطبقة الحاكمة إلى استخدام القوة في تأكيد دورها السلطوي والدكتاتوري ، وهذه القوة بالطبع لا تستمد من إرادة ومشيئة الشعب الذي تحكمه بل تستمد من القوة السياسية والعسكرية والأمنية التي تتمتع بها الفئة الحاكمة .

وفي الحكم الديمقراطي الذي يتم فيه اختيار الفئة الحاكمة بحرية من قبل أبناء الشعب يضعف دور القوة والسلطة إلى حد كبير . فالقانون وليس الفئة الحاكمة المستبدة في هذا النوع من الحكم هو الذي يعبر عن الإرادة العامة للمجتمع . لهذا يمتثل الناس لأوامره وشروطه ونصوصه طواعية وقد عبر البرفسور بيرجس (Professor Burgess) عن مسألة سيادة الدولة المطلقة على الفرد بقوله:

" أنني افهم السلطة على انها القوة المطلقة غير المحدودة التي تمارسها الدولة على الأفراد والمنظمات ".

ومثل هذا الفهم هو الذي جعل البعض يعتقدون بأن حرية الفرد ملغية تماماً أمام سيادة الدولة وسلطتها المطلقة لكن الدولة تصبح حقيقة واقعة وأمراً مسلماً به حينما يتم الاعتراف لها بالقوة والنفوذ على الأفراد وحينما يتصرف هؤلاء بطريقة تعبر عن طاعتهم وامتثالهم لهذا النفوذ .

وفي هذا السياق الذي يحدد طبيعة سلطة وسيادة الدولة يقوم جان بودان بتعريف الدولة على انها حكومة شرعية تتكون من عدة أسر ومن ممتلكاتها المشتركة ولها سلطة قسرية وسيادة عليا . وأهم ما ينطوي عليه هذا التعريف هو تأكيده ، لمبدأ السيادة (Sovereignty) ، فوجود السلطة ذات السيادة هو الدليل أو المعيار الذي يميز الدولة عن بقية المنظمات الأخرى التي تكونها الأسر [٧]. ومن جهة أخرى يرى بودان ان طاعة الفرد لصاحب السلطة هي التي تجعل منه مواطناً، ومعنى ذلك ان السيادة هي سلطة عليا على المواطنين والرعايا لا يحد منها

القانون . والدولة تتمركز في السلطة ذات السيادة ، أما الحكومة فهي الجهاز الذي يتم من خلاله ممارسة السلطة [٨].

إذن سلطة الدولة كما تناولتها وجهة النظر القانونية هي سلطة مطلقة لا تحدها حدود ولا توجد قوة في المجتمع تعلو عليها أو تتنافس معها أو تعترض عليها . ومع هذا فان وجهة النظر القانونية هذه لم تستوعب بعض الوقائع السياسية . فقد لاحظ هارولد لاسكي بأن القوة القانونية اللامحدودة تتحول في الممارسة إلى قوة تستند إلى مبررات معينة يعرفها أبناء الشعب [٩]. أما السير هنري مين (Sir H. Maine) فيقول بأن العادات والتقاليد الاجتماعية غالباً ما تفرض على السلطة وتقيد جزءاً من سيادتها . ومعنى هذا ان هناك قيوداً على سلطة الدولة المعاصرة أهمها مبدأ سلطة القانون وسيادته الذي تحولت الدولة بمقتضاه من دولة استبدادية إلى دولة قانونية .

الدولة والمجتمع

الدولة هي من أهم المنظمات السياسية الموجودة في المجتمع ، ولا يمكن مقارنة أهميتها وسيادتها بأهمية وسيادة أية منظمة أخرى نظراً لسلطتها العليا التي تفرضها على الأفراد والمنظمات وللوظائف الخطيرة التي تقدمها لأبناء المجتمع ولقدرتها القيادية والتنظيمية والإدارية والقانونية التي تضمن تحقيق الأهداف الكبرى للمجتمع والأمة . والدولة هي نظام كلي يشرف على أمور المجتمع برمتها ، ولهذا النظام أحكام وقوانين شرعية يطيعها الأفراد ويخضع لأوامرها وذلك لأنها صممت من أجل ضمان سعادتهم وراحتهم وتحقيق أهدافهم وحل النزاعات التي قد تنشب بينهم . والدولة لا تعتبر مصدر القوانين فحسب بل هي القوانين ذاتها [١٠]، حيث ان هناك ترادفاً بين مصطلح الدولة ومصطلح القانون . فالدولة هي القانون والقانون هو الدولة . الدولة أذن هي نظام قانوني شمولي وكلي الوحيد من نوعه في المجتمع. والدولة تنطبق مع القانون نظراً لكونها السلطة المركزية لتشريع وتنفيذ القوانين في المجتمع . والدولة لا تشرع القوانين فحسب بل تحتكر تكوين وإدارة

وتطوير واستعمال القوات المسلحة واستخدامها في المحافظة على الأمن والنظام وصيانة حدود وسيادة الوطن من العدوان الخارجي والأطماع الأجنبية والتوسعية . لكن احتكار السيطرة على القوات المسلحة من قبل الدولة يدعم سيادة القوانين التي تشرعها الدولة ويضمن فاعلية تنفيذها ويحقق الصالح العام للدولة والشعب على حد سواء .

أما المجتمع فيعرفه البرفسور هوبهوس (Hobhouse) بأنه مجموعة من الأفراد تقطن على بقعة جغرافية معينة ومحددة من الناحية السياسية ومعترف بها ولها مجموعة من العادات والتقاليد والمقاييس والقيم والأحكام الاجتماعية والأهداف المشتركة المتبادلة التي أساسها اللغة والتاريخ والمصير المشترك (١١) ، وهناك من عرف المجتمع بأنه جميع العلاقات بين الأفراد وهم في حالة تفاعل مع منظمات وجمعيات لها أحكام وأسس معينة . لكن المجتمع يشمل جميع المنظمات والجماعات التي لها بنيات دائمية منظمة يمكن دراستها دراسة موضوعية تقع ضمن اختصاص المنهج العلمي الذي يسير عليه العالم الاجتماعي (١٢) . فالعلاقات الإنسانية التي تربط الأفراد لابد ان تحدد طبيعة المؤسسات الاجتماعية الموجودة في المجتمع وهذه المؤسسات هي التي تنظم فعاليات المنظمات وتشرف عليها وتوجهها نحو سياسة معينة (١٣) . اذن يمكننا استعمال كلمة مجتمع لتعني الشبكة المعقدة من العلاقات الاجتماعية التي قام الإنسان بتنظيمها ورسم معالمها .

ان من أهم العناصر التكوينية للمجتمعات الإنسانية المجتمعات المحلية (Communities) والمنظمات (Associations). المجتمع المحلي هو مجموع السكان الذي يشغل بقعة جغرافية معينة ويشترك بنظام يحدد قوانين الحياة الاجتماعية الخاصة . وأهم شرط من شروط تكوين المجتمع المحلي وجود بناء اجتماعي يتكون من أحكام وقوانين تحدد طبيعة العلاقات بين أفراده . والمجتمع المحلي قد يكون جزءاً من مجتمع محلي كبير حيث ان المجتمعات دائماً ما تكون وسط مجتمعات محلية أخرى وهكذا (١٤) . أما المنظمات فإنها تتكون من جماعات

من الناس تعمل فيما بينها لإنجاز وظيفة أو وظائف معينة كالأحزاب السياسية ونقابات العمال والمدارس والجامعات . والمنظمات الاجتماعية يمكن تقسيمها إلى أقسام مختلفة تبعاً لطبيعة أغراضها أو أهدافها أو مواقعها الجغرافية أو حجومها أو شروط الانتماء اليها . ولكننا يجب ان نميز بين المنظمة والمؤسسة الاجتماعية (Social Institution) المؤسسة الاجتماعية هي مجموعة الأحكام والقوانين التي تحدد العلاقات بين الأفراد والجماعات [١٥]. فالملكية هي مؤسسة اجتماعية لأنها أحكام وقوانين تحدد العلاقة بين الأفراد بالنسبة لسيطرتهم على الأشياء المادية أو امتلاكها أو تبادلها . والمجتمع المحلي أو المنظمات الاجتماعية هي التي تكون وتدعم المؤسسات الاجتماعية . غير ان هناك ارتباكاً في استعمال مصطلحي المؤسسة والمنظمة لأنه في حالات معينة يشير كلا الاصطلاحين إلى أشياء واحدة. فالدولة مثلاً هي مؤسسة اجتماعية لأنها تتكون من مجموعة أحكام وقوانين تنظم الحياة في المجتمع وهي أيضاً منظمة اجتماعية لانها تتكون من أفراد يسعون للقيام بأعمال معينة هدفها تحقيق طموح ومآرب المجتمع [١٦].

بعد تعريف كل من الدولة والمجتمع يجب علينا دراسة صفات الدولة وتوضيح الواجبات التي تقدمها الدولة للمجتمع والواجبات التي يقدمها المجتمع للدولة .

صفات الدولة

قبل دراسة واجبات الدولة للمجتمع وواجبات المجتمع للدولة يجدر بنا فحص طبيعة المزايا والصفات المشتركة التي تتميز بها الدول مهما كانت أنظمتها الاجتماعية وأديولوجيتها السياسية والعقائدية ومن أهم الصفات الأساسية للدول ما يلي :

١- ان المراكز القيادية والمهنية والوظيفية للدولة غالباً ما تشغل من قبل نسبة ضئيلة من أبناء المجتمع . وهذا يعني بأن الحكم يكون بيد الأقلية . فأنظمة الحكم في جميع المجتمعات الرأسمالية والاشتراكية والنامية والمتطورة هي بيد

الأقلية . في بريطانيا مثلاً يسيطر مجلس العموم (House of Commons) على دفة الحكم أما من خلال الحزب الحاكم أو الحزب المعارض عند استلامه للسلطة بعد فوزه في الانتخابات . وعدد أعضاء المجلس يزيد على الـ (٦٠٠) عضو والذين منهم تشكل الوزارة (*). أي الحزب الفائز في الانتخابات العامة هو الذي يشكل الوزارة من بين أعضائه في المجلس . والوزارة لا يزيد عدد أعضائها عن (٣٠) وزيراً يعهد اليهم حكم البلاد برمتها . أي حكم الشعب الذي يبلغ نفوسه (٥٢) مليون نسمة . أما في الاتحاد السوفييتي فان مجلس السوفيت الأعلى هو الذي يحكم الشعب السوفييتي المتكون من (٢٥٠) مليون نسمة . وهذا المجلس يتألف من عدد من الأعضاء الذين يمثلون جمهوريات الاتحاد السوفييتي الخمسة عشر . وكل جمهورية من هذه الجمهوريات ترسل ممثليها إلى مجلس السوفيت الأعلى الذي يجتمع بين آونة وأخرى لتدارس أمور ومشكلات البلاد [١٨].

وفي الدول النامية نرى بأن الدولة التي تتكون من الأقلية هي التي تحكم الأكثرية أي أكثرية أبناء الشعب .

٢- ان لكل دولة من دول العالم مجلس وزاري يترأسه رئيس الدولة . وهذا يدل على ان الدولة لا يحكمها فرد واحد بل يحكمها مجموعة من الأفراد . زد على ذلك كون الدولة في بعض الأحيان تحت سيطرة المجلس التنفيذي . وأعضاء الدولة لا يكونوا متساويين في القوة والسلطة السياسية التي يوزعها المجتمع عليهم ، حيث انهم يختلفون في مراكز القوة والنفوذ تبعاً لأهمية الواجبات والوظائف السياسية التي يقدمونها للمجتمع الكبير .

(*) أعضاء مجلس العموم لا يمكن حصرهم برقم ثابت حيث أن عددهم يتبدل بين آونة وأخرى تبعاً للكثافة السكانية للمناطق الانتخابية .

٣- ان جميع الدول تدعي الشرعية والسيادة على أراضيها ومواطنيها . وشرعيتها تستمد من إطاعة مواطنيها لقوانينها وأوامرها ومن قدرة قادتها على أجهزتها الإدارية .

٤- قد لا تعتمد شرعية الدولة على مبدأ استعمال القوة والنفوذ بل تعتمد على الاحترام المتبادل والمصلحة المشتركة بين الطبقة الحاكمة والطبقة المحكومة [١٩].

٥- على الدولة ان تهتم برفاهية وسعادة جميع قطاعات المجتمع مهما كانت خلفياتهم الاجتماعية وانحداراتهم القومية والعنصرية . فالحكومة في القطر العربي الواحد تهتم برعاية وحماية جميع المواطنين وتعاملهم معاملة واحدة ومتساوية . ولا تميز بين أكثرية سكانية وأقلية سكانية الا اذا كان هناك مبرر عقلاني لهذا التمييز . فالوظائف الحكومية والمراكز الإدارية مفتوحة لجميع المواطنين حيث ان الدخول إلى الوظيفة لا يعتمد على الاعتبارات الجانبية كالحسب والنسب ، الدين أو العنصر ... الخ بل يعتمد على الكفاءة والمؤهلات العلمية والقدرة على القيام بأعباء الوظيفة .

وظائف الدولة للمجتمع

بعد تعقد المجتمع البشري نتيجة لتضخم السكان وتوسع المدن وانتشار معالم التصنيع والتحضر ـ وشيوع الثقافة والتربية والتعليم بين فئات وعناصر المجتمع المختلفة وارتفاع المستويات الاقتصادية والاجتماعية للأفراد والجماعات أصبحت الدولة لا تكتفي بتقديم واجباتها ووظائفها التقليدية لأبناء المجتمع كوظيفة المحافظة على الأمن والنظام في الداخل ووظيفة الدفاع الخارجي . اذ قامت بتحمل واجبات وخدمات أخرى للمواطنين حيث تعهدت بتخطيط المجتمع تخطيطاً اقتصادياً واجتماعياً وعمرانياً وتربوياً لغرض تنميته وتطويره نحو الأحسن والأفضل . وأخذت تتدخل بشؤون الأسرة والأفراد لضمان راحتهم وسعادتهم وحمايتهم من الاحتكار والاستغلال الذي كان يمارسه القطاع الخاص بسبب رغبته بجني الأرباح

والفوائد غير المشروعة [٢٠]. وفشل القطاع الخاص بتلبية حاجات ومتطلبات أبناء المجتمع المتشعبة كان من العوامل الأخرى التي حفزت الدولة على التدخل بشؤون المجتمع بغية تنظيمه والسيطرة عليه وحمايته من الاستغلال والفساد . وقيام الدولة بالتدخل في شؤون المجتمع ومساهمتها بتلبية حاجات وطموحات الأفراد لا يقتصر على الدول الاشتراكية فحسب بل يتعداه إلى معظم الدول النامية والدول الرأسمالية. فالدولة الرأسمالية بدأت تنظم شؤون الاقتصاد والعائلة والصحة العامة والثقافة والتربية والتعليم في مجتمعها على نطاق واسع وهذا ما زاد أهميتها ورفع سمعتها وهيبتها . إلا ان واجبات والتزامات الدولة الاشتراكية إزاء شعبها ومجتمعها أكثر تعقداً وأشمل نطاقاً من واجبات والتزامات الدولة الرأسمالية حيث ان مؤسساتها الاشتراكية الإنتاجية والخدمية تنجز جميع الأعمال والخدمات التي يحتاجها أبناء المجتمع . في حين يلعب القطاع الخاص الدور الأساسي في المجتمعات الرأسمالية من ناحية تلبية متطلبات شعوبها وتأمين حاجاتهم وطموحاتهم .

دعنا الآن نفحص طبيعة الواجبات والخدمات التي تقدمها الدولة إلى أبناء المجتمع لكي نتعرف على أهمية الدولة للمجتمع في الوقت الحاضر . ان واجبات الدولة لأبناء المجتمع أخذت تتزايد وتنمو بمرور الزمن ، وقد أصبحت في الوقت الحاضر لا تقل خطورة وأهمية عن واجبات أية دولة اشتراكية في العالم لأبنائها ومنتسبيها . ويمكننا هنا توضيح طبيعة وأهمية هذه الوظائف للمواطنين بشيء من التفصيل . ان الدولة بفضل قوات الشرطة والأمن وبفضل المحاكم والسلطات الشرعية والقضائية مسؤولة عن نشر العدالة واستتباب الأمن والنظام في الداخل ومسؤولة عن راحة المواطنين وسلامتهم وطمأنينتهم من الجانحين والعابثين والأشرار الذين قد تسول لهم أنفسهم جلب الضرر والأذى للمواطنين وإشاعة روح الشغب والعدوان وعدم الاستقرار في المجتمع . فالمحاكم القضائية وأجهزة العدل هي السلطات التي تتحمل مهمة نشر العدالة والسلام والطمأنينة بين المواطنين . وقوات الشرطة والأمن هي العين الساهرة لحماية المواطنين من الجرائم والشرور

والعدوان بحيث يتمكن هؤلاء من الانصراف إلى أعمالهم والتمتع بحياة مليئة بالإنجازات والمكاسب والمأثورات .

ومن الواجبات المهمة للدولة حماية حدود وتربة القطر والوطن العربي من أطماع الغزاة الصهاينة والإمبرياليين الذين يحملون الأطماع التوسعية والاستغلالية والاستعمارية ويبيتون نوايا الشر والعدوان ضد الأمة العربي وحضارتها العريقة . وحماية حدود وتربة الوطن توكل إلى القوات المسلحة البرية والجوية والبحرية . فالدولة مسؤولة عن إدارة وتدريب وتسليح ورعاية وتطوير القوات المسلحة ومسؤولة عن استعمالها وقت المحن والأزمات السياسية والعسكرية لردع ودحر الطامعين بخيرات الأمة العربية والتصدي لمخططاتهم العدوانية والشريرة . ان وجود القوات المسلحة واستعدادها لخوض المعارك والحروب ضد أعداء الأمة العربية سيردع هؤلاء ويمنعهم من الاعتداء على المجتمع العربي . وهنا يستطيع المجتمع المحافظة على أراضيه وسكانه ومقدساته من أطماع المعتدين والمستغلين.

وبجانب وظائف الأمن الداخلي والدفاع الخارجي تتحمل الدولة وظائف كثيرة ومتطورة إزاء المواطنين كالوظائف الاقتصادية والثقافية والصحية والاجتماعية والترفيهية . فالدولة هي التي تخلق الأعمال على اختلاف أنواعها وتشجع المواطنين على أشغالها ، وهي التي تنتج البضائع الصناعية والزراعية وتوفرها للمواطن بأسعار معتدلة وتنظم التجارة الداخلية والخارجية . وتشيد المصانع الإنتاجية الكبيرة بعد إرسائها للأسس المادية والتكنولوجية للتصنيع وتسيطر على قيمة العملة الوطنية وتحميها من المضاربات النقدية الأجنبية وهكذا . والدولة من خلال وزارتي التربية والتعليم العالي والبحث العلمي تتعهد بفتح المدارس والكليات والجامعات وتشرف على إدارتها وتنظيمها ونموها وتزودها بالأدوات والكادر التعليمي وترسم سياستها التربوية والعلمية والوطنية . وبعد تأسيس هذه المدارس والمعاهد العالية تشجع المواطنين على اختلاف خلفياتهم الاجتماعية والقومية بالذهاب اليها والاستفادة منها . وتتحمل الدولة من خلال وزارة

الصحة مسؤوليات المحافظة على صحة وحيوية أبناء المجتمع وحمايتهم من الأمراض السارية والمعدية التي قد تلحق بهم . ويتم هذا عن طريق تأسيس المراكز الصحية والطبية في جميع أرجاء القطر مثل كليات ومعاهد الطب والتمريض ، المستشفيات والمستوصفات والعيادات الطبية الشعبية وبقية المراكز الصحية الأخرى . وهذه المؤسسات الصحية مفتوحة لجميع المواطنين مهما تكن مستوياتهم الاجتماعية والثقافية .

والدولة مسؤولة من خلال وزارة العمل والشؤون الاجتماعية ووزارة الإسكان ووزارة الشباب عن القيام بالخدمات الاجتماعية كخدمات الرعاية الاجتماعية بأنواعها المختلفة مثل خدمات رعاية الأمومة والطفولة وخدمات المعوقين جسمانياً وعقلياً وخدمات رعاية الأسرة وخدمات الضمان الاجتماعي التي تضمن المواطنين ضد البطالة والمرض والهرم والموت وبقية الحوادث المؤسفة التي يتعرضون اليها . وإنشاء المشاريع السكنية وتوزيعها مجاناً أو بأسعار الكلفة على المواطنين . كما تتعهد الدولة بتقديم الخدمات الترويحية والترفيهية للمواطنين كتهيئة الجرائد والمجلات والكتب لهم والسيطرة على أجهزة الراديو والتلفزيون والإشراف على مؤسسات السياحة والاصطياف . ورعاية دور الأوبرا والموسيقى والسينما والمسرح ... الخ . ومسؤولة أيضاً عن الإشراف على المؤسسات الرياضية والكشفية والشبابية . ومثل هذه النشاطات الترويحية تدفع المواطنين على استغلال أوقات فراغهم بطريقة تسبب تطوير شخصياتهم ومواهبهم الخلاقة والمبدعة .

وبالإضافة إلى هذه الخدمات الجليلة التي تقدمها الدولة للمواطنين هناك مسؤوليات تخطيط المجتمع من أجل تنميته وتطويره في جميع الحقول والميادين الحياتية لكي يكون المجتمع متقدماً وناهضاً . فعن طريق وزارة التخطيط تقوم الدولة بدراسة الإمكانيات المادية والبشرية للمجتمع وعلى ضوء أهدافها وطموحاتها التنموية تسعى جاهدة باستثمار هذه الإمكانيات إلى أبعد حدودها بحيث تنتج في

تطوير المجتمع مادياً واجتماعياً وحضارياً . وهنا يتمكن المجتمع من الوقوف على صعيد واحد مـع الـدول العصرية والمتطورة في العالم .

وظائف المجتمع للدولة

كما تقوم الدولة بتقديم وظائف وخدمات جليلة للمجتمع فان المجتمع بـدوره يتحمـل جملـة خدمات يقدمها للدولة لكي تتمكن الأخيرة من القيام بواجبها القيادي والتنظيمي الذي يعتمد عليـه تقـدم المجتمع وتطوره . فالمجتمع يقوم بمجموعة وظائف أساسية للأفراد والدولة تمكن كـل منهما من تحقيـق أهدافه والوصول إلى طموحاته المنشودة . ومن أهم الواجبات التي يقدمها المجتمع للدولة ما يلي :

١- تعاون أبناء المجتمع مع أجهزة الدولة المختلفة وإطاعتهم للأنظمة والقوانين التي تشرعها الدولة من أجل سعادتهم ورفاهيتهم . ان تعاون المجتمع مع الدولة سيمكن الأخيرة من القيام بوظائفها بأحسن صورة ممكنة ويحفزها إلى تقديم المزيد من الجهود البناءة للمواطنين .

٢- المجتمع يزود الدولة بالكادر البشري الذي تحتاجه أجهزتها الإدارية والمهنيـة والوظيفيـة . فـإذا كان المجتمع واعياً ومتعلماً ومتدرباً على أصناف الفنون والمهارات والكفاءات العلمية والتكنولوجيـة فانـه سيتمكن من تجهيز الدولة بالكوادر العلمية والأخصائية التي تحتاجها والعكس هو الصحيح اذا كان المجتمع غير متعلم وغير مدرب . لهذا من مصلحة الدولة نفسها ان تعمل وتناضل مـن أجـل تطوير إمكانيات الشعب ورفع نوعيته وقدرته علـى العمل والإنتاج . وهـذا يكـون مـن خـلال الاهـتمام بالمؤسسات الثقافية والتربوية والمؤسسات العائلية والاقتصادية والصحية .

٣- واجبات المجتمع الكبرى التي تحافظ على النظام الاجتماعي وتمكن الدولـة مـن القيـام بنشـاطاتها ووظائفها [٢١] . وهذه الواجبات يمكن تلخيصها بالنقاط التالية:

أ- من أهم واجبات المجتمع العمل على تحقيق طموحاته وأغراضه من خلال القضاء علـى الصـراعات الداخلية التي قد تنشأ بين أفراده وجماعاته وتحقيق

الوحدة السيكولوجية والاجتماعية بينهم . وواجب كهذا يمكن المجتمع من السير قدماً نحو تنفيذ واجباته ووظائفه وبالتالي الوصول إلى أهدافه القريبة والبعيدة الأمد .

ب- على المجتمع ان يحمي نفسه من الأخطار والتحديات التي تهدد كيانه ووجوده . فهو يجب ان يتحذر من الأعمال المقصودة أو غير المقصودة التي يقوم بها عدد من أفراده والتي قد تستهدف نظامه اللغوي مثلاً أو أصالته الاجتماعية والحضارية أو توازنه العضوي أو تقدمه في الأصعدة المادية والعلمية ... الخ .

جـ- ضرورة قيام المجتمع بتحفيز أفراده على العمل المثمر الذي ينتج في تطوير المجتمع وتقدمه في مختلف الميادين الحياتية . والتحفيز هذا يأخذ عدة أشكال كتشجيع المواطنين على الإسهام والمشاركة في الأعمال المنتجة والخلاقة وتقدم الجوائز والمكافآت للمبدعين والبارزين في العمل الجيد وتقييم الأشخاص الجيدين في العمل ومعاقبة المسيئين ... الخ .

د- قيام المجتمع بتسهيل عملية الاتصال والتفاعل الاجتماعي والوظيفي بين الأدوار القيادية الوظيفية والأدوار الروتينية التي تقع في قاعدة الهرم الوظيفي . فالأوامر والوصايا ينبغي ان تمرر بسهولة من المراكز العليا في المجتمع إلى المراكز الواطئة . ثم ان هذه الأوامر يجب ان تتم بالصفة السلطوية والشرعية لكي تطاع وتنفذ بأسرع وقت ممكن . وهنا يتمكن المجتمع من القيام بوظائفه المطلوبة والمخططة له من قبل قادته وزعمائه .

هـ- ضرورة اعتقاد النظام الاجتماعي باديولوجية وعقيدة واحدة ترشده إلى العمل المنظم والجدي الذي يسهم في تطوير المجتمع وتحقيق أهدافه الكبرى. بينما اذا كان النظام الاجتماعي يعتقد بآراء واديولوجيات وأفكار كثيرة ومتناقضة فان أفراده سيصطدمون الواحد مع الآخر . وهذا ما ينتج في تصدع كيان المجتمع وتبعثر وحدته الوطنية .

شرعية السلطة ومبرراتها

أشرنا في بداية هذا الفصل بان السلطة هي القوة التي تمارسها الدولة بعد ان تبرر شرعيتها وشرعيه استعمالها . والشرعية (Legality) هي القوة التي تبررها الأحكام والقوانين المتفق عليها من قبل الدولة والشعب [٢٢]. وشرعية السلطة (Legality of Authority) هي قوة الدولة التي تبررها القيم والأحكام والقوانين المرعية في المجتمع . ان الشرعية هي التي تخول الدولة استعمال القوة ضد المخالفين والجانحين والعصاة ، ولولا هذه الشرعية لكانت قوة الدولة قوة تعسفية ولكان استعمالها غير عادل ولا منصف . واذا كانت قوانين الدولة غير شرعية (Illegal) فان الأفراد لا يطيعونها ولا يمتثلون لأوامرها وشروطها . لذا فشرعية القوانين وشرعية السلطة هي التي تجعل الأفراد يخضعون لتعاليم وأوامر الدولة وهي التي تمكن الأخيرة من حكم المجتمع وتمنحها السيادة المطلقة باتخاذ القرارات المناسبة التي تكفل تقدم المجتمع وسيره إلى أمام .

بيد ان السلطة لا تكون شرعية وقوية ومؤثرة في سير الأحداث التي تطرأ على المجتمع ولا يمكن ان تعبر عن أماني وطموحات الشعب الذي تحكمه ولا يمكن ان تنال تأييد واحترام الشعب دون اعتمادها على بعض المبررات المنطقية والعقلانية التي تدعم وجودها وتعزز مكانتها وتدافع عن قراراتها وطموحاتها [٢٣]. والمبررات التي تستند عليها شرعية السلطة وتستند عليها الدولة في قوتها وحكمها وسيادتها على الشعب تكون على أشكال وصور مختلفة بعضها قديم العهد وبعضها الآخر حديث ويتفق مع الأحوال والظروف المعاصرة التي تعيشها المجتمعات العصرية . ولكن مبررات شرعية السلطة تعتمد على الظروف الحضارية والاجتماعية السائدة في المجتمع وتعتمد على طبيعة وقيم وعادات وتقاليد وأهداف أبناء المجتمع وتعتمد أيضاً على درجة النضوج الحضاري والاجتماعي للمجتمع . وبصورة عامة يمكن تقسيم مبررات شرعية السلطة إلى خمسة أقسام أساسية هي :

١- المبررات التي تستند على الدين (نظرية التفويض الإلهي) .
٢- المبررات التي تستند على العادات والتقاليد والأعراف الاجتماعية .
٣- المبررات الدستورية العقلانية .
٤- المبررات الكرزماتيكية .
٥- مبررات المصلحة العامة والصالح العام .

١- المبررات التي تستند على الدين

السلطة التي تستند سيادتها على حكم الدين تدعي بانها مفوضة من قبل الله سبحانه وتعالى بحكم المجتمع ، وان قوانينها وأحكامها منزلة من السماء لهذا ينبغي طاعتها والتمسك بها والتصرف بموجب شروطها وتعليماتها . والملك أو السلطان أو الخليفة هنا يعتبر واسطة بين الله والشعب ، فهو الذي يستلم أوامره وقوانينه من الرب ويمررها بدوره إلى أبناء الشعب لكي يلتزموا بها وينفذوها كما هي دون جدل أو اعتراض [٢٤]. ومن أمثلة السلطة التي تستند على الدين الخلافة الإسلامية خلال عهد الخلفاء الراشدين وخلال العهد الأموي والعباسي . بموجب أحكام السلطة الدينية يتوجب على الأفراد إطاعة الأوامر والقوانين التي تصدرها الخلافة لأن طاعتها هي طاعة الله ومعصيتها والوقوف ضدها هي معصية الله والوقوف ضده . ويكون سلطان الملك أو الخليفة هنا مقدساً نظراً لدعمه وإسناده وتأييده من قبل الله . وان أبناء الشعب يخافون الخليفة أو الملك ولا يعصون أوامره حيث ان عصيان الخليفة أو الملك ما هو الا شكل من أشكال عصيان الله سبحانه وتعالى . وعصيان الله يعني تحديه والوقوف ضد تعاليمه وأوامره وشريعته . وأمر كهذا يجلب للعاصي أنواع المشاكل والشرور في الحياة الأولى والحياة الثانية .

ومن الجدير بالملاحظة ان الحكم السياسي لإمبراطور الصين واليابان والحكم السياسي لملوك إنكلترا وألمانيا سابقاً يعتمد على نظرية التفويض الإلهي أي اعتماد شرعية وقوة السلطة على إرادة الله ومشيئته التي تتجسد في ضرورة حكم

المجتمع من قبل الملك أو السلطان . فالملك يحكم المجتمع بموجب الرسالة الإلهية المقدسة التي استلمها من قبل الله . وهنا تكون شرعية سلطته واضحة ولا يمكن لأحد ان يعترض عليها أو يتحداها لأن هذا يقف ضد إرادة الله وقوانينه السماوية المقدسة .

٢- المبررات التي تستند على العادات والأعراف الاجتماعية

وقد تستند السلطة لا على الدين وإرادة الله بل تستند على العادات والتقاليد والسوابق والأعراف وقوانينها العقائدية والسلوكية . وتعتبر هنا العادات والتقاليد والأعراف الاجتماعية كأشياء مقدسة يجب إطاعتها والتصرف بموجبها . فالعادات والتقاليد والأعراف الاجتماعية التي هي ضوابط وأحكام أخلاقية وسلوكية هي التي تؤكد على ضرورة حكم المجتمع من قبل ملك أو رئيس معين . وهنا يكون لحكم العادات والأعراف الاجتماعية قوة خارجية ملزمة تدفع الأفراد والجماعات إلى التحلي بالقوتين التي تقرها العادات والتقاليد والأعراف [٢٥]. ان العادات والتقاليد والسوابق الاجتماعية تعبر عن ضمير الأمة وطموحات وأماني الشعب منذ أقدم العصور . فقد اختار أبناء الشعب هذه العادات والأعراف في الزمن السابق عن طريق الخطأ والتجربة ومدى ملائمتها للظروف والحاجات والمشكلات الاجتماعية وبعد اختيارها واعتمادها من قبل أبناء الشعب في ضبط العلاقات والسلوك برهنت بأنها قادرة على تحديد العمليات الاجتماعية التي يريدها أبناء المجتمع والتي من شأنها ان تطور المجتمع وتحقق وحدته وتماسكه [٢٦]. لهذا يجب ان يستمر مفعولها وتأثيرها اذا أراد المجتمع ان يحافظ على كيانه ويحرز التقدم والتطور والرقي الذي يضمن سعادته ومستقبل أبنائه . اذا كانت العادات والأعراف الاجتماعية مثلاً تدعم سلطة عائلية معينة وتمنحها شرعية حكم المجتمع ، فان على هذه العائلة الاستمرار في حكم المجتمع والحكم يكون هنا وراثياً أي ان الحكم والقوة تسلم من الاجداد إلى الآباء ومن الآباء إلى الأبناء . ومثل هذا الحكم يكون شرعياً وملزماً بسبب قوة التقاليد والأعراف التي تدعمه وتبرر شرعيته وقانونيته وفي نفس الوقت تدفع أبناء

المجتمع إلى طاعته وتأييده وحمايته . ومن أمثلة السلطة التقليدية سلطة ملكة بريطانيا وسلطة ملوك السويد والدانمارك وأسبانيا وسلطة اغلب الأنظمة الملكية في العالم .

٣- المبررات الدستورية والعقلانية

لا تستند السلطة على عامل الدين وعامل العادات والتقاليد الاجتماعية فقط بل تستند على العوامل الدستورية والعقلانية . وهذا يعني ان شرعية السلطة تعتمد على قوة القانون والدستور والعقل . فالسلطة في المجتمع الصناعي الديمقراطي الحديث غالباً ما تكون دستورية وعقلانية ، أي ان مبررات حكمها ترتكز اما على الانتخابات البرلمانية أو حكم القانون وسيادته أو كفاءة ومقدرة رئيسها أو قائدها، إضافة إلى مقدرة وكفاءة الأشخاص الذين يشغلون مراكز القوة والحكم فيه . ان السلطة التي تبرر قوتها بحكم الدستور هي السلطة التي تعتمد على الانتخابات الديمقراطية ، هذه الانتخابات التي ينظمها الدستور ويحدد طبيعتها وصورتها. فالدستور هو الذي يحدد طبيعة وأهمية السلطة التشريعية ويحدد كيفية انتخابها وحلها . لكن الانتخابات العامة هي التي تجلب السلطة إلى الحكم ، فالشعب من خلال عملية الانتخاب يصوت إلى الحزب أو الفئة التي يريدها ان تحكم المجتمع . وبعد عملية التصويت وفوز الحزب بأغلبية الأصوات يمنح حرية تكوين الحكومة التي تمارس السلطة السياسية بأكملها . وهنا تعتبر السلطة شرعية لأن الشعب هو الذي اختارها بطريقة الانتخابات والاستفتاء وخولها بحكمه وتقرير مصيره [٢٨]. ومن أمثلة السلطة التي تستند على المبررات الدستورية معظم دول اوربا الغربية التي تختار حكوماتها عن طريق التصويت البرلماني كبريطانيا وفرنسا والسويد وألمانيا الاتحادية وكندا والولايات المتحدة الأمريكية .

والسلطة الدستورية هي السلطة العقلانية حيث ان اختيارها يكون من محض إرادة أغلبية أبناء المجتمع . وانها لا تعتمد على القوانين القبلية والعشائرية التي تأخذ بعين الاعتبار أهمية الأعراف والعادات والتقاليد في حكم المجتمع بل

تعتمد على حكم القانون ومبدأ المواطنة الذي يساوي جميع الأفراد في الواجبات والحقوق وينظر اليهم نظرة متكافئة تعتمد على مبادئ المساواة والعدالة الاجتماعية. وعقلانية السلطة الدستورية تعتمد أيضاً على مبدأ وضع الشخص المناسب في المكان المناسب . فالاعتبارات العائلية والقرابية والعاطفية لا تدخل في اختيار الشخص للمركز الوظيفي الحساس في حالة السلطة العقلانية حيث ان عملية الاختيار تعتمد بصورة مباشرة على كفاءة ومهارة الشخص في العمل الذي ينسب اليه [٢٩]. أذن السلطة الدستورية هي السلطة التي تتلائم مع ظروف ومتطلبات المجتمع الحديث ، المجتمع الذي يعتمد على مبادئ التصنيع والتحضر والتحديث الشامل . وان مبرراتها تستند على الانتخابات العامة ، ثقة الشعب بها ، كفاءتها ومهارتها في أداء الأعمال التي يحتاجها المجتمع وأخيراً اعتمادها على المبادئ الديمقراطية والموضوعية في اختيار الأشخاص الذين يشغلون مراكزها الحساسة ونظرتها نظرة متساوية لجميع الأفراد والجماعات مهما تكن خلفياتها الاجتماعية وانحداراتها الطبقية [٣٠]. ويمكن اعتبار السلطة في مصر ـ سلطة دستورية وعقلانية لان جميع الصفات الدستورية والعقلانية تنطبق عليها . فوجود القوانين الشمولية والجماعية التي تنطبق على جميع الأفراد بالتساوي ووجود المجالس الوطنية والتشريعية والشعبية التي يتم انتخابها بالطرق الديمقراطية الحقه ووجود التمثيل النقابي والمهني ومساواة المرأة مع الرجل في الواجبات والحقوق الاجتماعية تشير جميعها إلى ان السلطة في مصر تستند على المبادئ العقلانية والدستورية .

٤- المبررات الكرزماتيكية

تستند السلطة على المبررات الكرزماتيكية عندما يتمتع قائدها بصفات متميزة وفريدة من نوعها كصفة الذكاء الخارق والنبوغ ، القدرة على حل المشاكل ومجابهة التحديات ، القدرة على توحيد أعضاء الجماعة ، البروز في حقول العلم والمعرفة ، اللباقة في الكلام والقابلية على إقناع الغير بالأفكار والمواقف التي يحملها وهكذا [٣١]. وهذه الصفات لا يتمتع بها أي شخص في المجتمع ما عدا القائد

الكرزماتيكي (Charismatic Leader) الذي بفضل صفاته الجذابة وشخصيته اللامعة وقدراته غير المحدودة في مجابهة المحن والشدائد والتحديات يستطيع كسب وتأييد الجماهير له والالتفاف حوله [٣٢]. وغالباً ما يدعي القائد الكرزماتيكي بان له رسالة مقدسة يجب العمل من أجل تحقيقها ووضعها موضع التنفيـذ وان له رؤى ثاقبة وتصور شامل للأمور والمشاكل والأحداث الحاضرة ويستطيع تنبؤ مستقبل المجتمع ومصيره . والقائد الكرزماتيكي لا يتصرف بموجب الأحكام والقوانين بل يتصرف بموجب أهوائه ودوافعه ورغباته ، ويبرر تصرفه هذا بقدرته على معرفة وتحليل الأمور ومواجهتها مواجهة حقيقية وحاسمة وإخلاصه للمجتمع وتفانيه في خدمته والتضحية من أجله . والتصرف الفردي الذي ينتهجه القائد والـذي لا يخضع لحكم القانون يجعله دكتاتوراً لا تحد سلطته الواسعة أية حدود أو ضوابط .

ومن الجدير بالإشارة ان القائد الكرزماتيكي يظهر وقت الأزمات والشدائد والنكبات التـي تلـم بالمجتمع [٣٣]. وبعد ظهوره يفصح للشعب بأنه قادر على إنقاذه من الأزمات والشدائد . وبفضل صفاته القيادية الجذابة ووعوده المغرية يثق به المجتمع ويمنحه السلطة المطلقة للتصرف بشؤونه ومصيره كـما يشاء . ولكن المجتمع ينتظر الانتصارات والمنجزات من القائد الكرزماتيكي ، فاذا نجح في تحقيق الوعود التي قطعها على نفسه لأفراد مجتمعه فان كرزماتيكيته ستقوى وتتعمق ويستمر بحكم المجتمع ويحصل على المزيد من الدعم والتأييد . اما اذا فشل في تحقيق الوعود والأهداف فان صفة الكرزمة ستضعف عنده أو تتلاشى وهنا يتحول القائد إلى شخص اعتيادي لا يستطيع حكم المجتمع لفترة أطول بسبب سحب الشعب الثقة منه [٣٤]. وأمور كهذه ستدفع القائد إلى التعرض لأزمات نفسية واجتماعية حـادة قـد تسبب انتحاره أو وفاته بصورة غير متوقعة ومن أمثلة القادة الكرزماتيكيين الذين شهدهم التاريخ نابليون وهتلر وموسيليني وستالين .

٥- مبررات المصلحة العامة والصالح العام

وشرعية السلطة قد تستند على ادعائها بأنها تعمل من أجل تحقيق المصلحة العامة . فالدولة التي تستند شرعيتها على الصالح العام تعتبر بمثابة المؤسسة الوحيدة التي تلبي مطاليب الصالح العام ، وهي بعكس الجماعات الأخرى التي تعمل لصالحها فقط وصالح أفرادها ومنتسبيها . ان الدولة هذه تعمل لجميع فئات وجماعات المجتمع دون تفريق أو تمييز بين جماعة وأخرى [٣٥]. عندما تسيطر الدولة على وظائف الأمن الداخلي والدفاع الخارجي وتقدم الخدمات الصحية والثقافية والاقتصادية للأفراد وتسيطر على خدمات الماء والكهرباء والسكك الحديدية والملاحة الجوية فأن سيطرتها هذه تخدم المصلحة العامة لأبناء المجتمع . فخدمات الماء والكهرباء مثلاً لا تقدم إلى مجموعة من الناس بل تقدم لجميع أبناء المجتمع بغض النظر عن انحداراتهم الطبقية وخلفياتهم الاجتماعية ومستوياتهم الثقافية والعلمية . والدولة عند تقديمها مثل هذه الخدمات الضرورية لأبناء المجتمع لا تنظر إلى موضوع الربح الاقتصادي بقدر ما تنظر إلى تجهيز الأفراد والعوائل بالماء والكهرباء الذي يحتاجونه في حياتهم اليومية . اذن غرض الدولة من خدمة أفراد الشعب هو تحقيق المصلحة العامة . وهذا الغرض يختلف عن أغراض الهيئات والمؤسسات الخاصة التي قد تقدم مثل هذه الخدمات للمجتمع . فهذه المؤسسات والهيئات لا تنظر إلى موضوع الصالح العام بقدر ما تنظر إلى الأرباح العالية التي تتوقعها أو المعاملة التفضيلية التي تقدمها لجماعة من الناس دون الجماعة الأخرى .

ومفهوم المصلحة العامة لا يعني سد وإشباع حاجات أغلبية أبناء الشعب لخدمة معينة أو بضاعة معينة بل يعني قيام مؤسسات القطاع العام بتلبية حاجات وأماني جميع عناصر وقطاعات الشعب بغض النظر عن درجة قربها أو بعدها عن السلطة . ان تأميم البترول في العراق عام ١٩٧٢ من قبل حكومة الثورة جاء ليخدم المصلحة العامة من حيث ان أرباح البترول التي كانت تجنيها الشركات الاحتكارية

أصبحت بعد التأميم ملكاً للحكومة العراقية . وقد استثمرت هذه الأرباح في تنفيذ خطط التنمية الاقتصادية والاجتماعية . هذه الخطط التي تطور المجتمع وتخدم طموحات أبنائه . اذن تعتمد شرعية السلطة على سعي الدولة وراء تحقيق المصلحة العامة التي تختلف بل وتتناقض مع المصلحة الخاصة . وسعي الدولة من أجل تحقيق المصلحة العامة هو الذي يجعلها تختلف عن بقية المنظمات الاجتماعية الأخرى وفي نفس الوقت يمنحها صفة القانونية والشرعية التي لا يمكن لأي فرد أو جماعة ان تتحداها وتقلل من شأنها بأية صورة من الصور .

ومهما تكن مبررات شرعية السلطة فان الحكام يعمدون في رسم سياستهم إلى وسيلتين هما وسيلة الإقناع ووسيلة الإكراه أو استعمال القوة [٣٦] .

أنواع الدول والسلطات السياسية

لا توجد هناك حدود ثابتة ومستقرة تفصل النظم السياسية في العالم بعضها عن البعض الآخر . فالدول والسلطات لا تكون على نمط واحد بل تكون على أنماط مختلفة ، وبالرغم من هذه الحقيقة فلا توجد دولة أو سلطة تتميز بنظام سياسي معين يجعلها تختلف عن الدول والسلطات الأخرى . لكن هناك ثلاثة أنواع رئيسية من السلطات السياسية ، ولا توجد دولة في العالم في الوقت الحاضر تعتمد على نمط من السلطة دون غيره من الأنماط ، فالدول لا تنتهج نظاماً سلطوياً متميزاً بل تنتهج مزيجاً من الأنظمة السلطوية التي سنشرحها بعد قليل . ومع هذا فان هناك مجتمعات تنتهج نظاماً سلطوياً معيناً دون غيره من الأنظمة السلطوية الأخرى . لكن جميع الدول تتبع مزيجاً من الأنظمة السلطوية المعروفة . وبالنظام السلطوي لا نعني النظام الدكتاتوري بل النظام الذي يعتمد على السلطة والسيادة .

وتقسيم السلطات أو الدول في العالم يستند على عامل شرعية النظام السياسي الذي تدعيه الدولة . فشرعية الدولة قد تعتمد على السلطة الشرعية والعقلانية (Rational-Legal Authority) أو تعتمد السلطة التقليدية (Traditional Authority) أو تعتمد على السلطة الكرزماتيكية (Charismatic Authority) . ففي

حالة السلطة الشرعية العقلية يدعي أعضاء الدولـة بضـمنهم الـرئيس أو الملـك بـأن سـلطتهم وسـيادتهم تعتمد على قاعدة اللاشخصية ، وان مراكـزهم ومـا يكتنفهـا مـن حقـوق وواجبـات تحـدد تحديـداً شرعيـاً عقلانياً يعتمد على مبدأ وضع الشخص المناسب في المكـان المناسـب . وان هـذه السـلطة تكمـن في النظـام الشرعي العقلاني ذاته وليس في الشخصيات التـي تحتـل المراكـز وتتـأثر بالاعتبـارات الجانبيـة كالمحسـوبية والمنسوبية والجاه والنفوذ وصلة العائلة والقرابة ... الخ . وتعتمد هذه السلطة على المبـادئ البيروقراطيـة في الإدارة والتنظيم وتمشية الأمور والمعاملات. والبيروقراطية كما نعلم تنتهج الأساليب والممارسات الرسمية وتعتمد على مبدأ الكفاءة والقدرة في تأدية الواجب وتخضـع لحكـم القـانون (The Rule of Law) خضـوعاً تاماً ومطلقاً [٣٧].

امـا السـلطة التقليديـة في المجتمـع فترتكـز عـلى قاعـدة أصـالة التقاليـد والعـادات والأعـراف الاجتماعية التي تحكم المجتمع وتحدد سلوكية وعلاقات أعضائه . وشاغلو السلطة التقليدية يؤكدون عادة على أهمية الماضي السحيق والسوابق المتعارف عليها حيـث أنهـا حجـر الزاويـة للطاعـة والاحـترام وتنفيـذ الأوامر في هذا النوع من النظام . إلا ان هناك فروقاً أساسية بين النظام العقـلي الشرعـي للسـلطة والنظـام التقليدي للسلطة يجب ذكرها وتوضيحها هنا . الفـرق الأول هـو ان عقلانيـة السـلطة في النظـام الشرعـي تتجسد في اعتبـار القـوانين وسـائل فعالـة لتحقيـق غايـات سـامية يـؤمن بهـا المجتمـع ويعتقـد بأهميتهـا وفاعليتها . في حين يعتبر النظام التقليدي للسلطة القوانين والسوابق على أنها أشياء مقدسـة وسـامية لابـد من إطاعتها واحترامها والخضوع لشروطها وأوامرها وبنودها [٣٨]. لهذا تسمح السـلطة الشرعيـة والعقلانيـة بسن قوانين جديدة تتلائم مع طبيعة المجتمع وحاجاتـه المتطـورة . في حـين لا تسـمح السـلطة التقليديـة بسن القوانين الجديدة وإلغاء القوانين القديمـة حيث ان القـوانين القديمـة هـي أشـياء مقدسـة وسـامية لا يمكن تبديلها أو إنهاء مفعولها مهما كانت الأمور .

والفرق الثاني بين النظامين السياسيين هو ان النوع الشرعي للسلطة هو نظام سياسي يتسم بالعقلانية من حيث ان القوانين تعتبر نظاماً متكاملاً من الأحكام المجردة المتنوعة والمتشعبة والتي يمكن تطبيقها على جميع الحالات التي تظهر إبان فترة الحكم . فالقانون في النظام الشرعي يلعب الدور المهم في تحديد السلوك والعلاقات الاجتماعية والسياسية وتحديد الحقوق والواجبات . بينما القوانين في النظام التقليدي تعتبر بمثابة سوابق غير متكاملة ولا متصلة بعضها ببعض اتصالاً علمياً ومنطقياً . لهذا تكون قوانين السلطة التقليدية جامدة ومتحجرة ولا يمكن تطبيقها على الحالات الجديدة التي تظهر في المجتمع خلال فترة الحكم . لذا يبادر النظام التقليدي للسلطة بمنح الحكام مطلق الحرية في استعمال صلاحياتهم واجتهاداتهم وآرائهم الخاصة في حل القضايا والمشاكل التي تمر أمامهم . وهنا يؤكد هذا النظام على أهمية الأشخاص الذين يحتلون المراكز القيادية في السلطة ، فهم يحلون محل الأحكام والقوانين التي تسير أمور المجتمع وتحدد سلوكية وفاعلية أفراده ورعاياه .

أما النوع الكرزماتيكي للسلطة فانه يؤكد على أهمية الصفات والمزايا الشخصية الجذابة والخارقة التي يتمتع بها الشخص الذي يدعي السلطة والحكم . ان اصطلاح كرزمة (Charisma) يعني هبة الرب التي ينعم بها على أشخاص قلائل بحيث يصبح الشخص الذي يحمل الهبة الربانية هذه قائداً للمجتمع والأمة . وقد لا يدعي القائد الكرزماتيكي بأنه يتمتع بصفات وقوة ربانية غير انه من خلال اتصالاته واحتكاكه مع الجماهير تظهر هذه الصفات عنده وتجعله مختلفاً عن بقية الأشخاص ومتميزاً عليهم . ومثل هذه الصفات النادرة والمتميزة التي يحملها القائد هي التي تدفع اتباعه وأبناء مجتمعه على احترامه وتقديره والالتفاف حوله وتمكنه من قيادة المجتمع وحكمه [٣٩]. وغالباً ما يكون القائد الكرزماتيكي ثورياً بسلوكه وأساليبه الاجتماعية والسياسية . ولكن يجب ان نوضح هنا بأن العناصر الكرزماتيكية للسلطة غالباً ما تخلط مع العناصر الشرعية العقلية والعناصر التقليدية

للسلطة . بيد ان القائد الكرزماتيكي غالباً ما يعلن سلطته ضد التقاليد والأحكام الشرعية والعقلية الموجودة في المجتمع . أو بمعنى آخر انه يعلو على القوانين والتقاليد نظراً لاعتقاده الجازم بحتمية تنفيذ الرسالة التاريخية التي تساعد المجتمع على بلوغ أهدافه وطموحاته المنشودة . وبسبب الصفات اللامعة التي يتمتع بها القائد الكرزماتيكي يحترم هذا القائد ويقدر تقديراً فائقاً من قبل أبناء مجتمعه إلى درجة ان اتباعه يعبرون عن استعدادهم في التضحية بأنفسهم وأموالهم من أجل حمايته وعزته ورفعته . ويعتبر أبناء المجتمع القائد الكرزماتيكي عالماً ومتضلعاً في عدة مهارات وحقول علمية وانه قادر على إنقاذ المجتمع من المشكلة أو الفاجعة التي ألمت به وقيادته من الفشل إلى النصر المحقق .

الهوامش والمصادر

1. Benn, S, and Peters, R. Social Principles and the Democratic State , George Allen and Unwin, London , 1959 , P. 57 .
2. Lasswell, H. Kaplan, A. Power and Society, New Haven , Yale University Press , 1950 , P. 181 .
3. Benn, S, and Peters, R. Social Principles and the Democratic State , P. 18 .
4. Mackenzie, J.S. Outline of Social Philosophy , George Allen and Unwin , London , 1961 , P. 133.
5. Maclver, R. and Page, C. Society , The Macmillan Co. , London, 1962, P. 453 .
6. Ibid. , P. 455 .
7. Benn, S, and Peters, R. Social Principles and the Democratic State , P. 257 .
8. Ibid. , P. 258 .
9. Laski, H. A Grammar of Politics , London , 1951 , P. 219 .
10. Hegel , W.F. The Phenomenology of the Spirit , London , 1947 , See the Introduction .
11. Hobhouse, L.T. and et al. The Material Culture of Simpler People, London , 1964 , P. 23 .
12. Davis, K. Human Society , The Macmillan Co., New York , 1967, P. 25 .

١٣. الحسن ، إحسان محمد (الدكتور). علم الاجتماع : دراسة نظامية ، بغداد ، ١٩٧٦ ، ص١٤٩ .

١٤. الفارابي : أهل المدينة الفاضلة ، بيروت ، ١٩٥٩ ، ص٤٠-٤٢ .

15. Maclver, R. and Page, C. Society , P. 15 .
16. Ibid. , P. 16 .
17. Field, G. Political Theory, London , 1962 , P. 105 .
18. Alexeyev, S. and et al. A Short History of the U.S.S.R. Moscow, 1975 , P. 165 .
19. Bosanquet, F. The Philosophical Theory of the State , London , 1952 , PP. 10-11 .

20. Fletcher, P. Family and Industrialization in the Twentieth Century , A Pelican Book , Middesex , England , 1963, See the Introduction .

21. Levi-Strauss, C. Social Structure in A.L. Kroeber (Ed.) Anthropology To-day, Chicago , 1953 , PP. 524-526 .

22. Laski, H. An Introduction to Politics , London , 1948 , PP. 92-93 .

23. Benn, S, and Peters, R. Social Principles and the Democratic State , P. 299 .

24. Hegel , W.F. The Philosophy of Right , London , 1955 , See the Introduction .

25. Benn, S, and Peters, R. Social Principles and the Democratic State , P. 307 .

26. Sumner, W.G. Folkways , New York , 1934 , PP. 709 .

27. Simon, R. The Philosophy of Democratic Government , Chicago , 1951 , PP. 20-22 .

28. Ibid. , P. 25 .

29. Crosland, A. The Future of Socialism , London , P. 8 .

30. Ibid. , P. 195 .

31. Weber, M. The Theory of Social and Economic Organization , The Free Press , 1947 , P. 189 .

32. Ibid. , P. 191 .

33. Ibid. , P. 193 .

٣٤. ثيماشيف ، نظرية علم الاجتماع، ترجمة د. محمود عودة وآخرون، القاهرة ، دار المعارف ، ١٩٧٠ ، ص٢٩٦ .

35. Green , T.H. Lectures on the Principles of Political Obligation, Londons , London , 1948 , See the Introduction.

٣٦. شفيق ، حسان محمد (الدكتور) . الدستور ، مطبعة جامعة بغداد، ١٩٨١ ، ص١٤ .

37. H. Gerth and C.W. Mills. From Max Weber New York , 1948 , PP. 196-199 .

38. Ibid. , P. 204 .

39. Ibid. , P. 211 .

الفصل الثامن
الأحزاب السياسية

لا يمكننا فهم واستيعاب المؤسسات السياسية في المجتمع من حيث تراكيبها ووظائفها وعلاقاتها الداخلية والخارجية واديولوجيتها وأنماط سلوكيتها وتفاعلاتها الاجتماعية الرسمية وغير الرسمية دون دراسة وتحليل الأحزاب السياسية . فالأحزاب السياسية هي من أهم المؤسسات المعاصرة التي تؤثر في مجرى الأحداث السياسية في المجتمع والآثار التي تتركها هذه الأحداث في بنية وفعاليات وتقدم المجتمع ونهوضه . لكن أهمية الأحزاب السياسية تكمن في منافسة بعضها البعض الآخر " في استلام مراكز الحكم وممارسة السلطة "[١] للسيطرة على أمور ومقدرات المجتمع . والحزب السياسي الذي يفوز في استلام مفاتيح الحكم هو الحزب الأكثر تنظيماً ووعياً وقدرة وكفاءة ، وهو الحزب الذي يؤمن باديولوجية اجتماعية وسياسية تنبع من معطيات وتناقضات الواقع الاجتماعي والسياسي الذي يظهر فيه الحزب السياسي . واذا كانت اديولوجية الحزب تعبر عن أفكار وطموحات الجماهير وتنسجم مع حاجاتها ومصالحها وتطلعاتها وأمالها الحاضرة والمستقبلية فان الحزب لابد ان يلقي الدعم والتأييد من قبلها . وهنا يستطيع استلام السلطة وقيادة الجماهير بما يحقق طموحاتها وأهدافها[٢] . ومن أسرار ظفر ونجاح الحزب بصورة عامة استنباط أفكاره وقيمه وممارساته واديولوجيته الاجتماعية والسياسية والفلسفية من واقع ومعطيات ومعاناة الجماهير العربية وكفاحه من أجل وحدة الوطن العربي التي تساعد على قوته وقدرته وكفاءته في تحرير الجماهير العربية من السيطرة الإمبريالية والصهيونية ومن الاستغلال الطبقي والقهر الاجتماعي . وحقائق سياسية واجتماعية كهذه لابد ان تقود إلى التطور والتقدم

الاقتصادي والعلمي والاجتماعي الذي تستفيد منه الجماهير العربية في حاضرها ومستقبلها .

يهدف هذا الفصل عن الأحزاب السياسية دراسة أربعة مواضيع أساسية وهي :

١- المفهوم العلمي للأحزاب السياسية .

٢- وظائف الأحزاب السياسية .

٣- الخلفية الاجتماعية والطبقية للأحزاب السياسية .

٤- أثر الأحزاب السياسية في تكوين وتبديل الرأي العام .

المفهوم العلمي للأحزاب السياسية

الأحزاب السياسية هي منظمات اجتماعية متماسكة وموحدة ينتمي اليها الأفراد لتحقيق أهدافهم وأهداف المجتمع الكبير وذلك من خلال العمل الجدي بين صفوف أعضائها والنضال من اجل استلام دفة السلطة والحكم التي تمكن الحزب السياسي من ترجمة أفكاره ومعتقداته وأديولوجيته إلى واقع عمل يستطيع تغيير المجتمع ودفعه إلى أمام . والأحزاب السياسية هي نتيجة حتمية لتطور اجتماعي وحضاري كان له الفضل الكبير في نقل التجمعات المهنية والسياسية والفكرية من مستوى عفوي ضيق قاصر على مهمات قريبة وأهداف مباشرة إلى مستوى الشمول والتنظيم والعلاقات الموضوعية والتطلع إلى أهداف كبيرة وبعيدة . ومن الجدير بالإشارة هنا إلى انه حتى عام ١٨٥٠ لم يكن بلد من بلدان العالم يعرف وجود أحزاب سياسية بالمعنى الحديث للكلمة . فقد كانت هناك نواد شعبية وجمعيات فكرية وتجمعات برلمانية واتجاهات للرأي العام ولكن لم يكن هناك أحزاب بالمفهوم الحديث . وفي منتصف القرن التاسع عشر جاءت مرحلة نشوء الأحزاب السياسية، فظهرت أحزاب ذات منشأ فكري وطبقي متعدد اختلفت معه أسماء تلك الأحزاب وأنظمتها وبرامجها وأدوارها فكانت هناك أحزاب تقدمية وأخرى رجعية ، قومية أو إقليمية ، اشتراكية أو برجوازية ... الخ فلابد على ضوء ذلك من تحديد للمفهوم

الحديث للأحزاب السياسية . وبصورة عامة يمكن اعتبار الحزب السياسي على انه مجموعة من الأفراد تجمعهم فكرة معينة تدفعهم للعمل المتواصل في سبيل استلام السلطة أو المشاركة فيها لتحقيق أهداف معينة [٣]. وهناك ثلاثة مفاهيم للأحزاب السياسية هي :

أ- المفهوم الماركسي للحزب (مفهوم ماركس ولينين)

ان كتابات كارل ماركس وفردريك انجلز تؤكد على الحركة العضوية لنضال الطبقة العاملة . لذلك فهما يرفضان فكرة الحزب كقضية لا تتسع لاستيعاب الطبقة العاملة كشكل ولا يتحقق فيها شرط المحافظة على الطابع العضوي لحركة الجماهير الكادحة . لذلك كانت الصيغة الوحيدة المقبولة لدى ماركس وانجلز هي صيغة الحزب الذي يفي تجمع الطبقة العاملة ضمن إطار تنظيم موحد [٤]، وكذلك صيغة الحزب الذي يكون النظام فيه قائماً على أقل قدر ممكن من الآلة وأكبر قدر من العضوية .

أما لينين فيعتقد بأن الحزب يأخذ مفهوم الطليعة الثورية (الطليعة المنظمة). لذلك فهو يؤكد على الاحتراف الثوري وعلى أهمية التنظيم . وهو الذي يضع نظرية المركزية الديمقراطية وانطلق فيها من مبدئين الأول هو ان الجماهير هي التي تصنع التاريخ ، والثاني هو ضرورة وجود قواعد موضوعية في التطور الاجتماعي تسمح بقيادة المجتمع قيادة علمية [٥]. والقيادة العلمية في رأي لينين تستلزم وجود الحزب الثوري ووجود الحزب الثوري يرتكز على المتغيرات التالية:

١- حاجة الحركة الثورية إلى وجود منظمة قائدة مستقرة تكفل استمرارها وديمومتها .

٢- ان الحاجة إلى هذه المنظمة والى قوة تنظيمها تزداد كلما ازداد العمل الجماهيري العضوي اتساعاً

٣- ان هذه المنظمة يجب ان تشكل من الثوريين المحترفين وهكذا فان فكرة الحزب الثوري تشكل
بالنسبة إلى لينين ظاهرة ملازمة لأعلى مرحلة من مراحل الصراع الطبقي [٦].

أما خصائص الحزب الثوري بالنسبة إلى لينين فهي :

١- الموقف الحاسم من النظام الرأسمالي ومن محاولات التكيف مع هذا النظام .

٢- التقيد بالنظرية الثورية وبوحدة الفكر والممارسة وبالتكتيك المرن .

٣- تمثيل الطبقة العاملة وقيادتها وتوجيهها لقلب النظام الرأسمالي وبناء الاشتراكية والتقدم الاجتماعي
[٧].

ب- المفهوم البرجوازي للحزب

الحزب البرجوازي هو ذلك التنظيم السياسي الذي يقتصر الانتماء اليه على أفراد وفئات وجماعات
اجتماعية معينة تنتمي إلى الطبقات المتوسطة أو البرجوازية أو العليا . وفي نفس الوقت ينكر للطبقات
العمالية والكادحة حق الانتماء اليه وذلك لعدم صلاحيتها وقدرتها على العمل فيه وتناقض أفكارها
ومصالحها وطموحاتها مع أفكار ومصالح وطموحات الحزب البرجوازي [٨]. والأحزاب البرجوازية لا تخدم
أغراض ومصالح الجماهير الكادحة صاحبة المصلحة الحقيقية في عملية التغير والتقدم الاجتماعي بل تخدم
فقط طموحات وتطلعات الطبقات المتوسطة والبرجوازية التي تتكون منها هذه الأحزاب . ولا تعتقد
الأحزاب البرجوازية بضرورة تجدد وتغير المجتمع من خلال نشر الثقافة والتربية والتعليم بين الجماهير
وزيادة الوعي الاجتماعي والسياسي بينهم وتطوير المجتمع اقتصادياً وحضارياً بل على العكس تريد هذه
الأحزاب ان تحافظ على الوضع السابق أو الحاضر للمجتمع من خلال محافظتها على شكلية البنية
الاجتماعية وتحقيق التوازن بين المؤثرات والقوى السياسية ومحاربة كل ما من شأنه ان يبدل أنماط
العلاقات والسلوك الاجتماعي وتراكيب المؤسسات الاجتماعية . وحالة كهذه ستعطي هذه الأحزاب

فرصة العمل والاستمرار بحكم المجتمع بعد فرض واقع الجمود والتحجر والسكون عليه [٩].

اذن هدف الأحزاب البرجوازية هو وصول قياداتها إلى دفة الحكم لتحقيق المكاسب الشخصية وخنق الحريات ومحاربة التقدم والتطور الاجتماعي وغالباً ما تنهار وتنتهي الأحزاب البرجوازية بتحقيق أهدافها الضيقة وقصيرة الأمد الا وهي الوصول إلى الحكم وتحقيق المكاسب والغنائم لأعضائها ومنتسبيها خصوصاً زعمائها . وتختلف الأحزاب البرجوازية عن الأحزاب الثورية بصفة مهمة الا وهي ان الانتماء إلى الأحزاب البرجوازية هو انتماء شكلي لا يتحمل العضو فيه أية التزامات سوى دفع الاشتراكات والمشاركة في عملية التصويت السياسي التي تحدث أثناء الانتخابات العامة [١٠]. بينما الانتماء إلى الأحزاب الثورية كحزب البعث العربي الاشتراكي يتطلب حضور الاجتماعات الأسبوعية ودفع الاشتراكات وتنفيذ المهمات النضالية والتنظيمية التي توكل للعضو والمشاركة في عملية التصويت السياسي والخضوع لتعاليم وفلسفة الحزب والالتزام المطلق بمبادئ الانضباط الحزبي [١١]. والحزب الثوري للمناضل هو المجال الحيوي لحياته ، فهو مصدر العيش له ومصدر أفراحه وأحزانه ، وهو في مركز تفكيره واهتمامه وآماله. كما يفتقد الحزب البرجوازي إلى الصفات التي تجعله حزباً جماهيرياً قادراً على حكم المجتمع وتحقيق المنجزات التاريخية له كوجود الاديولوجية الواضحة، الوجود الجماهيري، الطليعة المنظمة، الشكل التنظيمي، وأخيراً الالتزام والانضباط الحزبي. وتتمثل الأحزاب البرجوازية بحزب المحافظين والأحرار في بريطانيا والحزب الديمقراطي والحزب الجمهوري في الولايات المتحدة الأمريكية .

جـ- المفهوم البعثي للحزب

ان مفهوم البعث للحزب الثوري ينطلق من التأكيد على أهمية العوامل والصفات التي تميز الأحزاب الثورية والجماهيرية في العالم وهذه هي :

١- الاديولوجية الثورية .

٢- القاعدة الشعبية والجماهيرية .
٣- الجيل الثوري الجديد .
٤- النظرية التنظيمية .
٥- الاحتراف الثوري .

وعلى هذا الأساس فان حزب البعث العربي الاشتراكي ينطلق من الاديولوجية العربية الثورية أي من نظرية الوحدة والحرية والاشتراكية . وكذلك من استراتيجية الثورة العربية التي ترسم الخط السياسي لتحقق هذه الاديولوجية عبر مراحل النضال السياسي الذي تمر به الأمة العربية خلال صراعها مع الاستعمار العالمي والصهيونية والرجعية والطبقات الاجتماعية التي تستغل العدد الأكبر من أبنائها [١٢] من اجل بناء المجتمع العربي الموحد الاشتراكي وحزب البعث العربي الاشتراكي بهذا المقياس يعتبر نفسه أداة الثورة العربية . لذلك كان تنظيمه قائماً على أساس تحقيق شروط خلق جيل عربي ثوري جديد متحرر من التجزئة وعقليتها ومصالحها ، ملتحم التحاماً مصيرياً بمصلحة الطبقة العاملة في الوطن العربي ، وتتمثل فيه صور المستقبل العربي . ان الحزب يسبق المجتمع الا انه يبقى في موضع التأثير الأقوى عليه حتى يتمكن من تغييره وتحقيق الصورة الجديدة للأمة [١٣]. صورة الأمة المتحررة من الوجود الطبقي ومن كل أثر لقوى خارجية تتحكم في مقدراتها أو تعطل إرادتها في تقرير مصيرها .

لذلك فان حزب البعث العربي الاشتراكي يعتبر نفسه حزب الطبقة العاملة العربية ، وقائد التحالف بين الطبقات الثورية في الوطن العربي وبين قوى الثورة العربية . ان هذه الخصائص التي قام عليها حزب البعث العربي الاشتراكي ، وهي خصائص الحزب القومي الاشتراكي الذي يتجاوز في فكره وتنظيمه معاً حدود التجزئة ويعمل في تركيبه الداخلي على أن يلتزم نظرية الديمقراطية المركزية التي تتحقق فيها العلاقة الثورية الصحيحة بين القيادة والقاعدة كما يعمل في بنيته الطبقية على ان يكون ممثلاً ليس فقط لاديولوجية الطبقة العاملة العربية بل وللتكوين

الطبقي الثوري في الأمة العربية [١٤] وهذه الخصائص مجتمعة تشكل صيغة علمية لا للحزب الثوري في الوطن العربي فقط ، بل للحزب الثوري في العالم الثالث أيضاً . ذلك لأن نضال القارات الثلاث هو نضال وحدوي يتجه إلى توحيد أقطار جزّأها الاستغلال الأجنبي . وهو نضال اشتراكي يتجه إلى حذف نضال تحرري ديمقراطي وإنساني . لأنه يواجه قوى الإمبريالية والصهيونية والرجعية التي تشكل قيادة الثورة المضادة في العالم أجمع .

وظائف الأحزاب السياسية

تلعب الأحزاب السياسية خصوصاً الجماهيرية والثورية منها والتي تعبر اديولوجيتها وممارساتها التنظيمية والنضالية عن طبيعتها للدور الكبير في توحيد وتقدم ونمو وازدهار المجتمعات التي توجد فيها . وتكون في نفس الوقت مسؤولة عن مهام سياسية واديولوجية ومادية وحضارية لها أهميتها وفاعليتها في أداء المجتمعات لالتزاماتها وواجباتها نحو رعاياها ومنتسبيها وضمان تماسكها واستقلاليتها وسيادتها وتقدمها الاجتماعي . وفي هذا الجزء من الدراسة للأحزاب السياسية نستطيع تلخيص أهم الوظائف التي تقوم بها الأحزاب السياسية التقليدية في العالم ، بعدها نعرج على شرح الوظائف والواجبات التي تقوم بها الأحزاب الثورية في العالم كحزب البعث العربي الاشتراكي لكي نطلع من خلالها على طبيعة المراكز الاجتماعية والسياسية الجوهرية التي تشغلها الأحزاب السياسية بالنسبة للسلطات السياسية ، الدولة والمجتمع وبقية الأجهزة الإدارية والتنظيمية في البلاد . ان الواجبات التقليدية التي تقوم بها الأحزاب السياسية هي كالآتي :

١- تكوين التنظيمات والأجهزة الحزبية التي يمكن ان ينتمي اليها الأفراد والتي تعبر عن عواطفهم وشعورهم ومصالحهم وميولهم واتجاهاتهم السياسية والاجتماعية. وانتماء الأفراد لهذه التنظيمات والأجهزة الحزبية يستلزم عملهم وتكاتفهم بعضهم مع بعض في تنفيذ الواجبات والمهام الحزبية والنضالية التي توكل اليهم [١٥]، علماً بأن دخول الأفراد إلى الأحزاب السياسية وتعاونهم في

تنفيذ واجباتهم السياسية والاجتماعية سيمكن هذه التنظيمات من تحقيق أهدافهم وطموحاتهم ومصالحهم التي دفعتهم إلى الانتماء اليها .

٢- اندفاع جميع الأحزاب السياسية في المجتمع نحو التنافس بعضها مع بعض من اجل احتلال مراكز القوة والحكم ، لان احتلال مثل هذه المراكز سيمكنها من تحقيق أهدافها وطموحاتها بعد ترجمة اديولوجيتها السياسية والفكرية إلى واقع عمل ملموس يشارك مشاركة فعالة في تغيير بنى المجتمع التحتية والفوقية مع تغيير علاقاته الاجتماعية والسياسية في الداخل والخارج [١٦].

٣- توعية أبناء الشعب ورفع درجات وعيه ومداركه السياسية والاجتماعية والحضارية وذلك من خلال قيامها بمهام التثقيف الحزبي والكسب الحزبي والدعاية السياسية لتقاليدها ونظمها وأفكارها ونضالها وأهميتها في تحقيق أهداف وطموحات الجماهير التي تنتمي اليها وتقودها .

٤- مراقبة أجهزة الدولة والسلطات السياسية مراقبة دقيقة ومحاسبتها فيما اذا شطت عن أداء أدوارها وتنفيذ واجباتها الأساسية [١٧]. والمراقبة والمحاسبة هذه تأخذ عدة أشكال وصور كتوجيه الانتقاد المباشر في الصحف ووسائل الإعلام الجماهيرية الأخرى للجهاز الحكومي الذي لا يؤدي واجباته التنفيذية والإدارية بصورة جيدة أو الإيعاز لأعضاء الحزب العاملين في سلطات ومؤسسات الدولة للتصدي لممارستها الخاطئة وسوء استعمالها لمراسيم القوة والحكم ... الخ .

٥- تقليص وإزالة الخلافات والانقسامات السياسية التي تقع بين أفراد وجماعات المجتمع ومنظماته الحيوية وذلك من خلال فرزهم إلى مجاميع تعتقد بأفكار وتيارات سياسية معينة ، كل فكر وتيار يمكن ان يكوّن حزباً سياسياً ينتمي اليه الأفراد والجماعات لضمان تحقيق أهدافهم ومآربهم الفكرية والوجدانية والمادية والاجتماعية والسياسية [١٨].

٦- قيادة المجتمع وتوجيهه والمضي قدماً نحو تحقيق أهدافه التكتيكية والاستراتيجية وفق اديولوجيته ومساراته الفكرية والنضالية ووفق درجة صلته بالجماهير وارتباطه معها بما يحقق آمالها وتطلعاتها القريبة والبعيدة الأمد [١٩].

٧- الأحزاب السياسية هي حلقة الوصل بين الجماهير التي تنتمي اليها اذا كانت أحزاباً ثورية وشعبية وبين الدولة التي تدير وتنظم شؤون المجتمع [٢٠]. فالأحزاب السياسية الحاكمة من خلال قواعدها تستطيع توصيل مشكلات ومعاناة وتطلعات الجماهير إلى قياداتها. والأخيرة تستطيع تمريرها إلى أجهزة الدولة لكي تتخذ الإجراءات المناسبة لمعالجة مشكلات الجماهير ووضع حد لها وفي نفس الوقت العمل على تلبية طموحات الجماهير ومساعدتها على تحقيق أهدافها. الا ان تصورات وأفكار وطموحات الحزب القائد هي أكثر نضوجاً وتطوراً وتقدمية من تصور وأفكار وطموحات الدولة. لهذا ينبغي على أجهزة الدولة العمل وفق التعليمات والإرشادات والتوجيهات التي تتلقاها من قيادة الحزب لكي تكون قادرة على أداء عملها وواجباتها بصورة صحيحة ولكي تكون ممارساتها اليومية مع أفكار وتطلعات الحزب.

أما وظائف الأحزاب الثورية والجماهيرية كحزب البعث العربي الاشتراكي التي تقوم بأدائها للشعب والدولة والمجتمع فهي أكثر تشعباً وأعمق أثراً وأكبر فاعلية من وظائف الأحزاب التقليدية خصوصاً الرجعية والبرجوازية منها. ويمكننا حصر وظائف الأحزاب الثورية والجماهيرية بالنقاط التالية:

١- حكم وقيادة المجتمع ورسم معالم اديولوجيته الفكرية ونظامه السياسي وتحديد أنماط العلاقات الاجتماعية والسياسية بين قواه الوطنية من جهة وبين الأنظمة السياسية للدولة الأجنبية ومنظماتها الاجتماعية والدولية من جهة أخرى.

٢- إزالة الخلافات العقائدية والفكرية بين أبنائه وجماعاته وقواه السياسية والعمل على تحقيق الوحدة الوطنية بما يضمن إنجاز طموحات المجتمع والأمة [٢١].

٣- تنظيم بنى ووظائف وعلاقات ومبادئ وممارسات جميع المؤسسات الاجتماعية البنيوية التي يتكون منها البناء الاجتماعي والتنسيق بين أهدافها وسياساتها والعمل على تقوية أجهزتها الإدارية والفنية والتربوية بما يكفل استقرارها ونموها وتقدمها .

٤- نشر الوعي السياسي والتنظيمي والنضالي بين جميع فئات وشرائح المجتمع من خلال أجهزة الإعلام الجماهيرية والمنظمات المهنية والشعبية ، هذا الوعي الذي يكفل ترسيخ اديولوجية الحزب القائد ويمكن السلطات الثورية من ترجمتها إلى واقع عمل ملموس يساهم مساهمة مجدية في تطوير المجتمع وتقدمه إلى أمام .

٥- التنسيق بين حاجات ومطالب الجماهير وبين سياسات الدولة الرامية إلى تطور المجتمع وازدهاره من جهة وبين التصورات الفكرية والنضالية للحزب القائد والأفكار والممارسات السياسية للقوى الوطنية الأخرى من جهة ثانية [٢٢]. ومثل هذا التنسيق لابد ان يسبب استقرار المجتمع وطمأنينته اللذين يمكناه من إحراز النهوض والتقدم في جميع المجالات الحياتية .

٦- التدخل في مواجهة التحديات والاستفزازات الداخلية والخارجية التي قد تقوم بها بعض العناصر والقوى المضادة والتصدي لأثارها السلبية وأعمالها التخريبية . مثلاً يقوم الحزب القائد بتصفية الصراعات والفتن الداخلية التي يثيرها الأعداء والحاقدون في الداخل ، والتصدي للتحديات الفكرية والأمنية التي تستهدف وجود الأمة وتراثها التاريخي وقيمها الحياتية ومقدساتها الروحية والسماوية . إضافة إلى مجابهته للعدوان العسكري الخارجي الذي قد يتعرض اليه المجتمع وصد تياره ومحاصرته وتطويقه وردعه ضماناً لسلامة تربة الوطن واستقلالية وسيادة الأمة .

الخلفية الاجتماعية والطبقية للأحزاب السياسية

ان الوعي الطبقي الذي ينتاب الأفراد والجماعات والذي يجعلها تشعر بتشابه ظروفها الاقتصادية والاجتماعية والسياسية والثقافية ووضوح أهدافها وطموحاتها هو المسؤول عن تعاونها وتكاتفها واندفاعها نحو تكوين الأحزاب السياسية التي تدافع عن مصالحها وتحقيق آمالها وأهدافها المنشودة . لهذا يدافع الأفراد عن الأحزاب السياسية التي تمثل طبقاتهم الاجتماعية [٢٣]. لكن للطبقة الاجتماعية الواحدة مصالح اقتصادية وسياسية وايديولوجية ، وهي لا تستطيع بشكليتها الاجتماعية ومنظماتها الوظيفية تحقيق هذه المصالح دون تكوين أحزاباً سياسية تتمتع بقسط من القوة التي تمكن أعضاءها من تحقيق الأهداف الجوهرية للطبقات والشرائح الاجتماعية التي ينتمون اليها . اذن يمكن اعتبار الأحزاب السياسية أدوات فعالة للعمل من أجل تحقيق طموحات الأفراد الذين ينحدرون من خلفيات اجتماعية وطبقية مختلفة [٢٤]. فلو درسنا المجتمع البريطاني مثلاً دراسة اجتماعية علمية تحليلية لشاهدنا بأنه ينقسم إلى طبقتين اجتماعيتين مختلفتين ، هما الطبقة المتوسطة والطبقة العمالية . ولكل من هاتين الطبقتين طموحاتها الاجتماعية والاقتصادية وميولها واتجاهاتها الفكرية والسياسية وأحزابها ومنظماتها الاجتماعية والسياسية التي تدافع عنها وتناصرها وتنتمي اليها انتماءاً فكرياً ومصيرياً [٢٥]. فالطبقة المتوسطة تؤيد حزب المحافظين البريطاني وتنتمي اليه وتجند جهودها وطاقاتها في خدمته والدفاع عن مصالحه الحيوية وتصوت اليه في الانتخابات العامة . في حين تؤيد الطبقة العاملة حزب العمال البريطاني وتعمل جاهدة على الانضواء تحت لوائه ودعمه مادياً ومعنوياً والدفاع عن وجوده وشرعيته والتصويت اليه في الانتخابات العامة [٢٦]. اذن حزب المحافظين هو حزب الطبقة المتوسطة حيث ان أعضاءه وقادته ينحدرون

من خلفيات اجتماعية برجوازية أو مهنية ويدافعون عن حقوق وأماني وطموحات الطبقة المتوسطة في بريطانيا . وحزب العمال هو حزب الطبقة العاملة طالما ان معظم أعضاءه وقادته ينحدرون من خلفيات اجتماعية عمالية أو فلاحية أو نقابية أو تعاونية ويدافعون بصورة عامة عن حقوق وأهداف وطموحات الطبقة العاملة [٢٧].

يقول الأستاذان ار. ملين (R. Milne) وتي. أج ميكنزي (T.H. Mackenzie) في دراستهما الموسومة " كيف يصوت الناخبون " التي قاما بها في مدينة بريستول البريطانية عام ١٩٥١ ان هناك جملة عوامل موضوعية تؤثر في المواقف السياسية التي يحملها الناخبون وتدفعهم للتصويت إلى حزب سياسي معين دون الحزب الآخر . ومن أهم هذه العوامل عامل الطبقة الاجتماعية وعامل العمر وعامل المنطقة السكنية وعامل المهنة وعامل المستوى الثقافي والعلمي وأخيراً عامل الجنس [٢٨]. ويستطرد هذان الأستاذان قائلين بأن معظم أبناء الطبقة المتوسطة في بريطانيا يصوتون لحزب المحافظين ، بينما معظم أبناء الطبقة العمالية يصوتون لحزب العمال . وان الأشخاص الكبار والمسنين يصوتون لحزب المحافظين بينما يصوت الشباب لحزب العمال [٢٩]. ومعظم المناطق السكنية المهنية والبرجوازية تصوت لحزب المحافظين بينما تصوت المناطق العمالية الكادحة لحزب العمال [٣٠]. وان المثقفين والفقهاء في المجتمع البريطاني يصوتون لحزب المحافظين في حين يصوت الأشخاص الذين لا يحملون المؤهلات العلمية العالية لحزب العمال [٣١]. وأخيراً تصوت معظم النساء لحزب المحافظين بينما يصوت الرجال لحزب العمال وهكذا [٣٢]. وبعد دراسة العلاقة بين الطبقة الاجتماعية والانتماءات الحزبية التي تعبر عن نفسها أما بالعضوية الفعلية في الحزب السياسي أو التصويت له خلال الانتخابات العامة يقوم الأستاذان بدراسة العوامل الأساسية التي تدفع الأشخاص إلى الانتماء للأحزاب السياسية أو التصويت لها في الانتخابات. يقول البروفسور ميكنزي في كتابه " الأحزاب السياسية في بريطانيا " بأن هناك ثلاثة عوامل تدفع الأفراد إلى الانتماء لحزب سياسي معين دون الحزب الآخر وهذه العوامل هي :

١- **المصلحة** : أي الرغبة في الحصول على مكاسب ذاتية للأفراد الذين ينتمون اليه كالحصول على المناصب والوظائف والأموال والمكافئات والامتيازات . ويدفع عامل المصلحة حسب دراسة ميكنزي ٧٠% من الأفراد بالدخول إلى الأحزاب السياسية [٣٣].

٢- **الانفعال** : أي اندفاع المواطنين على تأييد أفكار وبرامج وأهداف وسياسات الحزب بدون تحفظ وذلك لانها تثير عواطفهم ونزعاتهم النفسية وتجعلهم متحمسين لنصرة الحزب والوقوف بجانب قضاياه وأموره والدفاع عنها دون خوف أو تردد . ويدفع عامل العاطفة حوالي ٢٦% من الأفراد بالدخول إلى الأحزاب السياسية .

٣- **الإدراك والتعقل والعقيدة** : أي ان الشخص يدخل إلى الحزب لا بسبب المصلحة أو العاطفة أو الانفعال بل بسبب الإيمان والعقيدة والإدراك الثاقب لأفكار وايديولوجية ومعتقدات وأهداف الحزب بحيث تكون هذه جزءاً لا يتجزأ من شخصيته وآماله في الحياة وتطلعاته . والأشخاص الذين يدخلون إلى الحزب بسبب هذا العامل هم الحزبيون الحقيقيون الذين يبقون في الحزب ويدافعون عنه ويناضلون من أجل نصرته مهما كانت الظروف [٣٤]. ويدفع عامل الإدراك والتعقل والبصيرة والإيمان بمبادئ وفلسفة الحزب فقط ٤% من الأشخاص بالدخول إلى الأحزاب السياسية .

أما في ألمانيا التي كانت فيها المراتب والمراكز الاجتماعية جامدة وثابتة فان الصراع الطبقي كان على أشده . فالطبقة الأرستقراطية الألمانية كانت تسيطر على مؤسسات الحكم الكبرى إلى حد منعها للطبقة الوسطى من السيطرة على هذه المؤسسات . ومع ان الأرستقراطية الألمانية كافحت من أجل كسب تأييد الجماهير لها في صراعها مع البرجوازية وذلك من خلال نشر ـ برامج الرعاية والرفاهية الاجتماعية بين الجماهير إلا أنها من ناحية أخرى لم تسمح بحق المواطنة التامة لمنظمات العمال وزعمائهم. فقد حرم الاشتراكيون من حق العمل السياسي من

١٨٧٨ إلى ١٨٩١ عن طريق تكوين حزب سياسي معترف به قانونياً . ولم يقر حق الانتخاب في بروسيا إلا بعد اندحار ألمانيا في الحرب العالمية الأولى . لكن حرمان الاشتراكيين من المساهمة في السلطة السياسية دفع الحركة الاشتراكية إلى التصلب في عملها الثوري وفي اديولوجيتها السياسية . وتتجلى العلاقة بين الطبقة الاجتماعية والمواقف السياسية بظاهرة قيام الطبقة الوسطى في ألمانيا بتأييد الحزب النازي . " فالطبقة الوسطى خلال فترة الثلاثينيات كانت تتخوف على امتيازاتها من سياسة جمهورية فايمار التي قامت بعد الحرب العالمية الأولى والتي كانت تطبق سياسة الديمقراطيين الاجتماعيين الاشتراكية وعلى الأخص بعد الكارثة الاقتصادية التي حلت بألمانيا خلال فترة ما بين الحربين العالميتين " [٣٥]. وسبب تأييد الطبقة الوسطى للحزب النازي يرجع إلى قيام الحزب بخدمة مصالحها وأهدافها وأمانيها .

وإذا ما فحصنا وحللنا العلاقة بين الطبقات الاجتماعية والأحزاب السياسية في الوطن العربي، وجدنا بأن لكل حزب سياسي طبقته أو شريحته الاجتماعية التي تؤيده وتدعمه وتمده بالإعانات المادية والبشرية. ثم ان الطبقة أو الشريحة الاجتماعية هي التي تشارك في تأسيسه ونموه وتطوره، لهذا نشاهد الحزب السياسي يدعمها ويدافع عن حقوقها ويعمل من أجل تحقيق أهدافها وطموحاتها. ان هناك ثلاثة دوافع أساسية أدت إلى ظهور الحركات الحزبية في الوطن العربي وهذه يمكن تلخيصها كالآتي :

١- ظهرت بعض الأحزاب القومية والاشتراكية منذ فترة الأربعينات كرد فعل للسبات العميق التي كانت الأمة العربية غارقة فيه لفترات طويلة من الزمن هذا السبات الذي سمح للقوى الاستعمارية الطامعة على احتلال بعض أجزاء الوطن العربي وفرض واقع التجزئة والتخلف والأمية والفقر والمرض على الأمة العربية. وقد توخت هذه الأحزاب وعلى رأسها حزب البعث العربي الاشتراكي توعية الشعب العربي وتحريضه على الثورة والانقضاض على قوى

الاستعمار والرجعية بغية تحقيق التحرر والانعتاق والتوجه نحو تصفية آثارهما ومخلفاتهما الاجتماعية والحضارية السلبية .

٢- ظهرت بعض الحركات الأممية وعلى رأسها الأحزاب الشيوعية العربية التي كانت تقف من موضوع الوحدة العربية ومن كل ما يمت إلى الطرح القومي للقضايا العربية موقفاً معادياً . وكانت تكتفي بطرح القضية الاجتماعية (الصراع الطبقي) طرحاً نظرياً لا يعتمد على تحليل الواقع الاجتماعي المباشر بل ينطلق من صيغ التحليل التقليدية للمجتمعات الرأسمالية ويطبقها بشكل مجرد على الأوضاع العربية قافزاً من فوق القضايا الأساسية والملحة التي تواجه الشعب العربي ، ومتجاهلاً أحد التناقضات الجوهرية في الواقع العربي وهو تناقض التجزئة ^(٣٧).

٣- ظهرت بعض الأحزاب السياسية اليمينية في الوطن العربي كحزب الاتحاد الدستوري الذي كان يتزعمه نوري السعيد خلال الحكم الملكي البائد في العراق وحزب الأمة وحزب الكتائب في لبنان . وغرض هذه الأحزاب يكمن في دعم الحركات اليمينية في الوطن العربي وتكريس الوجود الغربي وإتاحة المجال للغرب بالهيمنة على مقدرات العرب والتأثير في الجماهير ^(٣٨). وإبقاء حالة التجزئة في الوطن العربي وإحكام سيطرة الغرب على الوطن العربي . إضافة إلى التصدي لحركة الثورة العربية وإجهاض مخططاتها وأهدافها الرامية إلى تحقيق الوحدة العربية الشاملة وتحرير الشعب العربي من واقع التجزئة والتخلف والفقر والجهل .

لكن لهذه الحركات والقوى والأحزاب السياسية في الوطن العربي أرضيتها الاجتماعية وخلفياتها الطبقية التي لا يمكن ان تستقل عنها بأية صورة من الصور . فلكل حركة أو حزب سياسي منظماته وشرائحه الاجتماعية التي أوجدته منذ البداية وزودته بالكادر البشري والإمكانيات المادية وحرصت على نموه وتطوره . ان الخلفية الاجتماعية والطبقية لحزب البعث العربي الاشتراكي تكمن في الطبقة

العاملة العربية وفي الطبقة البرجوازية الوطنية وبقية الشرائح والفئات الكادحة والمناضلة في الوطن العربي . وجميع هذه الطبقات والشرائح الاجتماعية تؤيد وتناصر حزب البعث والأخير يدافع عن حقوقها وأمانيها . لهذا لا ينحاز الحزب لطبقة واحدة كما يفعل الحزب الشيوعي أو الأحزاب اليمينية في الوطن العربي بل ينحاز لكافة الفئات والشرائح والطبقات الكادحة في المجتمع . لهذا سمي حزب البعث العربي الاشتراكي حزب الجماهير العربية الكادحة [٣٩] . وفي الوقت الذي ينحاز فيه حزب البعث إلى كافة الجماهير العربية الكادحة فانه يعادي القوى والفئات والشرائح الاجتماعية اليمينية في الوطن العربي ويناضل من أجل سقوطها وتصفيتها . يقول الأستاذ ميشيل عفلق في كتابه " في سبيل البعث " ان النضال القومي الاشتراكي الذي تخوضه الأمة العربية ضد أعدائها يستوجب بالضرورة مساهمة كل الجماهير العربية ، صاحبة المصلحة الحقيقية في بناء المجتمع العربي الاشتراكي الديمقراطي الموحد لا طبقة محددة [٤٠] .

فالخلاص لن يكون إلا على يد الشعب على يد الكثرة الساحقة من أبناء شعبنا ، على يد الكثرة الكادحة والمظلومة المستغلة ، ليس لأنها أكثرية فحسب ، بل لأنها تعاني الظلم والاستغلال وفقدان الحرية وجرح الكرامة في جميع النواحي الإنسانية والقومية [٤١] .

أما الأحزاب الشيوعية في الوطن العربي فإنها تدافع عن الطبقة العاملة وتحرض أبناءها على الانتماء اليها والعمل في صفوفها . غير ان معظم أعضائها من الطبقة الوسطى والمثقفة وبعضهم من الطبقات العمالية والفلاحية الكادحة . وتستلم هذه الأحزاب تعاليمها وسياستها من الأحزاب الشيوعية الدولية خصوصاً الحزب الشيوعي السوفيتي . وتطمح هذه الأحزاب بوحدة الطبقة العاملة وبضرورة تصعيدها للصراع الطبقي مع الطبقات البرجوازية والإقطاعية والأرستقراطية إضافة إلى اعتمادها على صيغ العنف الثوري في تبديل النظام الاجتماعي وجعله نظاماً يخدم الطبقة العمالية في العالم ويدعم حركات السلم ومصارعة الإمبريالية في

العالم [٤٢]. غير ان الأحزاب الشيوعية تعارض القومية وتتهمها بأنها فكرة برجوازية مسؤولة عن سوء التفاهم بين الشعوب وحدوث الحروب والأزمات السياسية في العالم [٤٣]. وفي نفس الوقت تحارب هذه الأحزاب الوحدة العربية وتسخر منها ولا تريد تحقيقها . ولكننا يجب ان نشير هنا إلى أن القومية معادية للبرجوازية والرجعية خصوصاً اذا كانت القومية قومية تحررية اشتراكية كالقومية العربية [٤٤] وهي عقيدة وحركة إنسانية وحضارية تهدف إلى جمع شتات الأمة والتوحيد بين أبنائها للوقوف بوجه التحديات والأخطار والمضي قدماً نحو التحرر والاستقلال والسيادة والتقدم الاجتماعي .

وتدعو الأحزاب الشيوعية العربية إلى الأممية أي إزالة الحواجز القومية والاجتماعية والحضارية بين الشعوب والوقوف ضد التراث والدين والعادات والتقاليد التي تتمسك بها الجماعات والشعوب . وتكون الوحدة الطبقية البروليتارية التي تركز على التعاليم الأممية التي وضحها ماركس وانجلز في كتابهما الموسوم

"بيان الحزب الشيوعي" [٤٥]. ومن الجدير بالذكر ان فكرة الأممية التي تعتمد على وحدة الطبقة البروليتارية الدولية هي فكرة مثالية وطوبائية لا تمت إلى الحقيقة والواقع بصلة ، فكيف نستطيع ان نوحد بين الطبقات العمالية في العالم دون التوحيد بين المجتمعات المختلفة التي تنتمي اليها هذه الطبقات ؟ وكيف نستطيع التوحيد بين المجتمعات وصهر بعضها ببعض وهناك فروق حضارية واجتماعية وقومية ومادية ولغوية ودينية وسياسية واديولوجية بينها . فروق لا يمكن تجاوزها أو التقليل من أهميتها مهما كانت الظروف ومهما تغيرت موازين القوى [٤٦].

أما الأحزاب والحركات والقوى الرجعية في الوطن العربي كحزب الاتحاد الدستوري وحزب الأمة وحزب الكتائب وجمعيات الأخوان المسلمين فانها أحزاب وقوى سياسية تلقي الدعم والتأييد من لدن الطبقات البرجوازية الرجعية والطبقات الإقطاعية والطبقات المتنفذة في المجتمع العربي ومن قبل القوى الإمبريالية والصهيونية التي لها مصالح استراتيجية في الوطن العربي. ان للطبقات البرجوازية

الرجعية والإقطاعية مصالح اقتصادية واجتماعية وسياسية تريد تحقيقها لأفرادها ومنظماتها ، وانها الأداة المنفذة لأوامر ومطاليب القوى الاستعمارية والصهيونية في المنطقة العربية نظراً لتوطئها معها واعتقادها بنفس الأفكار والمعتقدات والطموحات التي تحملها الدوائر الاستعمارية والصهيونية. ولكن لكي تكون الطبقات البرجوازية الرجعية والإقطاعية قادرة على بلوغ أهدافها وتحقيق مصالحها ومصالح أسيادها الإمبرياليين والصهاينة فإنها تشكل أحزاباً ومنظمات سياسية تعهد إليها مهمة تنظيم قواها وإمكانياتها والسيطرة على فعالياتها ونشاطاتها وبلورة تكتيكها واستراتيجيتها وتنسيق خططها مع الأحزاب والقوى الرجعية الأخرى التي تعمل معها في المنطقة . فالأغراض الرئيسية التي قادت الطبقات والشرائح الرجعية في العراق ولبنان إلى تكوين حزب الاتحاد الدستوري وحزب الأمة خلال عهد نوري السعيد وحزب الكتائب في لبنان تكمن في تحقيق أهداف ومصالح القوى اليمينية في البلدين والهيمنة على أنظمة الحكم المتخلفة فيها آنذاك وقتل حريات وطموحات الشعب والتنكيل بأبنائه خدمة لطموحات الأسياد الإمبرياليين والصهاينة. وفعلاً عملت هذه الأحزاب والقوى السياسية العميلة والمشبوهة على خنق حريات الشعب وتمهيد المجال للاستعمار والصهيونية في إحكام سيطرتها ونفوذها على الوطن العربي وفرض واقع التجزئة والتخلف والفقر والبؤس عليه . وسيطرت من خلال نفوذها السياسي وقوتها غير المحدودة على المراكز المهنية والوظيفية الحساسة للدولة ، هذه المراكز التي اعتمدتها في تحقيق أطماعها الذاتية ومنافعها الشخصية وفي نفس الوقت محاربة القوى والحركات المعادية وتصفيتها لكي يسنح لها المجال بالسيطرة على البلاد وحكمها حسب أهوائها الشخصية وطموحاتها الأنانية وأفكارها وممارساتها المشبوهة والمتخلفة .

أثر الأحزاب السياسية في تكوين الرأي العام

الأحزاب السياسية هي من الجماعات المرجعية المهمة التي تشارك مشاركة فعالة في تكوين وبلورة أو تبديل الآراء والمواقف التي يحملها أبناء الشعب إزاء قضايا وأمور سياسية واجتماعية واقتصادية وثقافية معينة تهمهم وتهمها وتهم المجتمع الكبير . والأحزاب السياسية تقوم بعملها هذا من خلال احتكاك وتفاعل أعضائها مع الجماهير وأجهزتها الإعلامية ، قياداتها وكوادرها المتقدمة ، كتابها وفلاسفتها وأدبائها وأخيراً الأشخاص الذين يمثلونها في أجهزة الدولة الرسمية [٤٧]. وتستطيع الأحزاب السياسية التأثير في أفكار وآراء ومواقف الجماهير من خلال دعمها وبلورتها أو تبديلها لكي تنسجم وتتوافق مع اديولوجيتها وفلسفتها السياسية والاقتصادية والاجتماعية اذا توافرت الشروط التالية :

١- كون الحزب حزباً جماهيرياً وشعبياً غرضه خدمة الجماهير وضمان تقدمها وعزتها وكرامتها وتحقيق أهدافها ومصالحها وطموحاتها . وان اديولوجيته وممارساته مشتقة من الواقع الاجتماعي للجماهير ومن معاناتهم وظروفهم الحياتية .

٢- اشغال الحزب لمراكز السلطة والدولة خصوصاً اذا كان الحزب حزباً قائداً . فالحزب الذي يسيطر على زمام الأمور السياسية ويحتل مراكز القوة والحكم هو الحزب الذي يدير وسائل الإعلام الجماهيرية ويشرف عليها ويستعملها في تكوين وتغيير المواقف والاتجاهات للأفراد والجماعات [٤٨]. كما انه يستطيع التأثير على أفكار وميول واتجاهات أبناء الشعب من خلال حكمهم وتلبية حاجاتهم ومتطلباتهم من خلال منظمات وأجهزة الدولة .

٣- عدم وجود الانقسامات والانشقاقات السياسية والدينية والقومية والاجتماعية في المجتمع حيث ان وجود مثل هذه الانقسامات لا يمكن الحزب من نشر أفكاره ومعتقداته بسهولة . وهنا يتعثر الحزب في تكوين وتغيير الآراء والمواقف

والعكس هـو الصحيح اذا كـان المجتمع موحداً وخاليـاً مـن الانقسـامات والاختلافـات الفكريـة والعقائدية والاجتماعية .

٤- تعصب وتعنت أغلبية أبناء المجتمع لأفكار ومعتقدات وآراء ومواقف نقيضه للأفكار والمعتقـدات والمواقف التي يريد الحزب تكوينها ونشرها وبلورتها في المجتمع . فكلما كانت الأفكار والمواقف التي يحملها أبناء المجتمع إزاء أمور وقضايا معينة متطرفة وحدية ومتصلبة كلما كان مـن الصعب عـلى الأحزاب السياسية وبقية الجماعات المرجعية تبديلها وتغييرها ، وكلما كانت الأفكار والمواقف مرنة وديمقراطية وشفافة كلما كان من السهولة بمكان تغييرها وتبديلها .

٥- تسـتطيع الأحـزاب السياسـية تغـيير الآراء والمواقـف في اتجـاه معـين اذا كـان التغـيير ينسجم مـع طموحات ومصالح أبناء المجتمع ، والعكس بالعكس اذا كان التغيير يتناقض مـع طموحـات ومصالح وأهداف الجماهير .

٦- عدم تنـاقض آراء ومواقـف الجماعـات المرجعيـة الأخـرى كالعائلـة والجـامع أو الكنيسـة أو الحـزب السياسي أو المجتمع المحلي أو النادي الرياضي مع الآراء والمواقف التي تريد الأحزاب السياسية نشرها وترسيخها في المجتمع .

ولا يستطيع الحزب تكوين الآراء والمواقف أو تغييرها خلال فترة الأمد القصير حيث ان تكوين الآراء أو تغييرها يحتاج إلى فترة طويلة لا تقل عن ستة أشهر خصوصاً اذا كان الحـزب شـاغلاً للسلطة ومسيطراً على وسائل الإعلام الجماهيرية كالتلفزيون والراديو والجرائد . يقـول البروفسـور ولسن بـان الأحـزاب السياسية في بريطانيا لا تستطيع التأثير على آراء الناخبين إلا خلال فترة الأمد البعيد . فالحزب السياسي الذي يقوم بالدعاية الانتخابية لفترة طويلة قبل الانتخابات العامة هو الحزب الذي ينجح في كسب أصوات الناخبين ويفوز في المعركة الانتخابية خصوصاً اذا كان يستعمل وسائل الإعلام الجماهيرية الحديثة في الدعاية الانتخابية [٤٩]. أما اذا استعمل الحزب الدعاية الانتخابية لفترة قصيرة قبيل

الانتخابات العامة فأنه لا يمكن ان يكتب له النجاح في الانتخابات ولا يمكن كسب أصوات الناخبين .

ولكي تستطيع الأحزاب السياسية التأثير في الرأي العام وبلورة الأفكار والمواقف بالشكل الذي يتفق مع مصالحها ومتطلباتها لابد من وجود أجهزة حزبية دعائية تتولى مهمة عمل الدعاية للحزب وإقناع الرأي العام بأفضلية مبادئه وأفكاره وممارساته بالنسبة لتلك التي تميز الأحزاب السياسية الأخرى . وبالنظر لأهمية هذه الأجهزة الإعلامية للأحزاب السياسية فإننا نجدها ترتبط بأعلى الهيئات القيادية في الأحزاب . والأحزاب تعمل جاهدة على توفير جميع الإمكانات والمستلزمات المادية والفنية التي تمكنها من أداء دورها الإعلامي على احسن وجه [٥٠].

اما دور الحزب الثوري في تكوين وبلورة الرأي العام فان الحزب يؤمن بمبدأ التحريك الجماهيري لتوعية الجماهير بأفكار وأهداف وشعارات وممارسات الحزب الثوري . ويرى الحزب الثوري بان التحريك يجب ان يرتبط بطبيعة الظروف المحيطة بالثورة لان التحريك لا يجري في فراغ ولا يمارس بشكل تجريدي طالما انه يرتبط بصورة مباشرة بالمهمات المرحلية . ولنجاح التحريك لابد قبل كل شيء من وجود ثقة جماهيرية بالحزب الذي يقود عملية التحريك . والتحريك يجب ان يكون صادقاً وان يستهدف توعية الشعب لا تضليله أو تخدير يقظته . ويرى الحزب بان للتحريك شروط من أهمها ان يتم بعقلية القيادة السياسية المرتبطة بالجماهير وليس بعقلية الوصاية والآمرية . وكذلك توفير المناخ الديمقراطي الصحي للجماهير وتنظيماتها لتمارس مهمات الرقابة على السلطة وتقدم مقترحاتها من أجل التطوير والتغيير والتقدم . ومن أجل تنفيذ ذلك بادر الحزب إلى اعتماد أسلوب الندوات الشعبية والجماهيرية واستعمال أجهزة الإعلام الجماهيرية وتزايد احتكاك الكوادر الحزبية بجماهير الشعب بكافة خلفياتها الاجتماعية وشرائحها الطبقية .

يستفيد الحزب اذن من كافة الوسائل الإعلامية والجماهيرية المتوفرة لديه في بلورة الرأي العام أو تغييره ، وتلعب المنظمات الواجهية للحزب كالاتحادات والنقابات والمكاتب المهنية الدور الكبير في هذا المجال حيث تسير في خط موازي مع منظمات وأجهزة الحزب لغرض توجيه الجماهير وتوعيتها وقيادتها نحو تحقيق أهداف الثورة والمجتمع . والحزب الثوري يعتمد الحقيقة والطرح المباشر للحقائق دون اللجوء إلى أسلوب اللف أو الدوران أو التسويف وهذا ما دفع الجماهير إلى الالتفاف حول قيادة الحزب والثورة ودعمها من اجل تحقيق الأهداف والطموحات . وأخيراً يعتمد الحزب مبدأ التربية الثورية للناشئة سواء في صياغة مناهج التربية والتعليم أو في منظمات الطلائع والفتوة والتشكيلات الشبابية الأخرى . إضافة إلى دفع المواطنين إلى حمل السلاح للدفاع عن تربة الوطن ضد الغزاة والطامعين وربط مبدأ التنمية بالتحرير الشامل وترشيد النزعات الاستهلاكية وتوجيه الجماهير نحو العمل المنتج والخلاق في سبيل خدمة المجتمع . ومثل هذه القيم القومية والاشتراكية والإنسانية التي يناضل الحزب من اجل نشرها وترسيخها في نفوس المواطنين لابد ان تسبب في تغيير أفكارهم ومعتقداتهم ومواقفهم السابقة والإيمان بأفكار ومعتقدات وقيم جديدة تتلائم مع البنية الاجتماعية والحضارية للمجتمع الثوري الجديد .

الهوامش والمصادر

1-   Duverger , M. Political Parties , New York , Science Edition , 1961 , P. XXIII .

2-   Weiner , M. Political Parties and Political Development , Princeton , 1966 , P. 8 .

٣-   العاني ، حسان توفيق (الدكتور) . الأنظمة السياسية المقارنة ، بغداد ، مطبعة المعارف ، ١٩٨٠ ، ص٤٦ .

4-   Marx , K. and Engles , F. The Socialist Revolution, Moscow , 1978 , P. 193 .

5-   Lenin , V.I. Britain , Moscow , 1960 , P. 526 .

6-   Ibid. , P. 527 .

7-   Ibid. , P. 630 .

8-   Marx, K. and Engels, F. Selected Works , Moscow , 1975 , PP. 35-37 .

9-   Mandic, Oleg. The Marxist School of Sociology , An Article Written in Marxism and Sociology , Edited by P. Berger , New York , 1969 , P. 55 .

10-   White, R. J. The Conservative Tradition , London , 1950 , PP. 11-15 .

١١-   الكادر الحزبي ، سلسلة الثقافة الثورية ، المؤسسة العربية للدراسات والنشر ، بيروت ، ١٩٧٤ ، ص٤-٥ .

١٢-   مفهوم الحزب ، سلسلة الثقافة الثورية ، المؤسسة العربية للدراسات والنشر ، بيروت ، ١٩٧٤ ، ص١٤ .

١٣-   المصدر السابق ، ص١٥ .

١٤-   مفهوم الحزب ، ص١٦ .

١٥-   محمد ، علي محمد ، (الدكتور) . دراسات في علم الاجتماع السياسي ، دار الجامعات المصرية ، القاهرة ، ١٩٧٧ ، ص٣٧٩ .

16 -Michels, R. First Lectures in Political Sociology , University of Minnesota Press , Minneapolis , 1949 , P. 134 .

17-   Mckenzie, R. B. British Political Parties , London , 1955 , PP. 57-59 .

18-   Ibid. , P. 63 .

١٩-   فرح ، الياس (الدكتور) . تطور الاديولوجية العربية الثورية (الفكر القومي)،المؤسسة العربية
للدراسات والنشر،بيروت، ١٩٧٩،ص٣٣-٣٥.

٢٠-   المنهاج الثقافي المركزي ، الجزء الثاني ، بغداد ، ١٩٧٦ ، ص٤٧ .

٢١-   التقرير السياسي ، بغداد ، ١٩٧٤ ، ص٦٢ .

٢٢-   نفس المصدر السابق ، ص٦٣-٦٥ .

23-   Beer, S. Pressure Groups and Parties in Britain , An Article Written in the American Political
Review , March , 1956 .

24-   Bonham , J. and Martin, F. Two Studies in the Middle Class Vote , British Journal of
Sociology , 3 (3) , Sept. , 1952 .

25-   Davis, K. and Moore, W. Some Principles of Stratification, American Sociological Review ,
10 (1945) , PP. 242-249.

26-   Lockwood, D. The Blackcoated Worker : A Study in Class Consciousness , London , 1958 ,
PP. 10-13 .

27-   Ibid. , P. 24 .

28-   Milne, R.S. and Mckenzie, H.C. Straight Fight : A Study in Voting Behaviour , London , 1954
, PP. 3-6 .

29-   Ibid. , P. 11 .

30-   Ibid. , P. 23 .

31-   Ibid. , P. 62 .

32-   Ibid. , P. 81 .

33-   Mckenzie , R.T. British Political Parties , London , 1956 , PP. 20-22 .

34-   Ibid. , P. 29 .

٣٥-   الأسود ، صادق (الدكتور) . علم الاجتماع السياسي ، بغداد ، مطبعة الإرشاد ، ١٩٧٣ ، ص٢٤٤ .

٣٦-   فرح ، الياس (الدكتور). تطور الاديولوجية العربية الثورية (الفكر الاشتراكي) ، المؤسسة العربية
للدراسات والنشر ، بيروت ، ١٩٧٩ ، ص٣٥-٣٦ .

٣٧-   نفس المصدر السابق ، ص٢٤ .

٣٨- الكبيسي ، حمدان (الدكتور) وعبد الرحمن العاني (الدكتور). المجتمع العربي ، بغداد ، ١٩٧٤ ، ص٧٢-٧٤ .

٣٩- الطبقة والانتماء الطبقي عند البعث ، الثورة العربية ، العدد السابع ، السنة الحادية عشرة ، تموز ١٩٧٩ ، ص٥٠ .

٤٠- المصدر السابق ، ص٤٣ .

٤١- نفس المصدر السابق ، ص٤١ .

42-   Marx , K. and Engles , F. The Socialist Revolution, P. 194 .

43-   Marx, K. and Engels, F. Selected Works , PP. 265-266 .

٤٤- ميشيل عفلق (القائد المؤسس). البعث والوحدة ، المؤسسة العربية للدراسات والنشر ، بيروت ، ١٩٧٣ ، ص٩٤ .

45-   Marx, K. and Engels, F. Selected Works , P. 37 .

٤٦- الحسن ، إحسان محمد (الدكتور). أثر الثقافة والتربية والتعليم في مواجهة التحديات العقائدية الأمنية ، بحث مقدم إلى معهد الدراسات الأمنية ، بغداد ، ١٩٨٠ .

٤٧- حمادي ، شمران (الدكتور). الأحزاب السياسية ، بغداد، مطبعة دار السلام، ١٩٧٢ ، ص١٥-١٦ .

48-   Finer, S. The Theory and Practices of Modern Government, London , 1967 , P. 14.

49-   Halloran , J.B. The Effects of Mass Communication With Special Reference to Television , London , 1965 , P. 52 .

50-   Ibid. , P. 55 .

الفصل التاسع
جماعات الضغط

جماعات الضغط هي نوع من أنواع الجماعات الاجتماعية التي قد تكون صغيرة أو كبيرة الحجم . ولهذه الجماعات الاجتماعية مصالح معينة تريد تحقيقها لأفرادها بأسرع وقت ممكن [١] . ومتى ما استطاعت جماعة الضغط (Pressure Group) أو اللوبي [*] (Lobby) تحقيق مصالحها الآنية تنتهي مهمتها وتتجمد فاعليتها ونشاطاتها في التأثير على سياسة الحكومة والتأثير على المنظمات والهيئات التي تتعلق مصالحها وأهدافها بها ، وتتوقف عن تسليط الضغوط التي من شأنها أن تحقق أمانيها وأهدافها . لكن جماعات الضغط لا تنوي السيطرة على الحكم واشغال المراكز القيادية والحساسة في الدولة والمجتمع بل تريد التأثير المباشر أو غير المباشر على الحكومة والمنظمات المجتمعية وترغب في احتلال مواقع الفاعلية والسمعة العالية التي تمكنها من العمل الحثيث في إنجاز مصالح وغايات الأفراد الذين ينتمون اليها أو المؤسسات التي تشترك في تنظيماتها وتدور في فلكها [٢] .

وجماعات الضغط لا تعمل ضمن مؤسسات الدولة فحسب بل تعمل في جميع المؤسسات الاجتماعية التي يتكون منها البناء الاجتماعي وتظهر في الأوساط الجماهيرية والشعبية وفي التنظيمات الرسمية وغير الرسمية أيضاً . فقد توجد جماعات ضغط ضمن المصنع والمزرعة والعائلة والقوات المسلحة والمدرسة والجامعة، وتوجد أيضاً في نقابات العمال والاتحادات النسوية والنقابات والتنظيمات

---

[*] اللوبي هو الأداة الفعلية المنفذة لجماعة الضغط . وهدفها التأثير والضغط على صاحب اتخاذ القرار وحمله على اتخاذ ما تريده جماعة الضغط .

المهنية والحزبية . ووجودها هذا يظهر بدافع المصالح الذاتية أو الجماعية للأفراد الذين يكونونها ، فقد يظهر اللوبي وسط العائلة الممتدة للتأثير على رئيسها ودفعه على تسجيل بعض الممتلكات والعقارات باسم أحد أعضائها أو نقل ممتلكاتها المنقولة من حوزة شخص لحوزة شخص آخر . ويظهر اللوبي في المصنع للتأثير على الإدارة أو أرباب العمل وحملهم على زيادة أجور العمال أو تقليص ساعات العمل أو تحسين ظروف الإنتاج أو تبديل المكائن والآليات الإنتاجية أو بناء دور للعمال وتوزيعها عليهم مجاناً أو بأسعار الكلفة . كما قد يظهر اللوبي في القوات المسلحة للتأثير على قادتها في تحديث أسلحة وتجهيزات الجيش أو شن الهجوم العسكري على الأعداء والحاقدين أو رفع المستويات الثقافية والعلمية لأبناء القوات المسلحة وهكذا [٤] . وأخيراً ربما يظهر اللوبي وسط نقابات العمال لحمل قادتها وأقطابها على التعاون مع الإدارة أو أرباب العمل من اجل رفع الكفاءة الإنتاجية للعمال وزيادة مهاراتهم في أداء العمل الصناعي وهكذا . اذن جماعة الضغط أو اللوبي هو جماعة اجتماعية تتكون من أفراد يسعون لتحقيق أهداف مشتركة من خلال العمل الجماعي المنظم الذي يعتمد على قوة المتابعة والتأثير في صنع القرار المناسب الذي يتمخض عنه تحقيق المصلحة وتأمين المطاليب والحاجات .

وجماعات الضغط التي تعبر عن الممارسات الديمقراطية في المؤسسات السياسية والمجتمعية لا توجد في المجتمعات الغربية كما يدعي بعض المفكرين والكتاب الغربيين فحسب بل توجد في جميع المجتمعات الإنسانية مهما كانت نظمها السياسية ودرجة نموها الحضاري وتقدمها الاجتماعي [٥] . فجماعات الضغط توجد في البلدان الاشتراكية وتوجد في البلدان الغربية والبلدان النامية . وبغض النظر عن البلدان والمجتمعات التي توجد فيها فإن طبيعتها وتنظيماتها وصيغ عملها وأهدافها تكون متشابهة إلى درجة كبيرة . فجميعها تظهر في المؤسسات البنيوية للمجتمع خصوصاً المؤسسات السياسية وتحاول التأثير على قرارات الدولة والمجتمع بما

يخدم مصالحها ويحقق أهدافها وتستخدم أساليب التأثير والإقناع في حمل القادة والمسؤولين على الإصغاء لأوامرها ومطاليبها ووضعها موضع التنفيذ .

لكن استجابة الحكومة وقادة المنظمات والمجتمعات المحلية لأوامر ومطاليب جماعات الضغط تعتمد على اعتبارين أساسيين هما ان هذه الجماعات تمثل جزءاً كبيراً من المواطنين وتعبر عن حاجتهم وطموحاتهم وتريد تنميتهم وتطويرهم وتحقيق أهدافهم . لذا غالباً ما تذعن الحكومة والمنظمات الاجتماعية لما تريده هذه الجماعات إيماناً منها بأهمية المواطنين الذين تمثلهم وترعاهم وتدافع عنهم [٦] . لكننا يجب ان نقول هنا بأن جماعات الضغط قد لا تمثل المواطنين ولا تريد الدفاع عنهم بل تريد تحقيق المصالح والغايات الأساسية للأعضاء الذين تتكون منهم . والاعتبار الآخر الذي يدفع الحكومة والمسؤولين إلى تلبية مطاليب ومصالح جماعات الضغط يتجسد في ردود الفعل الانتقامية التي قد تتخذها جماعات الضغط ضد الحكومة والمسؤولين فيما اذا لم يستجيبوا لإرادتها ومطاليبها ولم يحققوا مصالح أفرادها [٧] . فإذا امتنعت الحكومة مثلاً عن زيادة رواتب الأطباء الذين تدافع عنهم نقابة الأطباء التي يمكن ان تكون جماعة ضغط أو لوبي فان النقابة يمكن ان تصدر إيعازاتها غير الرسمية إلى الأطباء بالاستقالة أو الامتناع عن العمل الإضافي، وهذا ما لا تريده الحكومة . لذا تذعن الحكومة لمطاليب نقابة الأطباء وتستسلم لضغوطها بزيادة رواتب الأطباء خوفاً من العواقب الوخيمة التي قد تحدث في المؤسسات الصحية نتيجة لعدم زيادة الرواتب والمخصصات . لكنه في معظم الأحوال تستعمل جماعات الضغط الصيغ الديمقراطية والسرية في العمل والتأثير [٨] . فهي تعرض قضيتها أمام القادة والمسؤولين وتناقشهم بشرعية القرار الذي يجب ان يتخذ لصالحها ، واذا لم يقتنعوا بقضيتها ومناقشتها فإنها يمكن ان تسلط عليهم الضغوط المكثفة التي تلزمهم على اتخاذ القرار الملائم الذي من شأنه ان يحقق مصالحها .

لكننا يجب ان نشير هنا إلى ان ليس جميع جماعات الضغط هي جماعات فئوية ومصلحية (Sectorial Pressure Groups) تفتش دائماً عن مصالح أعضائها ومنظماتها بل أن هناك جماعات ضغط دعائية أو إعلامية هدفها تزويد المواطنين بمعلومات وحقائق عن موضوع مجهول أو غير معروف ولا متداول كقيام جمعية المؤرخين العرب بكشف الجذور التاريخية لعداء الفرس للعرب وعنجهية وغرور الفرس عبر التاريخ والمواقف اللاإنسانية التي اتخذوها إزاء القومية العربية والممارسات العنصرية الضيقة التي جسدوها في تعاملهم مع العرب وسائر القوميات الأخرى [9]. أو قيام جامعة الدول العربية بشن حملات إعلامية في الجمعيات والمحافل الدولية حول المواقف العنصرية والعدوانية والتوسعية التي يحملها الصهاينة إزاء الفلسطينيين العرب وإزاء الأمة العربية بأجمعها لكي يتنور الرأي العام العالمي بحقيقة الصهيونية وطبيعة وجودها التوسعي والاستغلالي والعنصري . ومثل هذه الحقيقة لابد ان تساعد الدول في رسم سياستها الخارجية حيال الكيان الصهيوني والدول الإمبريالية التي تمده بيد العون والمساعدة . وهناك أيضاً جماعات الضغط المبدئية التي تناضل من اجل قضية عادلة أو سبب مشروع كنضال منظمة التحرير الفلسطينية من اجل استعادة الأراضي العربية المحتلة من الغزاة والمحتلين الصهاينة والإمبرياليين وتأسيس دولة فلسطين المستقلة وإرجاع اللاجئين الفلسطينيين إلى ديارهم [10]... الخ .

مفهوم جماعات الضغط

هناك تعاريف كثيرة لمصطلح جماعة الضغط أهمها التعريف الذي ذكره البروفسور موودي (Professor Moodie) في كتابه الموسوم " الرأي العام وجماعات الضغط " الذي ينص على أن جماعة الضغط هي أية جماعة منظمة تحاول التأثير على سياسات وقرارات الحكومة دون محاولتها السيطرة على المراكز الرسمية للدولة وممارسة أساليب القوة الرسمية من خلالها [11]. وهنا يمكن التمييز بين جماعة الضغط والحزب السياسي ، فجماعة الضغط لا تنوي احتلال مراكز

القوة والحكم بل تريد تحقيق مصالحها عن طريق الضغط على مؤسسات الدولة والمجتمع وإقناعها بضرورة تلبية مطاليبها وسد حاجاتها . بينما الحزب السياسي لا ينوي الضغط والتأثير على سياسة الحكومة فحسب بل يريد الوصول إلى الحكم واحتلال مراكز القوة والنفوذ التي من خلالها يستطيع ترجمة أهدافه ومبادئه إلى واقع ملموس يؤدي أدواره الواضحة في تبديل مسيرة المجتمع بما يتوافق مع اديولوجية الحزب ومفاهيمه ومبادئه [١٢]. وهناك تعريف آخر لجماعة الضغط ذكره البروفسور فاينر (Professor S. Finer) في كتابه الموسوم " الإمبراطورية المجهولة " ينص على ان جماعة الضغط هي منظمة تهدف إلى التأثير على سياسة الهيئات والمؤسسات الرسمية بما يتلائم مع أهدافها ومصالحها وهذه المنظمة لا تريد احتلال مراكز القوة والحكم في الدولة [١٣].

وجماعات الضغط تكون على أنواع كثيرة ومتعددة أهمها جماعات الضغط السياسية أو اللوبيات (Lobbies) ، وهي جماعات ليس لها الا مصلحة سياسية بحتة مثل لوبي الكيان الصهيوني الذي يؤثر على سياسة الولايات المتحدة الخارجية ويحملها على تأييد مواقفه العدوانية والتوسعية إزاء الوطن والأمة العربية . ولوبي الولايات المتحدة الأمريكية في الأمم المتحدة الذي يضغط على سياسات الدول السائرة في فلك السياسة الأمريكية ويجعلها تؤيد المواقف المنحازة للولايات المتحدة الأمريكية بالنسبة للكيان الصهيوني أو يجعلها تؤيد الولايات المتحدة في دعمها للإمبريالية والعنصرية والتدخل السافر في شؤون الدول الصغيرة [١٤]. وهناك جماعات الضغط شبه السياسية التي تتمثل في المنظمات المهنية والشعبية كنقابات العمال والاتحادات النسوية والطلابية أو اتحادات أصحاب الأعمال في الدول الغربية .

ومع ان نشاط هذه المنظمات لا ينحصر جميعه في المجالات السياسية ، الا ان هذه المنظمات والجماعات لا تتمكن من القيام بأنشطتها وفعالياتها وتحقيق أهدافها القريبة والبعيدة دون النشاط السياسي [١٥]. وهناك أيضاً جماعات الضغط

الإنسانية التي لا تمارس نشاطات سياسية إلا في القليل النادر ومن أمثالها جمعيات حماية الأطفال ورعايتهم وجمعيات الرفق بالحيوان وجمعيات البر والإحسان وبقية الجمعيات الخيرية ذات الأهداف الإنسانية والاجتماعية . وجميع هذه الجمعيات والمنظمات لا تتدخل في الشؤون السياسية ولا تستعمل وسائل الضغط على السلطة الحاكمة الا في حالتين : أولهما طلب المعونة المالية والدعم وثانيهما مناقشة مشاريع القوانين التي تمس أوجه نشاطاتها (١٦).

وهناك جماعات الضغط ذات الهدف المحدد التي تكون على أنواع مختلفة فمنها جماعات المبادئ أو جماعات البرامج التي ترمي إلى تحقيق أهداف قومية مثل جماعة الوحدة الأوربية وجماعة الحكومة العالمية في المملكة المتحدة . ومنها جماعات المصلحة الخاصة التي ترمي إلى تحقيق المصالح الخاصة لأعضائها (١٧)، وقد تأخذ هذه المصلحة الخاصة صيغة قومية مثل إقرار حق التقاعد لكبار السن أو تأخذ صيغة محلية بحتة كالدفاع عن مصالح صناعة القطن في منطقة لانكشير في إنكلترا أو منطقة نيوانكلاند في أمريكا أو منتجي الألبان في الولايات الوسطى من الولايات المتحدة الأمريكية. لكن هذا التقسيم ليس ثابتاً ، فكثير من المصالح الخاصة قد تكون مصالح قومية في نفس الوقت . ولا شك أن الأغلبية العظمى من أعضاء الجماعات المختلفة تنكر وجود تضارب بين أهدافها والأهداف القومية . فنقابة موظفي الحكومة في الدول الأوربية مثلاً عندما تطالب بفرض العقوبات القاسية على الموظفين المرتشين تؤمن بأن تحقيق مطلبها هذا هو انتصار على الرشوة والفساد في الإدارة الحكومية .

وأخيراً هناك جماعات الضغط للدفاع عن مصالح الدول الأجنبية داخل الدولة . وهذا النوع من الجماعات منتشر بصفة خاصة في الولايات المتحدة الأمريكية ، حيث تعمد الدول الأجنبية إلى تشكيل لوبيات لتأييد ودعم وجهات نظرها والدفاع عن مصالحها . وقد نشرت مجلة نيوزويك الأمريكية في شهر تموز

عام ١٩٦٢ مقالاً في هذا الموضوع روت فيه ان الدول الأجنبية أنفقت نحو ١٥٠ مليون دولار عن مصالحها وسياساتها لدى سلطات واشنطن .

ويختلف نشاط الجماعات ونفوذها باختلاف حجمها ، فكلما زاد حجم جماعة الضغط سهل عليها الاتصال بالسلطة الحاكمة والتأثير فيها ، ولكن الحجم وحده لا يكفي معياراً لقوة الجماعة ، فجماعة الاتحاد السوفيتي أو لوبي الاتحاد السوفيتي في الولايات المتحدة استطاعت ان تحقق غرضها بدفع الحكومة الأمريكية بتقوية علاقاتها الاقتصادية مع الاتحاد السوفيتي بالرغم من صغرها ويرجع ذلك إلى قوة إيمانها بضرورة تقوية العلاقات مع الاتحاد السوفيتي وتحقيق الوفاق الدولي وعقد الاتفاقيات السلمية ونزع السلاح ، كما يرجع ذلك إلى عدم وجود معارضة قوية تقف في طريقها من ناحية أخرى . مما تقدم يمكن القول بأن جماعات الضغط هي منظمات تعمل مستقلة عن إرادة أعضائها ، ولها مصالح سياسية أكيدة ، وبعضها قد يكون جماعات مبادئ ، ولكن الأغلبية العظمى منها جماعات مصالح ولها صفة الدوام .

كيف تعمل جماعات الضغط ؟

تنتشر جماعات الضغط في الدول الغربية كبريطانيا والولايات المتحدة الأمريكية وفرنسا وألمانيا الاتحادية وهولندا والسويد أكثر من غيرها من دول العالم، وتستعمل هذه الجماعات أساليب خاصة في تحقيق أهدافها ومصالحها، تنعكس في طرق التأثير والإقناع والمراوغة والتهديد والاستدراج والرشوة والتضليل ، هذه الطرق التي تؤمن تحقيق غاياتها ومصالحها وتلبي مطاليبها وحاجاتها [١٨]. وعندما تنجح جماعات الضغط في الوصول إلى مصالحها وغايتها فان مهامها وأنشطتها تكون قد انتهت . غير ان هذا لا يعني تجميد النشاط وحل هيكلها واختفاء ذاتيتها ، فجماعات الضغط تستمر باستمرار المنظمات والهيئات والمؤسسات التي تمثلها وتدافع عنها [١٩].

ان جماعات الضغط تلعب دوراً ملحوظاً في رسم وتنفيذ سياسة الحكومة الداخلية والخارجية . فجماعات الضغط التي تسمى أحياناً بجماعات المصالح (Interests Groups) تعمل عادة بأكثر من أسلوب واحد لتحقيق مصالحها . فهي تتصل بالجهات الرسمية وغير الرسمية بطرق مختلفة : منها الاتصال بالوسائل المباشرة ومنها اتصالها عن طريق الصحف التي تؤثر عليها هذه الجماعات. ومنها التأثير على وسائل الإعلام الأخرى كالتلفزيون والراديو وغيرها التي تمتلكها شركات أهلية وتخضع للإغراءات المادية عادة [٢٠]. كما تعمل جماعات الضغط على التأثير بوسائل مختلفة على سياسة الدولة ومنها السياسة الخارجية . فقد تتصل اتصالاً شخصياً عن طريق رؤسائها بالمسؤولين لتنفيذ آرائها وتدافع عن مصالحها. وقد تتصل عن طريق الرسائل الخاصة مهددة أو واعدة أو مغرية .

وأخطر صورة تظهر فيها جماعات الضغط هي تلك الصورة المضللة التي تكون فيها مواقفها أوسع من أهدافها . وهذه الصورة تضليل للرأي العام وسلوك تستغل فيه المصالح الخاصة على حساب المصلحة العامة . ومن أشهر جماعات الضغط والمصالح جماعة الضغط الصهيوني وجماعة الفلاحين والجماعة الكاثوليكية وجماعة رجال الأعمال وجماعة اتحاد العمال [٢١]. ويجدر بنا ان نقف هنا على الوسائل التي تتبعها إحدى هذه الجماعات وهي جماعة الضغط الصهيوني. ان المعروف عن جماعة الضغط الصهيوني انها لا تمثل جميع اليهود وانما تمثل ١٠% منهم كحد أقصى . وعلى الرغم من قلة عددها النسبي ، فان ما تملكه من وسائل التنظيم المحلي والعالمي يفوق أية جماعة أخرى . وينطلق التنظيم العالمي من مركزها الرئيسي في مدينة نيويورك مقر هيئة الأمم المتحدة . ومن أهم ما تمتاز به هذه الجماعة قوة تماسكها وغناها المادي ومعرفتها الدقيقة بتفكير وسلوك الشعوب . أما أساليبها وصيغها الضغطية فهي أساليب وصيغ شيطانية وملتوية وخداعة تستغل نقاط الضعف لتدخل من خلالها وكأنها ملاك رحمة جاء لخير الإنسان وهدايته . ومن هذه الوسائل انها تنقسم على نفسها إلى منظمات محلية

وقطرية تحمل أسماء جذابة لتبعد أي شك عنها بأنها منظمات صهيونية . ومن وسائلها الخبيثة انها تنتهز الفرص المواتية لجمع التبرعات عن طريق فروعها المنتشرة في سائر أنحاء العالم والمتمركزة بوجه خاص في الولايات المتحدة الأمريكية . فلقد جمعت لدعم الكيان الصهيوني (من اليهود والمسيحيين من مؤيدين ومحايدين أمريكيين) حوالي ٥٠٠ مليون دولار في عام ١٩٦٧ ، واستطاعت ان تجمع ضعف هذا المبلغ في سنة ١٩٦٨ والسنوات التي تلتها .

كما استطاعت التأثير على الكونكرس والحكومة الأمريكية للحصول على منح عالية زادت في معدلها على الألف مليون دولار سنوياً . أما تأثيرها على الصحف الأوربية والأمريكية فانه يتم بالتغلغل في مجالس إداراتها وفي شرائها الأسهم الكبيرة ، حتى اذا ما لم تتمكن من ذلك فإنها تمارس أساليب الإغراء بدفع المبالغ الطائلة للمقالات التي تنشر في الصحف والتي تؤيد الكيان الصهيوني وتقف موقفاً معادياً نحو العرب . فالمقالة التي تنشرها لها صحيفة نيويورك تايمس مثلاً والتي تحقق أغراضها الدنيئة لا تتوانى من ان تدفع لها المنظمة مبلغ ألفي دولار وما يزيد .

هذه هي أساليب جماعات الضغط الصهيونية المنتشرة في أوربا وأمريكا . ولكن الأساليب التي تستخدمها جماعات الضغط الأخرى لتحقيق أهدافها تختلف باختلاف النظام السياسي الذي تعمل فيه . وباختلاف طبيعة الهدف الذي ترمي إلى تحقيقه . وهذه الأساليب هي (أ) الاتصال المباشر بالحكومة (ب) التأثير في أعضاء المجلس (جـ) تعبئة الرأي العام ويمكننا هنا شرح هذه الأساليب بالتفصيل وذلك لأهميتها في تغيير سياسة الحكومة والتأثير في الرأي العام وتعبئة المجلس على تشريع القوانين التي تتوافق مع نواياها وخططها ومصالحها .

(أ) الاتصال المباشر بالحكومة

من الظواهر الحديثة في نظم الحكم ازدياد تدخل الحكومات بالنشاط الاقتصادي ، وقد كان من نتيجة ذلك أن ارتبطت مصالح الأفراد ارتباطاً وثيقاً بسياسة الحكومة ، وعلى الرغم من ان الأغلبية من الأفراد ما زالت تعمل في القطاع الاقتصادي الخاص خصوصاً في الدول الرأسمالية إلا ان ازدياد الرقابة الحكومية والأخذ بسياسة التوجيه الاقتصادي وزيادة التسلح ، كل ذلك جعل معظم النشاط الاقتصادي خاضعاً للإشراف الحكومي . ويظهر ذلك واضحاً حتى في الولايات المتحدة نفسها حيث تمد الحكومة بمعوناتها المالية صناعة بناء السفن وصناعة النقل . كما تقوم بمهمة تنظيم شؤون التجارة الخارجية - ووسائل الاتصال وتحديد أسعار السلع الزراعية وغيرها.

ومن الطبيعي ان تتجه جماعات الضغط إلى الاتصال بأعضاء الهيئة التنفيذية لمحاولة التأثير فيهم كي يصدروا القرارات التي تتفق ومصالحها [٢٣] . ويتم هذا الاتصال بطريق مباشر في إنكلترا ، حيث تلجأ الحكومة هناك إلى مناقشة الجماعات المختلفة في القوانين المقترحة . أما في الولايات المتحدة فتعمد الجماعات إلى إغراق رئيس السلطة التنفيذية بفيض من الرسائل والبرقيات لوقف تنفيذ قانون ما ، أو وقف التصديق عليه أو التوصية بحذف بعض مواده أو إضافة مواد أخرى. وقد تطالب الجماعات السلطة التشريعية بتعديل القوانين تعديلاً ينقص أو يزيد من سلطان السلطة التنفيذية وفقاً لمقتضيات مصلحة الجماعات . وربما تعاونت السلطة التنفيذية مع جماعات الضغط لضمان الحصول على موافقة السلطة التشريعية على بعض التشريعات المتفقة مع مصلحة الطرفين ، غير ان كثيراً ما تتعاون بعض الجماعات مع إحدى المصالح الحكومية ضد مصلحة أخرى لتحقق منها كسباً على حساب خلاف قائم داخل السلطة التنفيذية .

(ب) التأثير في أعضاء المجلس

لاشك ان المجلس هو الميدان الرئيسي ـ لنشاط جماعات الضغط خاصة في الدول الرئاسية وفي الدول البرلمانية التي تفوق فيها قوة المجلس قوة الحكومة . وقد يكون الغرض من التأثير في المجلس الحصول على الموافقة على تعديل دستوري مقترح أو إسقاطه ، أو الموافقة على مشروع قانون أو رفضه أو تعديله ، حسبما يتفق وسياسة الجماعة [٢٤]. وتستعمل جماعات الضغط وسائل عديدة للتأثير في المجلس منها تقديم الهدايا والرشاوى للأعضاء ، وإقامة الحفلات والولائم الفاخرة . غير ان هذه الوسائل صارت مستهجنة ولاقت معارضة شديدة من الرأي العام . مما أدى إلى التقليل من شأنها ولو ظاهرياً .

ولجأت جماعات الضغط في الولايات المتحدة إلى إنشاء مكاتب خاصة في كل أنحاء الدولة زودتها بطائفة من الكتاب والناشرين ورجال القانون والدعاية والأبحاث العلمية ، ومهمة هذه المكاتب هي تزويد أعضاء الكونكرس بالمعلومات اللازمة بشأن موضوع معين ، وتجمع الأدلة والمعلومات عن القوانين المطلوب تشريعها . كما تضع التقارير المطلوب تقديمها إلى اللجان وتعهد إلى بعض أعضاء الكونكرس في عرض وجهة نظرها أمام المجلس والدفاع عن قضاياها وذلك مقابل أجر ثابت أو مكافأة . كما تعين كل جماعة ممثلاً لها في الكونكرس مهمته الاتصال بالأعضاء . وقد تسعى الجماعات إلى تأييد بعض المرشحين لعضوية الكونكرس المؤيدين لآرائهم وإمدادهم بالمال اللازم لمواصلة الحملة الانتخابية . وعلى الرغم من ان القانون يحرم على نقابات العمال دفع الإعانات أو إنفاق الأموال للتأثير في انتخابات الكونكرس أو الرئاسة ، فقد ثبت ان معظم النقابات وكثيراً من الشركات الكبرى تواصل تقديم المساعدات إلى كثير من المرشحين .

أما تأثير جماعات الضغط في تعبئة وتغيير الرأي العام فيترك لموضوع جماعات الضغط والأحزاب السياسية والرأي العام الذي يجب ان نتناوله الآن .

(جـ) جماعات الضغط والأحزاب السياسية والرأي العام

في بداية هذا الموضوع يجب ان نفرق بين جماعات الضغط والأحزاب السياسية . ويستلزم هذا التفريق ان نذكر ملاحظة هي ان الأحزاب تنشأ أصلاً لبلوغ غرض سياسي ، أما جماعات الضغط فتظهر لقضاء مصلحة اقتصادية أو اجتماعية لمجموعة من الأفراد وان كانت تستعمل الوسائل السياسية في سبيل ذلك [٢٥]. فالهدف اذن هو الفارق الأساسي بين الاثنين لأن الحزب يهدف إلى الاستيلاء على السلطة السياسية أو الاشتراك فيها ، بينما يقتصر هدف جماعات الضغط على تحقيق مصلحة الجماعة دون وجود طموح في السيطرة على الحكم. وهذا الفرق يكون جلياً في حالة الدول الآخذة بنظام الحزبين ، ولكنه يتضاءل في الدول الآخذة بنظام تعدد الأحزاب حيث تقوم الأحزاب على أسس ومبادئ ثابتة مما يجعلها شبيهة بجماعات الضغط إلى حد كبير . وعلى سبيل التبسيط يمكننا التمييز بين جماعات الضغط والأحزاب السياسية في الأمرين التاليين :

أولاً - ان الأغلبية العظمى من جماعات الضغط لا يكون غرضها الوحيد بلوغ هدف سياسي ، وحتى لو أنشئت جماعة منها لهذا الغرض فان مهمتها تنتهي ببلوغه ثم تنفض ، ومن هنا لا تضع هذه الجماعات لنفسها برنامجاً سياسياً كاملاً كالأحزاب السياسية .

ثانياً - ان جماعات الضغط خلافاً للأحزاب السياسية لا تقدم مرشحين لها في الانتخابات العامة وان كانت تعمل على تأيد بعض المرشحين . وفحوى ذلك ان جماعات الضغط لا تخوض بنفسها المعركة السياسية في الانتخابات العامة وهذا هو في الواقع الفارق الأساسي الفاصل بينها وبين الأحزاب[٢٦].

وبالرغم من الاختلافات الجوهرية بين جماعات الضغط والأحزاب السياسية فان هناك أوجه شبه بينهما . فالأحزاب السياسية قد تفرز جماعات ضغط تتوخى التأثير على سياسة الحكومة أو التأثير على الرأي العام بحيث يكون مؤيداً ومناصراً لها خصوصاً قبيل الانتخابات العامة . ومن جهة ثانية قد توجد جماعات

ضغط خارج هياكل وأطر الأحزاب السياسية كنقابات العمال واتحادات أرباب العمل تحاول تأييد الأحزاب والحركات السياسية من خلال التصويت لها أو التأثير على المواطنين بطريقة أو أخرى للتصويت لها خلال الانتخابات أو دعم مشاريعها وخططها والانضواء تحت لوائها [٢٧]. لهذا لا نستطيع بسهولة فصل فعاليات وأهداف الأحزاب السياسية عن فعاليات وأهداف جماعات الضغط طالما ان الأحزاب السياسية غالباً ما تشكل جماعات ضغط تؤثر في مسيرة الأحداث وتقودها نحو تأييد اديولوجية الأحزاب وخططها وبرامجها وتطلعاتها إلى احتلال مواقع القوة والنفوذ في المجتمع .

وهناك علاقة وثيقة بين جماعات الضغط وتكوين الرأي العام [٢٨]، فجماعات الضغط تعتبر من أهم الجماعات المرجعية التي تؤثر في تكوين الرأي العام . ولما كانت الحكومات تعتمد في بقائها على تأييد الرأي العام ، فطبيعي ان تعير جماعات الضغط اهتماماً كبيراً لتعبئة الرأي العام وتوجيهه في كثير من الأحيان إلى تحقيق أهدافها . ولا شك ان هذه الجماعات قادرة بما لديها من موارد مالية كبيرة على هذا التوجيه في طريق مصلحتها وحمل الحكومة والمجلس على تبني قضاياها . وتلجأ الجماعات إلى استخدام مختلف الوسائل التي تؤثر في الرأي العام مثل إصدار النشرات وتوزيعها وعقد الندوات وإلقاء المحاضرات واستخدام الإذاعة والتلفزيون وما إلى ذلك من مختلف وسائل الاتصال بالرأي العام . فاذا ما تحقق لها اقتناع الرأي العام بقضيتها حثته على كتابة الرسائل والبرقيات للمجلس أو للحكومة حتى يتم التعديل المطلوب لمشروع قانون أو سياسة حكومية . وتسمى هذه الوسيلة باسم الضغط الجذري أي ضغط طبقة عامة الشعب .

وقد تقارن جماعات الضغط بعضها مع بعض لتحقيق أكبر قدر من الضغط على السلطات الحاكمة ، وهذا التعاون يظهر جماعات الضغط بمظهر المؤيد من الرأي العام [٢٩]. وفي سبيل تحقيق هذا التعاون تتنازل جماعات منها عن خلافاتها الأساسية لتضمن الحصول على تأييد جماعات أخرى لها عند عرض قضاياها على

المجلس ، وفي كثير من الأحيان يتم هذا التعاون عن طريق اتفاقات صريحة أو عقود رسمية . وقد تنشأ جماعة ضغط مهمتها الأساسية السعي إلى التوفيق بين مختلف الجماعات ، وهي تتكون من ممثلين ينوبون عن الجماعات المختلفة ، وتنفض هذه الجماعة بمجرد تحقيق الهدف من تكوينها .

ان جماعات الضغط تمارس في بعض أقطار العالم نفوذاً كبيراً على سلطاتها من خلال التأثير على الرأي العام وتعبئته وتغييره لصالحها وصالح أهدافها ومصالحها وخططها . والنتيجة ان مثل هذه الدول تخضع في سياستها لهذه الجماعات . وخير مثال على ذلك الولايات المتحدة الأمريكية التي تهيمن على توجيه سياستها الخارجية في الشرق الأوسط جماعة ضغط منظمة تعرف بالجماعة الصهيونية التي استطاعت التأثير في الرأي العام وحمله على تأييد أهدافها وبرامجها وتمكنت من ان تخضع كلا السلطتين التنفيذية والتشريعية إلى مشيئتها إلى حد كبير [٣٠]. وهذا هو سر بقاء سياسة أمريكا في الشرق الأوسط على حالتها لزمن طويل ، بالرغم من تبدل الأحزاب التي تعتلي السلطة واختلاف الأوجه التي تشغل القيادة .

وعليه فان ما يجب التأكيد عليه هو ان جماعة الضغط الصهيوني تلعب دورها المؤثر في السياسة الأمريكية . وقد أتاح لها نفوذها استخدام مختلف الوسائل بما في ذلك الوسائل اللاأخلاقية ووسائل الإغراء التي توقع المسؤولين في شباكها . وهكذا يقول الصهاينة الذين يسيطرون على نيويورك انه اذا ما لم يعمل المرشح على تأييدهم فيما يريدونه في سياسة الشرق الأوسط فانهم سيعملون على تأييد ضده [٣١]. وعملهم السياسي هذا يعتمد على فعاليات الضغط التي يسيطرون عليها والتي تؤثر في الرأي العام وتجعله مناصراً للكيان الصهيوني وتحمل شاغلي المراكز الحساسة على تأييد إسرائيل تأييداً كاملاً وتنفيذ خططها وبرامجها غير المشروعة وذلك من خلال التأثير فيهم وإغرائهم وإثارة روح الحماس عندهم لدعم

مواقف وقضايا الكيان الصهيوني بدون تحفظ والوقوف ضد مصالح وأماني الأمة العربية خصوصاً الشعب العربي الفلسطيني .

فوائد ومضار جماعات الضغط

يبدو ان هناك تعارضاً وتناقضاً بين قيم الديمقراطية والحريات الفردية وبين ممارسات جماعات الضغط . لكن جماعات الضغط ما هي في الحقيقة الا وسيلة منظمة للدفاع عن مصالح الأفراد وحرياتهم شأنها في ذلك شأن الهيئات والمنظمات الأخرى التي ترعى مصالح بعض الفئات . فالطبقة العاملة ترى ان خير وسيلة للدفاع عن مصالحها هي تكوين النقابات ، أو الانضمام إلى الأحزاب الاشتراكية ، فيرى أصحاب الأعمال مقابل ذلك ان يؤلفوا اتحادات تصون مصالحهم حيال تكتلات العمال .

ولكن لا يمكن ان ننكر من الناحية الأخرى ان نشاط جماعات الضغط يتعارض تماماً مع النظرية الديمقراطية التحررية التي تنص على ان للمواطنين كأفراد حق الاشتراك في العمل السياسي ، وما دمنا نسلم بأن المواطن يستطيع كفرد ان يكفل مصالحه ، وما دمنا نسلم أيضاً بأنه لا يصح ترك زمام الأمر كله في أيدي هذه الجماعات ، فأن ذلك يؤدي بنا إلى الاعتقاد بضرورة اشتراك الاثنين معاً في العمل السياسي [٣٢] .

بقي ان نقول بأن الكثيرين من الكتاب يهاجمون جماعات الضغط وذلك للأسباب التالية :

(١) ان جماعات الضغط تقوم على أساس تحقيق مصالح طبقية ، مما يتعارض مع المصلحة العامة ، وتأمين هذه المصلحة من أهم واجبات الديمقراطية الحديثة .

(٢) ان جماعات الضغط تفرض على أعضائها الولاء لها ، وهذا يتنافى مع ولاء العضو للجماعة الكبرى وهي الدولة .

(٣) يساور الطبقة المتوسطة خوف كبير من تكتل العمال في نقابات قوية قد تهدد في النهاية بسيطرة العمال على الحكم وتكوين الدكتاتورية ... البروليتارية .

(٤) تتبع معظم جماعات الضغط أساليب مجحفة وظالمة في سبيل تحقيق أغراضها، وغالباً ما تستعمل الرشوة والخداع والتضليل في تحقيق ما تصبو إليه [٣٣]. ويتضح ذلك من قول رئيس الولايات المتحدة السابق ترومان : ان جماعات الضغط تقوض بنيان الحكومات البرلمانية وتعوق مسعى الدول لإسعاد مجموع الشعب لاسيما ان هذه الجماعات تعتمد في تحقيق أهدافها على رشوة وإغراء الكونكرس وتقديم الهدايا لهم وغير ذلك من الأساليب المنافية للأخلاق .

(٥) ان جماعات الضغط لا تمثل المصالح المتعارضة لجميع فئات المجتمع ، فبينما توجد جماعات ضغط للمنتجين مثلاً لا توجد جماعات تقابلها للمستهلكين وهكذا . من ذلك يتبين أنه حين تحقق جماعات الضغط أهدافها فانما يكون ذلك لمصلحة فئة على حساب فئة أو فئات أخرى من الشعب قد تكون أكبر منها .

(٦) ان زمام الأمور في جماعات الضغط تستأثر به عادة فئة قليلة من الزعماء وبعض الموظفين المأجورين ، وهؤلاء هم الذين يرسمون السياسة العامة للجماعة غير مكترثين بآراء المعارضين داخل الجماعة نفسها ولو كانوا أغلبية. وهذه الفئة القليلة تسعى إلى تحقيق أغراضها باسم الجماعة دون ان تضطلع بأدنى مسؤولية تجاه بقية الأعضاء ودون مبالاة بالمصلحة العامة .

ولكن هذه المساوئ والعيوب التي تعاني منها جماعات الضغط تقابلها محاسن وفوائد كثيرة تقدمها هذه الجماعات للنظام السياسي . ومن أهم هذه المحاسن ما يلي :

(١) ان جماعة المصلحين الذين ينددون بمساوئ جماعات الضغط هم أنفسهم في حاجة إلى ان ينتظموا في جماعات كي يمكنهم التغلب على هذه المساوئ .

(٢) أن نمو الجهاز الحكومي وازدياد عدد موظفيه يهدد بالقضاء على حريات الأفراد ، ما لم ينتظم هؤلاء الأفراد في جماعات قوية تستطيع ان تكون نداً لهذا الجهاز ، وأن تحمي حرياتهم من استفحال نمو هذا الجهاز باستمرار .

(٣) تقوم جماعات الضغط بالتأثير في الحكومة طوال الفترات بين الانتخابات العامة ، هذا بينما يكون الفرد في هذه الفترات عاجزاً عن إحداث أي تأثير يقابله [٣٤].

ولا يتبادر إلى الذهن ، ان جماعات الضغط تقوم بأعمالها دون عون من الفرد ، ذلك أنها ليست الا مجموعة من الأفراد تحتاج إلى تعضيدهم المتواصل لكي تظل الجماعة مترابطة متماسكة الكيان . والواقع ان الفرد أقدر على ممارسة حقه السياسي داخل الجماعة منه لو كان خارجها ، كما ان زعماء الجماعة لا يتمتعون بنفوذ مطلق على الأعضاء كما يعتقد البعض ، فالزعيم الناجح الحريص على دوام زعامته يعوزه التعرف على الرأي العام داخل جماعته واحترامه .

(٤) أما المساوئ الأخلاقية فهي أولاً لا تنفي عنهم أنهم يعملون على مسايرة الناموس الطبيعي ، وهو نقاد الجماعات . وثانياً يمكن علاج هذه المساوئ بواسطة التدخل الحكومي وإصدار التشريعات المنظمة للجماعات .

(٥) ان هذه الجماعات تملك بحكم تخصصها وتمرسها بمهامها وسائل الوقوف على البيانات والاتصال بالجهات الموثوق بها وأهل الخبرة في مختلف ألوان المعرفة ، ومن ثم يسهل على الحكومة دراسة مشروعات القوانين المقترحة وأحسن الطرق لتنفيذها . يضاف إلى ذلك أن الجماعات أكثر تأثراً بالقرارات الحكومية من الأفراد ، وأقدر منهم على استثارة المعارضة السريعة الفعالة تجاه القرارات الحكومية المجحفة بحقوق الأفراد والضارة بمصالحهم . واذا فرض ان عملت جماعات على تحقيق مصالحها الخاصة غير عابئة بالمصلحة العامة فأن هذا يصدق على الكثير من الأفراد وعلى الحكومة نفسها .

جماعات الضغط في المجتمع العربي

المجتمع العربي كغيره من المجتمعات الإنسانية توجد فيه عدد من جماعات الضغط التي لا تؤثر على سياسة الحكومة فحسب بل تؤثر أيضاً على فعاليات وقرارات ومسيرة المؤسسات المجتمعية والمنظمات الوظيفية التي يتكون منها المجتمع .

فجماعات الضغط لا توجد في الأجهزة والمؤسسات الحكومية والسلطات التنفيذية بل توجد أيضاً في البرلمانات والمجالس التشريعية وفي أجهزة العدالة والقضاء وفي مؤسسات ومنظمات المجتمع الرسمية وغير الرسمية [٣٥]. وتستعمل هذه الجماعات أساليب الضغط والإقناع والمجاملة والتهديد مع المؤسسات والسلطات التي تريد التأثير على سياساتها وقراراتها وبرامجها بحيث تكون متجاوبة مع أهدافها ومصالحها القريبة والبعيدة . وبعد نجاح جماعات الضغط في التأثير على سياسة المؤسسات والهيئات وتحقيق مصالحها الذاتية فأن عملها يتوقف وتتجمد أنشطتها . وتتمثل جماعات الضغط في المجتمع العربي بالمنظمات المهنية والشعبية، الأندية والجمعيات .. الاجتماعية والرياضية ، الهيئات والمؤسسات العلمية ، الأحزاب السياسية، لجان المجتمعات المحلية ، الشركات التجارية الأهلية، العوائل المتنفذة خصوصاً الميسورة منها ، أماكن العبادة والتدين كالجوامع والكنائس، المعاهد والجامعات الأكاديمية ومجالس البحث العلمي ، المؤسسات والتشكيلات العسكرية ... الخ .

وتستطيع جماعات الضغط هذه من خلال قوتها ونفوذها وتأثيرها وسمعتها فرض إرادتها على الأجهزة والسلطات الحكومية وغير الحكومية وحملها على التصرف ضمن مصالحها وأهدافها وخططها [٣٦]. فأول ما تقوم به جماعات الضغط عند رغبتها وتصميمها على تغيير سياسة مؤسسة ما الاتصال المباشر بالمؤسسة وإقناعها بضرورة اعتماد سياسة معينة دون السياسة الأخرى وتقديم المغريات والتسهيلات اللازمة لها بغية القيام بهذا العمل . وفي بعض الأحيان يمكن

ان تلجأ جماعات الضغط إلى أساليب الخداع والمراوغة والتضليل لإقناع الجهة المسؤولة على ضرورة اتخاذ إجراءات معينة تخدمها وتحقق أغراضها . واذا لم تستجب الجهة المسؤولة لإرادة ومطاليب جماعات الضغط فإن الأخيرة لا تتردد عن استعمال صيغ التهديد والوعيد في حملها على الانصياع لأوامرها ومخططاتها.

فنقابة العمال مثلاً قد تسلط الضغوط على وزارة الإسكان والتعمير وترغمها على توزيع الأراضي السكنية على العمال بأسعار واطئة أو توزيع الدور عليهم مجاناً أو بأسعار الكلفة . وقد تقوم نقابة الأطباء بالضغط على وزارة الصحة بشأن زيادة رواتب الأطباء والسماح لهم بممارسة عملهم المهني في عيادات خاصة بعد الانتهاء من دوامهم الرسمي . وقد تبادر جمعية الاقتصاديين أو الاجتماعيين بالضغط على وزارة التربية بإدخال مادتي علم الاقتصاد وعلم الاجتماع في الامتحانات الوزارية للفرعين العلمي والأدبي . وهنا يمكن تعيين خريجي الاقتصاد والاجتماع كمدرسين في المدارس الثانوية . وأخيراً ربما تسعى الاتحادات الرياضية والكشفية في القطر بالتأثير على سياسة وزارة الشباب وحملها على تقديم مكافآت وتسهيلات كثيرة للرياضيين الذين يبرزون في مجالات تخصصهم المهني والوظيفي.

اذن جماعات الضغط تمثل منظمات ونقابات ومؤسسات مهمة يعتمد عليها المجتمع في مسيرته الحضارية وتحقيق برامجه وأهدافه . ولولا أهمية هذه الجماعات لما أذعنت مؤسسات الدولة والمجتمع لضغوطها وأوامرها ومطاليبها ولما استطاعت الجماعات ذاتها من تحقيق أهدافها وتلبية مصالحها ولكنه في معظم الأحيان لا تقوم جماعات الضغط بالتأثير على سياسة الدولة والمجتمع وجعلها تمضي في مسارات معينة دون أن يكون هذا التأثير للصالح العام وتحقيق المصلحة الجماعية [٣٧]. ومن جهة أخرى نستطيع القول بأن الممارسات السلوكية لجماعات الضغط لا تختلف عن الوساطات التي يعتمدها بعض الأفراد والجماعات في تحقيق مأربها وأهدافها . فعائلة متنفذة معينة تستطيع الضغط على الدولة وتحملها على

تغيير قوانين الملكية الزراعية أو تغيير قوانين القبول في الجامعات . وبعد تغيير هذه القوانين تستفيد العائلة في توسيع ملكيتها الزراعية وقبول أبنائها في الجامعات لغرض الدراسة والتحصيل العلمي . وهذا معناه بأن العائلة استعملت نفوذها (الوساطة) في تغيير قوانين الدولة التي ساعدتها في تحقيق مصالحها وأغراضها .

الهوامش والمصادر

1. Cole and Others. European Political System , Alfred Knopf, New York , 1963 , P. 22 .
2. Corry, J. A. Elements of Democratic Government, Oxford University Press , London , 1954 , PP. 13-15 .

٣. الحسن ، إحسان محمد (الدكتور) . العائلة والقرابة والزواج ، دار الطليعة ، بيروت ، ١٩٨١ ، ص٤٨-٤٩ .

4. Huntington, F. S. Military Sociology , London , 1965 , PP. 11-14 .
5. Dudinsky, I. Closer Cooperation Among Socialist States an Article Written in Economic Problems of Developed Socialism , Edited by Komkov and Others , Moscow , 1976 , P. 228 .

٦. غالي ، بطرس غالي (الدكتور) . المدخل في علم السياسة ، مكتبة الانجلو المصرية ، ١٩٧٤ ، ص٦٣٥ .

٧. نفس المصدر السابق ، ص٦٣٨ .

8. Finer, S. E. Anonymous Empire, The Pall Mall Press, London, 1962, PP. 19-20 .

٩. حتي ، فيليب . تأريخ العرب المطول ، الطبعة الرابعة ، بيروت، ١٩٦٥ ، ص١١٠-١١٣ .

١٠. الحسن ، إحسان محمد (الدكتور) . محاضرات في المجتمع العربي ، مطبعة دار السلام ، بغداد ، ١٩٧٣ ، ص١٦٨ .

11. Moodie, G. Opinions , Publics and Pressure Groups, George Allen and Unwin, London, 1970, P. 61 .
12. Ibid. , P. 62 .
13. Finer, S. E. Anonymous Empire, P. 5 .

١٤. محمد ، فاضل زكي. السياسة الخارجية وأبعادها في السياسة الدولية ، مطبعة شفيق ، بغداد ، ١٩٧٤ ، ص٤٣ .

15. Eckstein, H. Pressure Group Politics, Allen and Unwin , London , 1960 , P. 9 .

16. Ibid. , P. 11 .

17. Ibid. , P. 14 .

١٨. مينو، جان. الجماعات الضاغطة، ترجمة بهيج شـعبان، منشـورات عويـدات ، بـيروت ،
١٩٧١ ، ص٥١-٥٤ .

19. Finer, S. E. Anonymous Empire, P. 9 .

20. Kornhauser, W. The Politics of Mass Society , Routledge and Kegan Paul ,
London , 1960 , P. 43 .

٢١. محمد ، فاضل زكي (الدكتور) . السياسة الخارجية وأبعادها في السياسة الدولية ،
ص١٦٤-١٦٦ .

22. Mckenzie, R. T. Parties , Pressure Groups and the British Political Process ,
Political Quarterly , XXIX., 1950 .

23. Walkand, S. The Legislative Process in Great Britain, London , 1968 , P. 3.

24. Ibid. , PP. 95-97 .

25. Castles , F. Pressure Groups and Political Culture , Rouledge and Kegan Paul ,
1967 , PP. 2-3 .

26. Ibid. , P. 6 .

27. Ibid. , P. 13 .

٢٨. محمد ، محمد عـلي (الـدكتور). دراسـات في علم الاجـتماع السـياسي ، دار الجامعـات
المصرية ، الإسكندرية ، ١٩٧٧، ص٣٨٨ . انظـر في نفـس الصـفحة تعريـف بـرايس
للرأي العام .

29. Wilson, H. Congress : Corruption and Compromise, Holt, Rinehart, 1951, Ch.
13 .

٣٠. محمد ، فاضل زكي (الدكتور) . السياسة الخارجية وأبعادها في السياسة الدولية ،
ص١٦٧ .

٣١. عودة ، عبد الملك (الدكتور) . دراسات في المجتمع العربي، مكتبة الانجلو المصرية ،
القاهرة ، ١٩٦٢ ، ص٤٧ .

32. Stewart, J. D. British Pressure Groups, Oxford , 1958 , PP. 21-24 .

33. Ibid. , P. 28 .

34. Ehemann, W. Interest Groups in Four Continents , University of Pittsburgh,
     1958 , P. 71-73 .

٣٥. غالي ، بطرس غالي (الدكتور). المدخل في علم السياسة ، ص٦٤٦ .

36. Kelley, S. Professional Public Relations and Political Power, John Hopkins, 1966,
     PP. 27-30 .

٣٧. مينو ، جان . الجماعات الضاغطة ، ص١٠٣-١٠٨ راجع في الكتاب المذكور حول تقييم
     الطلبات .

الفصل العاشر
جماعة الضغط الصهيونية في أمريكا والإمعان
في معاداة العراق
(دراسة تطبيقية)

تشير جميع الحقائق والأدلة المادية المتوفرة إلى ان السياسة الخارجية الأمريكية في الشرق الأوسط عموما والمنطقة العربية خصوصا ترسمها وتحدد معالمها وتنفذها جماعة الضغط الصهيوني المتواجدة في نيويورك مقر منظمة الأمم المتحدة ، هذه الجماعة التي استطاعت التأثير في الرأي العام الأمريكي وحمله على تأييد أهدافها وبرامجها ، وتمكنت من ان تخضع السلطتين التنفيذية والتشريعية لمشيئتها إلى حد كبير . وهذا هو سر بقاء سياسة أمريكا في الشرق الأوسط والمنطقة العربية على حالتها لزمن طويل بالرغم من تبدل الأحزاب التي تعتلي السلطة واختلاف الأوجه التي تشغل القيادة ، لكن الكيان الصهيوني والوكالة اليهودية هما اللتان توجهان جماعة الضغط الصهيونية وتحملانها على التأثير في السياسة الخارجية الأمريكية اذ تنحاز هذه السياسة لمصالح الصهيونية وضد مصالح الدول العربية لاسيما تلك التي تنشد الوحدة والحرية والسيادة والاستقلالية والتنمية والتقدم كالعراق وليبيا والصومال والسودان واليمن وغيرها من الدول التي ترفض التبعية بجميع أشكالها ، وتقف ضد " النظام الدولي الجديد " الذي تقوده أمريكا للسيطرة على العالم وإذلال شعوبه ونهب خيراتها ومقدراتها [٢] .

تتضمن هذه الدراسة أربعة مباحث أساسية هي :

أ-   مفهوم جماعة الضغط وتحديد أنواعها .

ب-   طبيعة جماعة الضغط الصهيونية وكيفية تعمل .

ج- دور جماعة الضغط الصهيونية في العدوان الثلاثيني الغادر على العراق .

د- دور جماعة الضغط الصهيونية في فرض الحصار الاقتصادي على العراق وإطالة مدته .

هـ- الخاتمة .

والان علينا دراسة هذه المباحث مفصلا :

أ- مفهوم جماعة الضغط وتحديد أنواعها

هناك عدة تعاريف لجماعة الضغط أهمها التعريف الذي ينص على ان جماعة الضغط هي أية جماعة منظمة تحاول التأثير في سياسات وقرارات الحكومة دون محاولتها السيطرة على المراكز الرسمية للدولة وممارسة أساليب القوة الرسمية من خلالها [٣]. وهناك تعريف آخر لجماعة الضغط ينص على انها منظمة تهدف إلى التأثير في سياسة الهيئات والمؤسسات الرسمية بما يتلاءم مع أهدافها ومصالحها ، وهذه المنظمة لا تريد احتلال مراكز القوة والحكم في الدولة [٤]. كما عرفت جماعة الضغط بأنها جماعة سرية تعمل بهدوء وكتمان من اجل تحقيق مصالحها وطموحاتها أو مصالحها وطموحات الجهات التي تقف خلفها من خلال التأثير في أصحاب اتخاذ القرار والرأي العام والمجالس النيابية والتشريعية والحكومة وحملها على تأييدها والإقرار بما تخطط وتريد من مكاسب وأرباح [٥].

وجماعة الضغط تختلف عن الحزب السياسي . وذلك ان جماعة الضغط لا تنوي احتلال مراكز القوة والحكم بل تريد تحقيق مصالحها عن طريق الضغط على مؤسسات الدولة والمجتمع وإقناعها بضرورة تلبية مطاليبها وسد حاجاتها . بينما الحزب السياسي لا ينوي الضغط والتأثير على سياسة الحكومة حسب ، بل يريد الوصول إلى الحكم واحتلال مراكز القوة والنفوذ التي من خلالها يستطيع ترجمة أهدافه ومبادئه إلى واقع ملموس يؤدي أدواره الواضحة في تبديل مسيرة المجتمع بما يتوافق مع أيديولوجية الحزب ومفاهيمه ومبادئه [٦]. والفرق الآخر بين جماعة

الضغط والحزب السياسي هو ان جماعة الضغط تنحل وتجمد نشاطاتها مؤقتاً عندما تحقق مصالحها وأهدافها ، بينما الحزب السياسي يبقى ويستمر سواء حقق أهدافه أو لم يحققها . وأخيراً تعمل جماعة الضغط في السر والخفاء بينما يعمل الحزب السياسي بصورة علنية ، اذا لم يكن محظوراً أو يعمل بالسر والخفاء اذا كان محظوراً .

وجماعات الضغط تكون على أنواع كثيرة أهمها جماعات الضغط السياسية أو اللوبيات (Lobbies) كجماعة الضغط الصهيونية في الولايات المتحدة الأمريكية وغيرها من دول أوربا الغربية والوسطى [٧]. وهناك جماعات الضغط شبه السياسية التي تتمثل في المنظمات المهنية والجماهيرية والشعبية كنقابات العمال والاتحادات النسوية والطلابية أو اتحادات أصحاب الأعمال في الدول الغربية . ومع ان نشاط هذه المنظمات لا ينحصر جميعه في المجالات السياسية الا ان هذه المنظمات والجماعات لا تتمكن من القيام بأنشطتها وفعالياتها وتحقيق أهدافها القريبة والبعيدة دون النشاط السياسي [٨]. وهناك أيضاً جماعات الضغط الإنسانية التي لا تمارس نشاطات سياسية الا في القليل النادر ومن أمثالها جمعيات حماية الأطفال ورعايتهم وجمعيات الرفق بالحيوان وجمعيات البر والإحسان وبقية الجمعيات الخيرية ذات الأهداف الإنسانية والاجتماعية [٩]. وجميع هذه الجمعيات والمنظمات لا تتدخل في الشؤون السياسية ولا تستعمل وسائل الضغط على السلطة الحاكمة الا في الحالتين : أولهما طلب المعونة المالية والدعم . وثانيهما مناقشة مشاريع القوانين التي تمس اوجه نشاطاتها .

ب- طبيعة جماعة الضغط الصهيونية وكيف تعمل ؟

ان جماعة الضغط الصهيونية المتواجدة في أمريكا بصورة خاصة والعواصم الأوربية بصورة عامة هي جماعة الضغط السياسي أو اللوبي . ذلك ان مصلحة هذه الجماعة هي مصلحة سياسية بحتة . فلوبي الكيان الصهيوني في أمريكا يتعمد في التأثير على السياسة الخارجية الأمريكية ويحملها على تأييد

المواقف العدوانية والتوسعية والاستغلالية إزاء الوطن العربي والأمة العربية (١٠). أما لوبي أمريكا في الأمم المتحدة فهو جماعة ضغط سياسية تهدف إلى التأثير في سياسات الدول بصورة مباشرة أو غير مباشرة . اذ تجعلها تؤيد المواقف الأمريكية المنحازة للكيان الصهيوني والمعادية للدول العربية لا سيما تلك الدول التي تناهض الإمبريالية والصهيونية والعنصرية وتقف إلى جانب القضايا العربية المشروعة .

تنتشر جماعات الضغط الصهيونية في الدول الغربية كأمريكا وبريطانيا وفرنسا وألمانيا وهولندا وبلجيكا والسويد والدانمارك وأسبانيا اكثر من غيرها من دول العالم ، وتستعمل هذه الجماعات أساليب خاصة في تحقيق أهدافها ومصالحها، وهذه الأساليب تتجسد في التأثير والإقناع والمراوغة والتهديد والتزوير والاستدراج والرشوة والتضليل (١١). ومثل هذه الأساليب تؤمن تحقيق غاياتها ومصالحها وتلبي مطاليبها وحاجاتها ، وعندما تنجح جماعات الضغط في الوصول إلى أهدافها ومصالحها فان مهامها وأنشطتها تكون قد انتهت . غير ان هذا لا يعني تجميد نشاطها وحل هيكلها واختفاء ذاتيتها ، فجماعات الضغط تستمر باستمرار المنظمات والهيئات والمؤسسات والكيانات والدول التي تحميها وتدافع عنها .

ان جماعات الضغط الصهيونية في أمريكا تلعب دورا ملحوظاً في رسم وتنفيذ سياسة الحكومة الأمريكية الداخلية والخارجية . ان هذه الجماعة التي تمارس نشاطها في السر والكتمان تعمل عادة بأكثر من أسلوب واحد لتحقيق مصالحها. فهي تتصل بالجهات الرسمية وغير الرسمية في أمريكا بطرق مختلفة : منها الاتصال بالوسائل المباشرة ومنها الاتصال بالمسؤولين الأمريكيين عن طريق الصحف التي تؤثر عليها هذه الجماعات ، ومنها التأثير في وسائل الإعلام الأخرى كالتلفزيون والراديو وغيرها، والتي تمتلكها شركات أهلية وتخضع للاغراءات المادية عادة . كما تعمل جماعات الضغط على التأثير في السياسة الخارجية الأمريكية ، فقد تتصل اتصالاً شخصياً عن طريق رؤسائها بالمسؤولين لتنفيذ آرائها والدفاع عن مصالحها ومصالح الكيان الصهيوني الذي تمثله (١٢). وقد تتصل عن

طريق الرسائل الخاصة مهددة أو واعدة أو مغرية وجميع أنشطتها هذه تكون طي السرية والكتمان .

ان جماعة الضغط الصهيونية العامة في أمريكا لا تمثل جميع اليهود وانما تمثل ١٠% منهم كحد أقصى . وعلى الرغم من قلة عددهم النسبي فان ما تملكه من وسائل التنظيم المحلي والعالمي يفوق أية جماعة أخرى ، وينطلق التنظيم العالمي لجماعة الضغط الصهيونية من مركزها الرئيسي في مدينة نيويورك مقر هيئة الأمم المتحدة . ومن أهم ما تمتاز به هذه الجماعة قوة تماسكها وغناها المادي ومعرفتها الدقيقة بتفكير وسلوك الشعوب [١٤]. أما أساليبها وصيغها الضغطية فهي أساليب وصيغ شيطانية وملتوية ومضللة وخداعة تستغل نقاط الضعف لتدخل من خلالها وكأنها ملاك الرحمة جاء لخير الإنسان وهدايته . ومن هذه الوسائل انها تنقسم على نفسها إلى منظمات محلية وقطرية وعالمية تحمل أسماء جذابة لتبعد أي شك عنها بانها منظمات صهيونية . ومن أنشطتها الرخيصة في أمريكا انها تؤثر في مجلس النواب والشيوخ عن طريق تقديم الهدايا والرشاوي للأعضاء ، وإقامة الحفلات والولائم الفاخرة والتفنن في جلب الأعضاء لمطاليبها عن طريق الاغراءات الجنسية واللاأخلاقية . ومن صيغها الخبيثة الأخرى انها تنتهز الفرص المواتية لجمع التبرعات للكيان الصهيوني عن طريق فروعها المنتشرة في سائر أنحاء العالم والمتمركزة بوجه خاص في نيويورك . فقد جمعت لدى الكيان الصهيوني (من اليهود والمسيحيين من مؤيدين ومحايدين أمريكيين) حوالي ٥٠٠ مليون دولار عام ١٩٦٧ واستطاعت ان تجمع ضعف هذا المبلغ في سنة ١٩٦٨ والسنوات التي تلتها [١٤].

واستطاعت جماعة الضغط الصهيونية في أمريكا التأثير في الكونغرس والحكومة الأمريكية بالحصول على منح عالية للكيان الصهيوني زادت في معدلها على الآلف مليون دولار سنويا . وخلال المنازلة الكبرى لام المعارك التي واجه فيها العراق العدوان الثلاثيني الغادر ، العدوان الذي لعبت خلاله جماعات الضغط

الصهيونية في أمريكا وأوربا واسيا وأفريقيا الدور النشيط في تحريض دول العـدوان عـلى مهاجمـة العـراق وتدمير حضارته وقتل سكانه بحجة دخوله إلى الكويـت ، تمكنـت هـذه الجماعـات الضـغطية لاسـيما بعـد نجاح العراق بدك المدن الصهيونية بالصواريخ العراقية العملاقة من جمع التبرعات للكيان الصـهيوني التـي زادت قيمتها عـلى (١٠) مليـار دولار ، وإقنـاع الإدارة الأمريكيـة بتقـديم المسـاعدات العسـكرية الضـخمة للكيان الصهيوني التي كان منها منظومة صواريخ الإنذار المبكر (باتريوت) لمواجهة الصواريخ العراقية التـي راحت تدمر اكبر وابعد المدن الصهيونية .

أما تأثير جماعة الضغط الصهيونية على الصحف الأوربية والأمريكية فانه يتم بالتغلغل في مجالس إداراتها وفي شراءها الأسهم الكبيرة ، واذا لم تتمكن من ذلك فإنها تمارس أساليب الإغراء بدفع المبالغ المالية الطائلة للمقالات التي تنشر في الصحف والتي تؤيد الكيان الصهيوني وتقف موقفا معاديا من القضايا العربية، فالمقالات التي تنشرها صحيفة (نيويورك تايمز) مثلاً والتي تحقق أغراضها الدنيئة لا تتوانى من ان تدفع لها مبلغ خمسة آلاف دولار أو اكثر .

جـ- دور جماعة الضغط الصهيونية في العدوان الثلاثيني الغادر على العراق

نوهنا أعلاه بان جماعة الضغط الصهيونية في نيويورك وبالتعاون والتنسيق مع جماعات الضـغط الصهيونية المتواجدة في العديد من العواصم الأوربية وبعض العواصم العربية مع شديد الأسف كانت مـن الأسباب المهمة المسؤولة عن العدوان الثلاثيني الغادر الذي تعرض له العراق يوم ١٩٩١/١/١٧ . فجماعـات الضغط الصهيونية هذه التي تتكون مـن كبـار الرأسـماليين ورجـال الأعـمال وأسـاتذة الجامعـات والأطبـاء والمحامين والمهندسين والإعلاميين والفنانين كالممثلين والعازفين والمطربين أخذت تضغط على حكومـات دول العدوان لاسيما أمريكا وبريطانيا ودول أوربا الغربية وتحرضها على شن عدوان عسكري واسع النطاق عـلى العراق

مستغلة أحداث ٢ آب ١٩٩٠ . وضغوطها هذه أقنعت حكومات دول العدوان باستعمال احدث ما توصلت اليه التكنولوجيا العسكرية في محاربة العراق وتخصيص مئات المليارات من الدولارات لهذه الحرب الواسعة النطاق . فانساقت حكومات دول العدوان وعلى رأسها الإدارة الأمريكية للضغوط والتأثيرات الإجرامية لجماعات الضغط الصهيونية فنفذت عدوانها الغادر على العراق بعد ان حصلت على موافقة الأمم المتحدة بفضل جماعات الضغط الصهيونية المتواجدة في نيويورك والمتمرسة بالتأثير في الإدارة الأمريكية [١٦].

وقد تمعن العدوان الثلاثيني الغادر بتدمير معالم الحضارة المادية والتكنولوجية التي يمتلكها العراق وقتل الأرواح البريئة وشل المؤسسات الإنتاجية والخدمية في محاولة لئيمة لتهديم البنى التحتية للمجتمع العراقي لكي تهتز بعد ذلك البنى الفوقية للمجتمع ويستسلم العراق لا سامح الله لإرادة الإمبريالية العالمية والصهيونية والرجعية العربية. ولكن العراق العظيم وقف بوجه العدوان الثلاثيني الشرس وأجهض نواياه الشريرة وتصدى لمخططاته الإجرامية بفضل القيادة وهمة العراقيين الاماجد وتضحيات قواتهم المسلحة الباسلة [١٧]. كما كانت جماعة الضغط الصهيونية تقف خلف الحصار الاقتصادي الظالم المفروض على العراق ، الحصار الذي كان السبب بقطع مصادر الغذاء والدواء عن العراقيين وارتفاع الأسعار إلى مستويات تكاد لا تصدق وإيقاف العديد من المشاريع الإنتاجية والخدمية والعلمية والتنموية عن العمل [١٨].

إضافة إلى اثر الحصار الاقتصادي في عدم قدرة العراق على تنفيذ مشاريعه التسليحية الهادفة إلى صيانة أمن العراق والدفاع عنه ضد الأخطار العسكرية المحدقة لاسيما الخطر الصهيوني ، ناهيك عن الآثار الاجتماعية السلبية التي تمخضت عن إطالة مدة الحصار الاقتصادي المفروض على العراق التي لا مجال لذكرها في هذه الدراسة . علماً بان استمرار الحصار الاقتصادي المفروض على العراق لمدة تجاوزت العشرة سنوات قد اضر بالعراقيين ودمر مصالحهم

الاقتصادية والحق بهم الشرور النفسية والاجتماعية التي لا يمكن تجاوزها بسهولة. كل ذلك كان نتيجة للمخططات الدنيئة التي قامت بها جماعات الضغط الصهيونية ضد العراق والعراقيين .

ولم تتوقف جماعات الضغط الصهيونية عند حد التخطيط لإشعال فتيل الحرب مع العراق وفرض الحصار الاقتصادي اللئيم على شعبه الأبي بل راحت ابعد من ذلك إذ حرضت أمريكا وغير أمريكا على فتح صفحة الغدر والخيانة بالاتفاق مع عملائها وجواسيسها في إيران ، هذه الصفحة التي خطط لها الأعداء ان تكون بداية لحرب أهلية في العراق ، ومثل هذه الحرب يمكن ان تحقق ما فشل الإمبرياليون والصهاينة الرجعيون في تحقيقه عسكرياً (١٩). ولكن صفحة الغدر والخيانة التي كانت تقبع ورائها اللوبيات الصهيونية المتواجدة في نيويورك وطهران وبعض العواصم الأوربية والعربية قد فشلت كما فشلت صفحة العدوان العسكري من قبلها . لذا قام الأعداء الذين تحركهم جماعات الضغط الصهيونية المتواجدة في كل مكان بلعب ورقة التقسيم والوصايا ، أي تقسيم العراق إلى ثلاث كيانات هزيلة ، كيان في الشمال وكيان في الوسط وكيان في الجنوب . والتقسيم هذا من وحي الصهيوني الأمريكي (بير جنسكي) زعيم جماعة الضغط الصهيونية في أمريكا . ولكن وعي العراقيين ويقضتهم وتحسبهم للمؤامرة الكبرى وحنكة قياداتهم قد أجهضت هذه اللعبة وقبرتها في مهدها (٢٠).

بقي للإمبريالية الأمريكية والصهيونية الرجعية التي تحركها اللوبيات الصهيونية المتمركزة في أمريكا وبريطانيا كالدمى ، ان تلعب ورقتها الأخيرة وهي ورقة إطالة مدة الحصار الاقتصادي المفروض على العراق بحجج واهية لا أساس لها من الصحة كاحتجاز الأسرى الكويتيين في العراق وعدم إيفاء العراق بالتزاماته التي جاءت في قرارات مجلس الأمن لاسيما قراري ٦٨٦ و ٦٨٧. علينا القول هنا ان العراق أخذ بجميع قرارات مجلس الأمن لاسيما قرار رقم ٦٨٧ المادة (٢٢) وعشرات المواد الأخرى معها ، لكنه لا يمكن ان يأخذ بالقرارات التعجيزية لاسيما

التي تمس سيادته واستقلاليته وأمنه الوطني والتي هي من صنع جماعات الضغط الصهيونية الموغلة في تحدي إرادة الشعوب وغمط حقوقها وسلب إرادتها والضحك عليها وارتكاب الجرائم البشعة ضدها . ان الورقة الأخيرة التي تلعبها القوى المعادية للعراق وهي ورقة إطالة مدة الحصار الاقتصادي إنما هي ورقة ضعيفة سيكون مصيرها الفشل القريب بإذن الله كما فشلت الأوراق الإجرامية والتآمرية التي لعبتها هذه القوى المعادية بإيعاز من اللوبيات من قبل .

علينا هنا ذكر أهم الأسباب المسؤولة عن قيام جماعات الضغط الصهيونية لاسيما الجماعات المتواجدة في نيويورك بتحريض من أمريكا وبريطانيا والدول الأخرى الممثلة في منظمة الأمم المتحدة بمعاداة العراق وملاحقته وافتعال المشكلات والأزمات له وإطالة مدة الحصار الاقتصادي المفروض عليه . ان هذه الأسباب يمكن حصرها بالنقاط التالية :

١- تميز العراق بأسباب القوة والاقتدار والنهوض الحضاري والاجتماعي والتقدم العلمي والتكنولوجي [٢١]، وتحوله إلى مركز إشعاع فكري وثقافي وسياسي يمكن ان يؤثر على المنطقة العربية بصورة عامة ومنطقة الخليج العربي الغنية بالبترول بصورة خاصة .

٢- انتصار العراق على إيران في حرب استنزافية طويلة الأمد دامت نحو ثماني سنوات . وانتصار العراق ثانية على العدوان الثلاثيني الغادر وإفشال مخططاته الرامية إلى احتلال العراق وإذلال شعبه لا سامح الله مع إفشال جميع الصفحات العدوانية والتآمرية التي تلت العدوان بقوة واقتدار .

٣- تقدم العراق في مجال التصنيع العسكري الذي يخشاه الكيان الصهيوني وتخشاه الإمبريالية أكثر من أي شيء آخر ، وقطعه أشواطاً متقدمة في مضمار التكنولوجيا العسكرية ونجاحه في إعادة بناء تراكيبه الحضارية والاجتماعية ومشاركته الفاعلة في بناء الإنسان الجديد المؤمن بالثورة وفكرها النير وقيمها الأخلاقية والتربوية والسلوكية [٢٢] . ومثل هذه المكاسب المادية والعسكرية

والحضارية التي أحرزها العراقيون بعد ثورة ١٧-٣٠ تموز المجيدة قد جعلت الأعداء والحاقدين يخافون من العراقيين ويخشون سريان منجزاتهم وانتصاراتهم إلى الأقطار العربية الأخرى .

٤- مضى العراق قدماً بحث العرب دائماً على التكتل والوحدة ، فالوحدة هي الهدف الأسمى للعرب ومركز كفاحهم وأساس قوتهم في قهر أعدائهم . فالعرب ينبغي ان يعتمدوا على أنفسهم في كل شيء وان لا يعتمدوا على الأجانب في الدفاع عن أنفسهم وإعادة بناء مجتمعهم وحضارتهم العريقة [٢٣].

٥- إصرار القيادة السياسية في العراق على ضرورة حث الأقطار العربية بالابتعاد عن أمريكا والصهيونية والدول الغربية المتحالفة معها وتحقيق درجة من السيادة والاستقلالية والتحرر من التبعية الاقتصادية والسياسية للغرب لاسيما وان الغرب منحاز للكيان الصهيوني وان سياساته متناقضة مع أماني وطموحات الأمة العربية .

د- دور جماعة الضغط الصهيونية في فرض الحصار الاقتصادي على العراق وإطالة مدته

ان تحذير العراق المستمر للعرب على لسان قيادته السياسية بالابتعاد عن فلك السياسة الأمريكية والتزام جانب الحياد الإيجابي في التعامل مع الدول وضرورة اعتماد العرب على أنفسهم في كل شيء قد حمل جماعات الضغط الصهيونية المتواجدة في أمريكا وأوربا بالضغط على الإدارة الأمريكية والحكومات الأوربية وتشجيعها على اتخاذ مواقف سلبية ضد العراق . وقد استجابت الإدارة الأمريكية برئاسة بوش والعديد من الحكومات الأوربية وغير الأوربية لمطاليب جماعات الضغط الصهيونية ، اذ أخذت تتحين الفرص المؤاتية للانتقام من العراق والوقوف بدون تحفظ ضد مصالحه الوطنية والقومية [٢٤]. وهنا اغتنمت أمريكا وحلفائها فرصة أحداث ٢ آب ١٩٩٠ فزجت قواتها العسكرية في حرب طاحنة مع العراق هادفة من حربها العدوانية هذه إلى إخراج القوات العراقية من الكويت،

وفرضت الحصار الاقتصادي على الشعب العراقي وتعمدت في إطالة مدته لكي يفعل فعله المخرب ويرغم العراق على الاستسلام لإرادة أمريكا والدول المتحالفة معها بضمنها الكيان الصهيوني . غير ان الشعب العراقي الأبي قد قاوم مؤامرة الحصار ولا يزال يقاوم من خلال الأساليب الاقتصادية وغير الاقتصادية التي يعتمدها في مواجهة صيغه الظالمة وممارساته اللاإنسانية .

اما المكاسب الاقتصادية والسياسية والعسكرية والحضارية التي تجنيها الإمبريالية العالمية لاسيما الإمبريالية الأمريكية والصهيونية والرجعية العربية من استمرار لعبة فرض الحصار الاقتصادي على العراق وتضييق الخناق على شعبه الأبي ومحاربته برزقه اليومي وإرباك قيادته الأمينة ، وحسب مخططات وحيل وألاعيب جماعات الضغط الصهيونية في نيويورك ولندن وغيرها من العواصم الأوربية وغير الأوربية فيمكن درجها بالنقاط التالية :

١- ان استمرار فرض الحصار الاقتصادي على العراق سيجعل العراق غير قادر على الوقوف بوجه المخططات الصهيونية والإمبريالية والرجعية الهادفة إلى تسوية القضية الفلسطينية لصالح الكيان الصهيوني واعتراف الدول العربية بالكيان الصهيوني دون استرجاع العرب لأراضيهم المحتلة ، فالكيان الصهيوني لا يزال يحتل أراضي واسعة من خمس دول عربية هي (فلسطين، مصر ، الأردن ، سوريا ، لبنان) .

٢- استمرار فرض الحصار الاقتصادي على العراق بحسابات جماعات الضغط الصهيونية سيلزم العراق على التخلي عن مشاريعه التنموية الاقتصادية منها والاجتماعية ، والتخلي عن هذه المشاريع لابد ان يجعل العراق يراوح في مكانه ، أي يكون غير قادر على تحقيق التنمية والتقدم الاجتماعي [٢٥] .

٣- اعتقاد جماعات الضغط الصهيونية بان استمرار فرض الحصار الاقتصادي على العراق سيضطره إلى ترك صناعاته الحربية وإغلاق منشآتها وبعثرة كوادرها وملاكاتها العلمية والتقنية . وهنا لا يستطيع العراق بعد ذلك من

صناعة الأسلحة التقليدية والمتطورة فيصفى الجو للكيان الصهيوني والدول الإمبريالية باحتكار صناعة وبيع الأسلحة الدفاعية والهجومية التي من خلالها تستطيع السيطرة على العالم والتفرد بنهب موارده وخيراته وإذلال شعوبه وغمط حقوقها المشروعة .

٤- ان أمن الصهيونية يعتمد على تخلي العراق عن مشاريعه التسليحية المعتمدة على التصنيع العسكري ، وفرض الحصار الاقتصادي على العراق وإحكام السيطرة عليه هو خير طريقة لإلزام العراق على ترك صناعاته العسكرية التي تهدد أمن الكيان الصهيوني ومستقبله لاسيما وان الصناعات العسكرية العراقية قد نجحت في صناعة صواريخ عملاقة بعيدة المدى تمكنت من دك أكبر المدن الصهيونية أبان ملحمة أم المعارك الخالدة في مطلع عام ١٩٩١ وإلحاق الدمار بها .

٥- إن إطالة مدة الحصار الاقتصادي وغير الاقتصادي المفروض على العراق كما تفكر جماعات الضغط الصهيونية لابد ان تؤدي إلى هبوط قيمة العملة الوطنية العراقية إلى معدلات متدنية وارتفاع الأسعار وانخفاض القوة الشرائية للمواطنين مما يسبب تفشي ـ مشكلة الفقر في المجتمع العراقي وتفشي هذه المشكلة لابد ان يسبب ظهور مشكلات اجتماعية أخرى مصاحبة لمشكلة الفقر كالجهل والأمية والمرض والجريمة وانهيار القيم وتفكك الأخلاق وعدم استقرار الأسرة وظهور الصراعات الاجتماعية بين الأجيال من جهة وبين العناصر السكانية للمجتمع العراقي من جهة أخرى [٢٦]. وهذه الصراعات الاجتماعية والسكانية إنما تقوض أركان الوحدة الوطنية للمجتمع العراقي ، وهذا ما تريده الإمبريالية والصهيونية والرجعية وتسعى من أجله .

٦- استمرار الحصار الاقتصادي حسب تفكير ومخططات جماعات الضغط الصهيونية قد يخلق حالة القطيعة والصراع بين الثورة والجماهير ، وهذه

الحالة تجعل كل طرف يشكك بنوايا الطرف الآخر مما قد يقود إلى انهيار الجبهة الداخلية .

٧- الحصار الاقتصادي المفروض على العراق كما تفكر وتخطط جماعات الضغط الصهيونية هو تهديد لكل دولة عربية أو غير عربية تحذو حذو العراق ، أي تطالب بالحرية والسيادة والاستقلالية والتنمية والتقدم وتمتلك ناصية العلم والتكنولوجيا والمعرفة ، ولا تنصاع للنظام الدولي الجديد الذي اختطته أمريكا والصهيونية للسيطرة على العالم والعبث به كما تريدان .

أما الإجراءات التي اتخذتها جماعات الضغط الصهيونية في أمريكا وغير أمريكا لاستمرار فرض الحصار الاقتصادي على العراق وتحويله إلى سلاح فعال بيد الأعداء يستعملونه في تحقيق أغراضهم الدنيئة فهي على النحو التالي :

١- الضغط على مجلس الأمن الدولي التابع لهيئة الأمم المتحدة بتمديد مدة الحصار المفروض على العراق وافتعال المسوغات المزورة التي تبرر تمديد مدة الحصار كاحتجاز العراق للأسرى الكويتيين ، وعدم تنفيذ العراق لشروط الأمم المتحدة، وعدم احترام العراق لحقوق الإنسان وغيرها من الذرائع الباطلة والمزورة .

٢- تفنن جماعات الضغط الصهيونية في نيويورك بمهام التعاون والتنسيق مع جماعات الضغط الصهيونية في لندن وباريس ولاهاي وبروكسل ومدريد وكوبنهاكن واستوكهولم وأنقرة وطهران والقاهرة والرياض والكويت وغيرها بالضغط على حكومات دول هذه العواصم بعدم الموافقة على رفع الحصار الاقتصادي المفروض على العراق وافتعال الحوادث والمسوغات التي تبرر ذلك .

٣- قيام جماعات الضغط الصهيونية بجمع التبرعات والأموال وتقديمها كرشاوى وإغراءات مالية للدول المتضررة من فرض الحصار الاقتصادي على العراق لكي تستمر هذه الدول بمقاطعة العراق وفرض الحصار عليه .

٤- اتصال جماعات الضغط الصهيونية بأشهر الكتاب والصحفيين والمؤلفين في الدول التي تتواجد فيها جماعات الضغط هذه والطلب منهم بنشر وعرض النتاجات الإعلامية والفنية التي تجعل الرأي العام في دول العدوان مع استمرار فرض الحصار الاقتصادي على العراق ، مع تقديم المكافآت المالية السخية وعمل الدعاية والشهرة لهم .

٥- استعمال جماعات الضغط الصهيونية أساليب التأثير والإقناع والمراوغة والكذب والدس والتزوير وتقديم الرشاوي والاغراءات المالية والجنسية عند اتصالها بالمسؤولين الحكوميين وأعضاء المجالس النيابية للدول التي تؤثر في قرارات مجلس الأمن وتحملهم على التأثير في حكوماتهم بتمديد فترة الحصار الاقتصادي المفروض على العراق .

هـ- الخاتمة

ان الأنشطة المعادية والهدامة التي تقوم بها اللوبيات الصهيونية المتمركزة بصورة خاصة في أمريكا إنما تفسر قيام هيئة الأمم المتحدة بدوائرها ومجالسها المختلفة بتمديد مدة الحصار الجائر المفروض على العراق مراراً وتكراراً ، وليس ان العراق لم يلتزم بقرارات ولوائح وبنود الأمم المتحدة الخاصة بشروط رفع الحصار عن العراق . لذا والحالة هذه ينبغي على وسائل الإعلام الشريفة في كل مكان تعرية وكشف الدور التآمري الحاقد الذي تلعبه جماعات الضغط الصهيونية التي تقبع وراء قرارات مجلس الأمن بعدم الموافقة على فرض الحصار الظالم المفروض على العراق ، وتصدي المؤسسات السياسية في العراق والدول المناصرة له لحيل وألاعيب جماعات الضغط هذه وتفنيدها وإجهاض مخططاتها اللئيمة والحاقدة ، كما ينبغي على الشعب العراقي في جميع فئاته وشرائحه الاجتماعية تحمل شرف التصدي للمشكلات الاقتصادية والاجتماعية الناجمة عن آثار العدوان والحصار . إضافةً إلى ضرورة خلق شعب عراقي متماسك اجتماعياً وسياسياً وفكرياً واقتصادياً ووطنياً وروحياً لكي يتمكن هذا الشعب من اجتياز الامتحان

الصعب بنجاح ويثبت للعالم أجمع بأنه أقوى من كل المؤامرات والتحديات التي تفتعلها ضـده جماعـات الضغط الصهيونية لصالح الإمبريالية والصهيونية والرجعية المحلية .

الهوامش والمصادر

١- محمد ، فاضل زكي (الدكتور). السياسة الخارجية وأبعادها في السياسة الدولية ، مطبعة شفيق ، ١٩٧٤ ، ص٤٣ .

٢- الحسن ، إحسان محمد (الدكتور). الأمم المتحدة بين المبدئية والانحراف، دراسة منشورة في جريدة القادسية بتاريخ ١٩٩٤/٥/٢٨ ، ص٣ .

3- Moodie, G. Opinions , Publics and Pressure Groups , George Allen and Unwin, London, 1970, P. 61 .

4- Finer, S. Anonymous Empire, The Pall Mall Press, London, P. 5 .

٥- الحسن ، إحسان محمد (الدكتور). علم الاجتماع السياسي ، مطبعة جامعة الموصل ، الموصل ، ١٩٨٤ ، ص١٧٧ .

6- Moodie, G. Opinions , Publics and Pressure Groups , P. 62.

7- Eckstein, S. Pressure Group Politics, Allen and Unwin, London, 1975, P. 9 .

8- Ibid. , P. 10 .

9- Ibid. , P. 11 .

١٠- محمد ، فاضل زكي (الدكتور). السياسة الخارجية وأبعادها في السياسة الدولية ، ص٤٤ .

١١- مينو ، جان . الجماعات الضاغطة ، ترجمة بهيج شعبان ، منشورات عويدات ، بيروت ، ١٩٧١ ، ص٥١-٥٢ .

12- Mezes, Florian. The Hidden Empire in America, London, Oxford University Press , 1992 , P. 14 .

13- Ibid. , P. 17

14- Lukacs, Joan . Zionist Pressure Groups in Action , The Academy Press Budapest, 1993, P. 43 .

15- Ibid. , P. 59 .

16- Pall, N. Zionist Interests Groups in America , London , 1992, PP. 216-218 .

١٧- الحسن ، إحسان محمد (الـدكتور) . دور العـراق في إجهـاض العـدوان الثلاثينـي الغـادر، دراسـة منشورة في جريدة القادسية بتاريخ ١٩٩٤/٢/٢٧ ، ص٣ .

18-   Levite, A. Zionist Pressure Group : Secrecy Coordination , Paris, 1993, P. 24 .

19-   Ibid. , P. 27 .

٢٠- الحسـن ، إحسـان محمـد (الـدكتور) . دور القيـادة في التعبئـة الجماهيريـة ، دراسـة منشـورة في جريدة القادسية بتاريخ ١٩٩٤/٤/٢٨ ، ص٣ .

٢١- صايغ ، يزيد (الدكتور). الصناعة العربية العسكرية ، مركز دراسات الوحدة العربية ، بـيروت ، ١٩٩٢ ، ص٢٣٥ .

٢٢- فرح ، الياس (الدكتور). في بناء الإنسان الجديـد ، مـن أبحـاث النـدوة الفكريـة لنقابـة المعلمـين لمناقشة الأبعاد التربوية والاجتماعية والنفسية لقادسية صدام المنعقدة في بغداد خلال الفترة مـن ٢٧-٢٨ مايس ١٩٨١ .

٢٣- خطاب القائد صدام حسين في مؤتمر القمة العربية المنعقد في بغداد في شهر أيار ١٩٩٠ .

24-   Mezes, Florian. The Hidden Empire in America, P. 31 .

25-   Ibid. , PP. 45-46 .

٢٦- الحسن ، إحسان محمد (الدكتور) . الانعكاسات الاجتماعية لأم المعـارك عـلى المجتمـع العراقـي ، دراسة مقدمة لمكتب الثقافة والإعلام القومي في القيادة القومية لحزب البعث العربي الاشـتراكي ، بغداد ، ١٩٩٣ ، ص١٤.

الفصل الحادي عشر
القيـادة

الحكام والقادة

لا يمكن للجماعات والمنظمات الاجتماعيـة والمجتمعـات الإنسـانية القيـام بنشـاطاتها وفاعلياتهـا والمضي قدماً نحو تحقيق أهدافها دون وجود حكام وقادة يتميزون بصـفات معينـة تخـولهم عـلى الحكـم والقيادة والتنظيـم والتوجيـه . وهـؤلاء الحكـام والقـادة الـذين يتزعمـون الجماعـات والمـنظمات يمنحـون صلاحية الحكم والقوة والقيادة اما مـن قبـل السـلطات العليـا التـي تشرف عـلى المجتمـع بعـد تعيينـهم وتنسيبهم لمراكز القوة والحكم المناسبة لقدراتهم وإمكانياتهم أو ينتخبون مـن قبـل أبنـاء الشـعب أو مـن قبل الفئات والأحزاب والقوى السياسية الأخرى . الا ان هنـاك فروقـاً واضـحة بـين الحكـام والقـادة يجـب توضيحها في بداية هذا الفصل . ان مجيء الحكام للسلطة بعـد اشـغالهم مراكـز الحكـم الحساسـة يكـون بواسطة التعيين [١]. فرئيس الدولة أو رئيس المجلس الأعلى للدولة أو الملك هو الذي يعين حكام مقاطعـات الإقليم السياسي للدولة ، أو يعين الوزراء أو المدراء العامين لدوائر الدولة المختلفـة. والحكـام المعينـين مـن قبل السلطات العليا يفرضون على الأفراد وليس للأفراد القوة عـلى تبـديلهم أو الاعـتراض عـلى حكمهـم أو تحديهم . اما القادة فلا يعينون من قبل السلطات العليا في البلاد بل يختـارون أو ينتخبـون بطريقـة حـرة ديمقراطية من قبل أبناء الشعب [٢]. والاختيار أو الانتخـاب يعتمـد عـلى الصـفات الشخصـية والاجتماعيـة والثقافية والإدارية والإنسانية التي يتمتع بها هؤلاء القـادة . فالصـفات الإيجابيـة التـي يتمتـع بهـا القـادة يعترف بها الأعداء والأصدقاء ولا يمكن لأحد ان ينكرها أو يقلل

من أهميتها لأنها واضحة وضوح الشمس ومسؤولة عن اختيارهم لمراكز القيادة والحكم [٣].

والفرق الأساسي الآخر بين الحكام والقادة هو ان الحكام يعينون لفترة معينة من الزمن ثم يستبدلون بحكام آخرين ، اما القادة فينتقون لمراكز القيادة والحكم لفترات طويلة من الزمن وليس من السهولة بمكان استبدالهم بأشخاص آخرين وذلك للصفات القيادية الإيجابية التي يتمتعون بها [٤]. ومن الجدير بالذكر هنا بأن بعض الحكام قد يحملون بعض الصفات القيادية ، هذه الصفات التي غالباً ما تدفع السلطات العليا إلى تعيينهم لمراكز القوة والحكم . ويمكن تعريف الحكام بأنهم أولئك الأشخاص الذين يسيرون الشؤون العامة في الجماعات والمنظمات الاجتماعية ويتخذون القرارات باسمها ويشرفون على تطبيقها وفقاً لمبادئهم ومصالح جماعاتهم[٥]. وهم الذين يحركون وسائل القمع والقسر والإكراه عند مخالفة قراراتهم أو عدم تنفيذها . أما القادة فهم المسؤولون الحقيقيون في المجتمع ومالكو السلطة وأصحاب السيادة ، وان جميع الهيئات السياسية الحاكمة تستمد منهم حق الحكم نظراً للقوة الواسعة التي يتمتعون بها . غير ان السيادة والقوة والسلطة التي يمارسها القادة أو الزعماء تستند عادة على طبيعة الظروف التي جلبتهم إلى الحكم وتعتمد على صفاتهم القيادية المتميزة كقوة الإرادة والشخصية المتميزة والتضحية في سبيل الغير والتواضع والقابلية على التفاعل الاجتماعي مع الآخرين ... الخ [٦].

ماهية وطبيعة القيادة

في كل جماعة أو منظمة اجتماعية سواء كانت الجماعة أو المنظمة صغيرة أو كبيرة يظهر رجل أو مجموعة رجال يتميزون عن غيرهم بالقابلية والكفاءة على قيادة وتوجيه ورعاية الجماعة أو المنظمة وتحقيق المكاسب والإنجازات لأعضائها. وصلاحية وقدرة هؤلاء الرجال على القيادة أو الزعامة لا تعتمد فقط على الصفات الجسمانية والوراثية والعقلية والاجتماعية والخلقية التي يتمتعون بها بل تعتمد أيضاً على طبيعة ظروف ومشكلات وملابسات الجماعة أو المنظمة التي يظهر فيها

هؤلاء القادة [٧]. فالشخص الذي قد يصلح لقيادة الجماعة وتوجيهها من الناحية الاجتماعية والخلقية قد لا يصلح لقيادتها من الناحية السياسية والعسكرية. وقد يصلح الشخص لقيادة جماعة رياضية ولا يصلح لقيادة جماعة أو منظمة اقتصادية كالشركة أو المصنع أو المزرعة . وقد يصلح الشخص لقيادة جماعة مستقرة وهادئة ولا يصلح لقيادة جماعة غير مستقرة ومضطربة ومليئة بالقلاقل والفتن. والقائد هو الشخص الذي يتميز بالنشاط والمثابرة والقدرة على الحركة والتفاعل والتكيف مع الآخرين أكثر من غيره [٨]. وهو الذي يتكلم بصوت عال وبصورة مستمرة أكثر من غيره أو يتمتع بصفات جسمانية ووراثية إيجابية أو لديه مواهب ذكائية وفكرية وادراكية تجعله يتفوق على الآخرين في حل المشكلات والأزمات التي تواجه الجماعة . وصفات قيادية كهذه عندما تسيطر على بعض الأشخاص في الجماعة الاجتماعية تسبب انقسامها إلى فئتين أساسيتين فئة قائدة وفئة تابعة . الفئة القائدة هي فئة الأقلية في الجماعة والفئة التابعة هي فئة الأكثرية في الجماعة. ويعزى علماء النفس تقسيم الجماعة إلى فئة قائدة وفئة تابعة إلى وجود غريزتي حب الظهور والسيطرة على الآخرين (The Self-Assertive Instinct) وغريزة الاستسلام والخضوع (The Submissive Instinct). فالشخص الذي تتغلب عليه غريزة حب الظهور والسيطرة هو الذي يكون مدفوعاً نحو طلب القوة والقيادة والسيطرة ، بينما الشخص الذي تتغلب عليه غريزة الاستسلام والخضوع هو الذي يكون تابعاً وخاضعاً للآخرين [٩].

والقيادة مفيدة ولابد منها في الجماعات الاجتماعية والمجتمع الكبير . فكلما تعقدت وتفرعت الجماعة أو المجتمع كلما كانت الحاجة للقيادة ماسة وضرورية . ان الجماعة الكبيرة والمتشعبة هي الجماعة المعرضة لأخطار الانقسام وعدم الاستقرار والتصدع . وهنا تلعب القيادة العامل الأساسي والفعال في استقرار وثبات وداينمكية الجماعة هذه وتكون سبباً جوهرياً من أسباب تحقيق أهدافها وطموحاتها وعاملاً مهماً من عوامل تحقيق وحدتها وتماسكها وصلادتها [١٠]. أما قيادة المجتمع الكبير

فإنها تكون أصعب وأشق من قيادة الجماعة الصغيرة ، لهذا يميل قادة المجتمع نحو تكوين القيادات الوسطية والقيادات القاعدية ويمنحوها بعض الصلاحيات والحقوق والامتيازات التي تمكنها من حكم اتباعها وتمشية أمورهم الحياتية والتغلب على مشكلاتهم وملابساتهم ان وجدت . وبالطبع ان هناك اتصالات دائمية مباشرة بين هذه الأصعدة من القيادات وهناك تنسيق على مستوى عال في شؤون وأمور ومتطلبات وميول واتجاهات هذه القيادات بحيث تتمكن جميعها من تلبية متطلباتها وتحقيق طموحاتها وأهدافها البعيدة والقصيرة الأمد .

كيف نشخص القائد ؟

هناك طريقتان متميزتان لتشخيص ومعرفة القادة في الجماعة الاجتماعية . وهاتان الطريقتان هما :

١- الطلب من أعضاء الجماعة تشخيص الأفراد الأكثر نشاطاً وفاعلية وحركة وداينميكية ، هؤلاء الأفراد الذين يصلحون ان يكونوا قادتها وموجهيها وحماتها من الأخطار والتحديات التي تهددها بالفناء والانقسام والبعثرة .

٢- الطلب من أشخاص خارجيين مشاهدة فعاليات ونشاطات أعضاء الجماعة ثم بعد المشاهدة اختيار الأفراد الأكثر نشاطاً وجدية وحيوية ليكونوا قادتها وموجهيها [١١]. والقادة هم الأشخاص الذين يؤثرون على فعاليات ونشاطات الجماعة ويسيرونها في خط معين يتلائم مع أهدافهم وأفكارهم وميولهم واتجاهاتهم . وهم الذين يرجع اليهم الفضل في تماسك وحدة الجماعة وبقائها وداينميكيتها وقدرتها على تحقيق أهدافها ومآربها .

ان ظهور القيادة وخدمتها للجماعة وتفاعلها مع الاتباع يعتمد على تركيب الجماعة وأوضاعها السيكواجتماعية كما يعتمد على وظائفها وايديولوجيتها وتطلعاتها الفكرية والسلوكية . فبفضل المركز الوسط الذي يحتله القادة في جماعاتهم يستطيع هؤلاء التأثير على طبيعة أهداف الجماعة وتركيبها ووظائفها ونشاطاتها المشتركة والمتبادلة . كما يستطيعوا المساهمة في تجديد حيويتها ودفع أفرادها إلى البذل

والعطاء من أجل استمراريتها وتقدمها ورفاهيتها [١٢]. ويجب ان نلاحظ هنا بأن أهداف وتركيب ووظائف وايديولوجية الجماعة هي التي تقود إلى ظهور الشخصيات القيادية القادرة على العمل والنضال من اجل تحقيق أهدافها والدفاع عنها وحماية تقاليدها ومقدساتها وممارستها . اذن القيادة هي ظاهرة توجد في الجماعات المختلفة . وفي كل جماعة يظهر فرد أو مجموعة أفراد لاشغال دور القيادة فيها . وقد يستخدم القائد ذكائه وآرائه ومشاعره وكل ما يملكه من جهد ومهارة ومعرفة للتأثير على سلوك الأفراد وتوجيه ما عندهم من قدرات واستعدادات توجيهاً خاصاً يخدم أغراض الجماعة ، وتدريبهم على مهارات وكفاءات معينة لها أهميتها في فاعلية وداينميكية ونمو الجماعة وتطورها . وكل هذا يدل على ان القيادة هي عملية داينميكية أساسها العلاقات المتبادلة بين القائد واتباعه [١٣].

الأزمات والكوارث وظهور القيادات

تظهر القيادات عادة عندما تتعرض الجماعات أو المجتمع الكبير إلى الأخطار والتحديات كالتهديدات العسكرية الأجنبية بالدمار والاحتلال أو الانقسامات الداخلية والانشقاقات السياسية والطائفية بين الأفراد والجماعات أو المنافسة الهدامة بين الأقليات والمجتمع الكبير أو فشل الجماعة أو المجتمع الكبير بتحقيق أهدافه وطموحاته أو بعثرة بناء الجماعة وتصدع اديولوجيتها [١٤]. ان جميع هذه الأخطار والتحديات الخارجية والداخلية تقود إلى ظهور القيادة خصوصاً القيادة الكرزماتيكية أو القيادة الملهمة . هذه القيادة التي تقطع الوعود على نفسها وتتعهد بإزالة الخطر المحدق بالمجتمع أو الجماعة ، وتعبر عن عزمها وإرادتها في تحقيق الوحدة الوطنية للمجتمع والتصدي للعدوان والتوسع العسكري الذي تنويه بعض الدول والمجتمعات . وتعمل من اجل تقدم ونهوض المجتمع في شتى المجالات والميادين وتجدد الثقة في النفوس وتعمل جاهدة على إزالة الانقسامات والخصومات بين الأفراد وهكذا [١٥]. وعندما تتعهد القيادة بالقيام في هذه الأعمال التي يريدها ويقيمها

الشعب ويطمح بتحقيقها فان الشعب يعبر عن ثقته بالقيادة ويمنحها حق حكمه والتصرف بمستقبله . وهنا تبدأ القيادة بحكم المجتمع والعمل على إنقاذه من الأخطار الخارجية والداخلية التي تتحداه وتحقيق أنواع المكاسب والانتصارات له . وفي حالة نجاح القيادة بتنفيذ الوعود التي قطعتها عن نفسها للشعب ووضعها موضع التنفيذ فان ثقة الشعب بقيادته ستقوى وتتوطد . وهنا تتعزز الصلات والعلائق الصميمية بين القيادة والجماهير [١٦] .

صفات القائد

قبل أكثر من ألف سنة تكلم الفيلسوف العربي الشهير الفارابي في كتابه " أهل المدينة الفاضلة " عن أهمية القيادة وفضلها في تحقيق المجتمع المثالي فالقائد كما يقول الفيلسوف الفارابي هو منبع السلطة العليا وهو المثل الأعلى الذي تتحقق في شخصيته جميع معاني الكمال وهو مصدر حياة المدينة ودعامة نظامها . ومنزلة القائد بالنسبة للأفراد كمنزلة القلب بالنسبة لسائر أنحاء الجسم ولذلك لا يصلح للقيادة الا من زود بصفات وراثية ومكتسبة يتمثل فيها أقصى ما يمكن ان يصل اليه الكمال في الجسم والعقل والعلم والخلق والدين [١٧] . وهنا يذكر الفارابي بأن قائد المدينة الفاضلة يجب ان يتصف بالمزايا التالية :

١- ان يكون القائد تام الأعضاء وسليم الحواس .

٢- ان يكون جيد الفهم والتصور لكل ما يقال أمامه .

٣- ان يكون ذكياً .

٤- ان يكون حسن العبارة وقوي اللسان .

٥- ان يكون محباً للعلم والعلماء .

٦- ان يكون صادقاً ومحباً للصدق .

٧- ان يكون محباً للعدل ويكره الظلم .

٨- ان يكون كبير النفس محباً للكرامة .

٩- يجب ان لا يهتم بجمع المال .

١٠- ان يكون قوي العزيمة على الشيء الذي يرى انه ينبغي ان يفعل . جسوراً مقداماً غير خائف ولا ضعيف النفس [١٨].

هذه هي صفات القائد الجيد كما شخصها الفارابي في كتابه " أهل المدينة الفاضلة " وقد درس علماء الاجتماع وعلماء النفس الاجتماعي خصوصاً خلال القرنين التاسع عشر والعشرين صفات القائد دراسة علمية وتجريبية مفصلة ، هذه الدراسة التي كانت تؤكد على ضرورة تواجد الصفات الإيجابية في شخصية القائد الناجح والمؤثر . والصفات القيادية التي أكدوا عليها وبحثوها بالتفصيل هي كالآتي:

١- الشخصية المتميزة

يتميز القائد على غيره من الأفراد بالشخصية البارزة والمتميزة التي يقصد بها مجموعة الصفات العقلية والخلقية والسلوكية التي يتمتع بها والتي تمكنه من التأثير في الآخرين ودفعهم وتوجيههم نحو تحقيق الأهداف العامة والخاصة . فالقائد ينبغي ان يتميز بذكاء نادر وبصيرة نافذة وخلق عال وقدرة على الخطابة والكتابة بصورة تحرك الجماهير وتدفعهم إلى العمل والإنتاج والمثابرة في خدمة الجماعة والمجتمع [١٩]. وعلى القائد ان يعتمد على نفسه في وضع الخطط والأهداف وتنفيذها . وليس معنى هذا انه يقوم بنفسه بعمل كل شيء ولكننا نقصد ان يكون لديه القدرة على ذلك . وهذا ما يسهل مهمته في قيادة تابعيه . ويجب ان يتميز القائد كذلك بصفة الاعتزاز بالنفس وان تكون شخصيته شديدة الخصوبة والنضج من جميع النواحي وكلما انتشرت الثقافة في المجتمع وزاد عدد المتعلمين فيه كلما أصبحت مهمة اختيار القائد تعتمد على التمييز العقلي والخلقي .

فالجماعات البدائية كانت تختار قادتها من ذوي الحناجر القوية والبناء الجسمي المتين وسرعة الركض وسلامة الحواس وما إلى ذلك من الخصائص التي يحتاجونها في الحياة البدائية . واذا وجدنا بأن اختيار القادة يعتمد على هذه الصفات التقليدية في مجتمع ما فإننا نحكم على هذا المجتمع بالتخلف والبدائية بينما اذا اعتمد المجتمع على الصفات الشخصية الإيجابية في اختيار قادته فإننا نعتبر ذلك المجتمع

متقدماً وناهضاً . ونلاحظ ان تلاميذ المدرسة الابتدائية يختارون قادتهم من ذوي الصفات البدائية التي ذكرناها ، ويتغير الوضع غالباً عند انتقالنا إلى المدارس الثانوية أو العالية .

٢- قوة الإرادة

ونقصد بقوة إرادة الشخص طبيعة موقفه إزاء ما يتخذه من أحكام وقرارات. والقائد ينبغي ان يتسم بإرادة قوية وحازمة وهذا يتطلب منه الإيمان بنفسه وقدراته والاقتناع بقوته بحيث يتوقع لنفسه النجاح فيما يرسمه وما يتخذه من خطط . وأهم ما في صفة قوة الإرادة الثقة العالية بالنفس والاقتناع التام بصواب اتجاهاتها . وقوة الإرادة عند القائد تجعله مؤمناً بما يقوم به من أعمال أو ما يتخذه من قرارات وأحكام [٢٠]. وتجعله ماضياً في تحقيق وإنجاز ما قرر القيام به من واجبات ووظائف . وقوة الإرادة التي يتمتع بها القائد الجيد هي التي تساعده على تحقيق طموحات وأهداف تابعيه . واذا ما حقق أهداف وطموحات تابعيه فان مركزه القيادي سيتوطد وان سمعته سترتفع وبالتالي يصبح من الرجال الخالدين في المجتمع . ولكن من جهة أخرى نلاحظ بأن قوة الإرادة التي تتسم بها شخصية القائد قد تجعلها متحيزة ومتعصبة وغير مرنة إزاء الأشياء والقرارات التي تتوصل اليها. وبالرغم من هذا فان شخصية القائد القوية والمؤثرة في نفوس الأفراد والجماعات تجعل القائد شخصاً محترماً ومتميزاً على الآخرين ومتمكناً من اتخاذ القرارات الحازمة التي تقرر مصير ومستقبل المجتمع الذي يحكمه .

٣- التضحية في سبيل الغير

ان للقائد صلاته ومصالحه الشخصية . فله علاقات بأفراد أسرته وأبناء مجتمعه المحلي وأصدقائه ومن يدينون بدينه . ولكن الذي ينتظر من القائد ان يجعل كل هذا في المرتبة الأخيرة من الأهمية . وان الذي يقدم عليه يجب ان يكون في صالح الجماعة أو الشعب الذي يقوده . فقائد الأمة لا يكون ناجحاً كقائد إلا اذا تساوت أمامه كل الاعتبارات ما عدا اعتبار الصالح العام . ومعنى هذا ان القائد

يعلو فوق الاعتبارات الطائفية والإقليمية وفوق علاقات القرابة والصداقة وفوق المصالح الشخصية والذاتية ، وهذا هو معنى التضحية . ويذهب قادة المجتمع والدين والعلم بالتضحية إلى أبعد من هذا حتى تصبح التضحية بالنفس من جانبهم أمراً سهلاً في سبيل تحقيق الأهداف العامة [٢١]. والتضحية الكاملة أي تضحية القائد الكاملة في سبيل خدمة ورفاهية وسعادة جماعته أو مجتمعه هي سر نجاح الحركات الاجتماعية والسياسية في العالم .

٤- قابلية القائد على التفاعل مع الجماعة

ينبغي على القائد ان يكون قادراً على تقوية الشعور بشخصيته للجماعة أو الشعور بالذاتية الجماعية . فيعمل كل ما يستطيع ليجعل كل فرد من جماعته يشعر بالنواحي التي تربطه بغيره من الأفراد الآخرين فتقوى وحدة الجماعة وتساعد هذه الوحدة على تحقيق الأهداف المنشودة [٢٢]. ويجب على القائد أيضاً ان يحب ويحترم أفراد جماعته ويولد بينه وبينهم روح عطف تجعل علاقاته بهم كعلاقات رب الأسرة بأفراد أسرته ، فيواسي من يمرض ويقدم العزاء لأهل من يتوفى ويعاون الفقير مادياً ومعنوياً في مناسبات كثيرة . ويكون القائد يقظاً دائماً للمناسبات التي تقوم بها بمثل هذا العمل الذي يزيد من قوة علاقاته الودية بينه وبين اتباعه . ويعرف الظروف التي تؤذي شعور الاتباع فيستبعدها أو يعادلها تعديلاً يزيد من رضاهم ويجعل قيادتهم سهلة ومثمرة . ومن الطبيعي ان معظم أفراد الجماعة ان لم يكن كلهم يرغبون في رضاء قائدهم وعطفه ويسرهم ذلك كثيراً . والقائد الناجح هو الذي يتمتع باحترام الجماعة كلها ويحتفظ بمركزه فيها ولا يتورط في علاقات شخصية مع نفر من اتباعه . لأن مثل هذه العلاقات قد تجعله يتشيع لفريق أو تجعله يجامل فريقاً على حساب الفريق الآخر .

٥- تواضع القائد

من الصفات المهمة التي ينبغي على القائد الجيد التمتع بها صفة التواضع وعدم التكبر على الآخرين . فالتواضع هو من السمات الإيجابية التي تتصف بها

الشخصية الجيدة واللامعة حيث انها تمنح صاحبها القابلية على التفاعل وتكوين العلاقات الاجتماعية الصميمية مع الغير . ان الشخص المتواضع خصوصاً القائد يدخل في قلوب الاتباع إلى درجة انهم يحترمونه ويقدرونه ويطيعون أوامره مهما كانت شديدة ومتصلبة . وفي نفس الوقت يعملون ما في استطاعتهم على التعاون والتآزر معه بغية نجاحه واستمراره في القيادة والحكم . والقائد المتواضع هو الرجل الذي يكثر أصدقاؤه وأعوانه وأنصاره المخلصون والمتفانون في خدمته وخدمة رسالته التي يحاول نشرها وترسيخها في نفوس الاتباع والجماهير . وهو الرجل الناجح في قيادة وتوجيه الاتباع والمتمكن من تحقيق وحدة الجماعة أو المجتمع الذي يقوده . وهذه الوحدة هي شيء لابد منه في تحقيق أهداف وطموحات المجتمع الكبير .

أما اذا كان القائد متكبراً وطائشاً ومستبداً وغير قادر على التعاون والتآزر المشترك مع اتباعه فان اتباعه وأعوانه يتهربون من تكوين العلاقات والتفاعل معه ولا يسندون ويعززون حكمه وقيادته . واذا تعرض للمشاكل والأزمات التي تحدد كيان حكمه فانهم لا يساعدونه على التغلب على هذه المشكلات والأزمات بل على العكس يقفون ضده ويعملون جاهدين على إنهاء حكمه واستبداده وجبروته . والقائد المتكبر الذي لا يتصف بصفة التواضع واحترام الآخرين لا يمكن اعتباره قائداً بل اعتباره حاكماً اعتيادياً لأنه لا يتمتع بالشعبية والتأييد الجماهيري . والقائد الشعبي والجماهيري هو الرجل المتواضع والبسيط، الرجل الذي يعرف كيفية تكوين العلاقات الجيدة والإيجابية مع الغير ، هذه العلاقات التي تعزز منصبه وترفع درجة هيبته وقيمته في المجتمع .

٦- قابلية القائد على التكييف مع الأفراد والجماعات والمناسبات

القائد اللامع والمتميز هو الرجل الذي يستطيع تكييف نفسه وذهنيته وشخصيته لجميع الأفراد والجماعات والظروف والمناسبات التي تصادفه أثناء قيادته للجماعة أو المجتمع فهو يستطيع التكلم والتفاعل مع جميع الناس مهما تكن

أعمارهم وانحداراتهم الطبقية والاجتماعية والقومية ومهما تكن اختصاصاتهم ووظائفهم ومراكزهم الاجتماعية . ويستطيع أيضاً التكيف والتفاعل مع جميع الظروف والمناسبات ، فهو يشغل الدور المؤثر في أوقات السلم والحرب ويلعب الدور الإيجابي في مناسبات الأفراح والمآتم ويكيف مركزه المهم لمناسبات الأعياد الوطنية والقومية . ومثل هذا القائد الذي يتمتع بهذه الصفة المهمة لابد ان يؤثر في الجماهير تأثيراً إيجابياً يقود إلى تعزيز مركزه القيادي ويسبب نجاحه وعلو شأنه في المجتمع .

ومن جهة أخرى اذا كان القائد لا يعرف ماهية الطريقة أو الأسلوب الـذي مـن خلالـه يستطيع تكييف نفسه للأفراد والجماعات والمناسبات كعدم استطاعته مثلاً فهم حاجات ومعاناة ومشكلات الطبقـة العمالية أو أية شريحة أخرى في المجتمع فأنه سوف لا يمكن الاختلاط بها والتفاعل معهـا . وهنا سيخسر ـ القائد هذه الطبقة أو الشريحة . والقائد الذي لا يعـرف طريقـة التعامـل مع الآخرين وتلبية مطاليبهم واحترام مشاعرهم هو الشخص الذي يفشل في تحقيق الوحدة السـيكواجتماعية لجماعته أو مجتمعـه . فالقائد الجيد هو رمز وحدة جماعته ، واذا فشل القائد في تحقيـق وحـدة الجماعـة لسبب أو آخر فـان الجماعة ستكون ضعيفة وغير قادرة على تحقيق أبسط أهدافها وأمانيها . وأمر كهـذا قـد يقود إلى إزاحـة القائد والتفتيش عن قائد آخر يأخذ مكانه ليتولى قيادة المجتمع وتحقيق وحدة أفراده وجماعاته . والقائد الذي لا يعرف كيفية التعامل والانسجام مع الاتباع والجماهير لا يمكن ان يعتبر قائـداً بمعنى الكلمة بـل يعتبر حاكماً يحكم المجتمع لفترة معينة تنتهي بانتهاء فترة حكمه المقررة . بينما القائد هـو ذلك الشخص الذي يحكم المجتمع لفترة غير محددة لأن الجماهير تريده ان يقودها طالما انه على قيد الحياة . ان صفـة تكييف القائد لجميع الأفراد والمناسبات هي صفة جوهرية ولابد منها في القيادة الجماهيرية الناجحة .

وظائف القائد

ان تعقد وتشعب الأدوار الاجتماعية والسياسية التي يشغلها القائد تجعله في مركز مهم يؤهله على القيام بالوظائف الاستراتيجية التي يقدمها لجماعته والتي من شأنها ان تعزز مكانة الجماعة وتساعدها على تحقيق أهدافها . ووظائف القادة لا تكون متشابهة وعلى نمط واحد من الأهمية والنفوذ حيث ان وظائف القائد الديمقراطي تختلف عن وظائف القائد الديكتاتوري ووظائف القائد الديكتاتوري تختلف عن وظائف القائد الكرزماتيكي وهكذا . كما ان القائد الذي يقود الجماعة المدنية يقوم بوظائف تختلف عن الوظائف التي يقوم بها القائد العسكري، والوظائف التي يقوم بها القائد السياسي تختلف عن الوظائف التي يقوم بها القائد الاقتصادي أو الاجتماعي وهكذا . اذن نوعية القيادة وهدفها هي التي تحدد أنماط وطبيعة الوظائف والخدمات التي تقدمها للجماعة أو المجتمع الكبير أو الجماهير الشعبية التي تحكمها . ويجب ان نشير هنا إلى ان من أهم الواجبات الأساسية التي يقوم بها القائد في الجماعة إزالة الخلافات والانقسامات بين أفرادها والعمل على تحقيق الوحدة الاجتماعية والنفسية والايديولوجية بينهم ، حيث ان وحدة الجماعة وتماسكها تلعب الدور القيادي والمؤثر في قوتها وفاعليتها وتحقيق أهدافها المصيرية [٢٣]. وبعد إزالة الخلافات والانقسامات بين أعضاء الجماعة يقوم القائد بتوزيع الأعمال والواجبات عليهم كل حسب اختصاصه وقابلياته ومهاراته . ثم يقوم بالإشراف على أداء الواجبات وتنفيذها والعمل على إزالة وتجاوز المعوقات التي تعرقل الجماعة من القيام بمهامها وواجباتها [٢٤]. وفي أحيان كثيرة يتعهد القائد بأداء مهمة تشجيع وتحفيز الأفراد على العمل من خلال مكافئة المبدعين والفعالين في عملهم ومعاقبة المقصرين والمتهاونين منهم . ويمكننا تقسيم الوظائف التي يقوم بها القائد بالمهام التالية :

١- الواجبات التنفيذية

من أهم واجبات القائد متابعة تنفيذ القرارات والسياسات والصيغ العملية التي تتخذها الجماعة إزاء الفعاليات والأعمال والواجبات التي تقوم بها . والقائد هو بمثابة المنسق للجهود والأعمال التي توكل لأعضاء الجماعة على اختلاف مراكزهم الوظيفية والفنية والمهنية . فهو الذي يشرف على عمل الفرد في الجماعة وفي حالة عدم مقدرته على القيام بهذا العمل فان من واجب القائد معرفة السبب أولاً ثم اتخاذ الإجراءات المناسبة التي تساعد العضو على القيام بأعماله وواجباته التي تحتاجها الجماعة . ومن الجدير بالإشارة هنا إلى ان القائد هو الذي يضع قوانين ومقررات الجماعة موضع التنفيذ أي يترجمها إلى واقع عمل. ومثل هذه الترجمة تلعب الدور الكبير في تحديد فعالياتها وتحقيق أهدافها ومتطلباتها [٢٥]. واذا لم تترجم قوانين ومقررات وتوصيات الجماعة إلى واقع عمل فان الجماعة لابد ان تتعثر في مسيرتها وتصبح عاجزة عن تحقيق أبسط أهدافها . والقائد كما ذكرنا يلعب الدور المؤثر والحساس في تنفيذ مقررات الجماعة وذلك من خلال الإشراف ومتابعة أعمال وفعاليات الأعضاء . واذا لم يستطع القائد متابعة العمليات التنفيذية للقرارات والوصايا التي تتخذها الجماعة بسبب أو آخر فان القائد يستطيع تعيين لجان متابعة للقيام بهذه المهمة الخطيرة .

٢- الواجبات التخطيطية

غالباً ما يشغل القائد دور المخطط أي دور وضع الأهداف والاستراتيجيات التي تتلائم مع طبيعة الجماعة وأغراضها وتتفق مع قابلياتها ونشاطاتها واعتماد الوسائل والسبل التي تكفل إنجاز الأهداف والاستراتيجيات [٢٦]. ان القائد هو الذي يصمم الخطط التي تنمي الجماعة وتقود إلى استقرارها ونجاحها وازدهارها ، وهو الذي يحدد الخطوات القصيرة والبعيدة الأمد التي تحقق أهداف الجماعة وتسبب تعميقها وبلورتها في نفوس الأعضاء مهما كان عددهم ومهما كانت قابلياتهم واختصاصاتهم الوظيفية . فالقائد الجيد هو الذي يعرف تمام المعرفة اديولوجية

الجماعة وأهدافها وطموحاتها ، ومعرفته لهذه الأمور المهمة لابد ان تساعده على وضع الخطط والاستراتيجيات التي تمكن الجماعة من بلوغ أهدافها وتطوير مفاهيمها وايديولوجيتها . ولكن وضع الخطط وحدها لا يمكن ان يساعد الجماعة على بلوغ أهدافها . ان عملية وضع الخطط يجب ان تكون مقرونة مع عملية وضع السبل وتهيئة المستلزمات التي من شأنها ان تقود الجماعة إلى التقدم والنهوض والرقي واذا لم يهتم القائد بعملية التخطيط للجماعة فان الجماعة ستكون منظمة جامدة ومتحجرة وغير قادرة على العمل والفاعلية وعاجزة عن إدراك ومعرفة مبادئها وايديولوجيتها . الأمر الذي يسبب لها التعثر والضعف والخمود .

٣- الواجبات الفنية

يعتبر القائد مصدراً أساسياً من مصادر الخبر والمعلومات والمعارف التي تحتاجها جماعته وقت القيام بمهامها ووظائفها الحيوية . ان القائد الجيد هو الشخص الذي يعرف كل شيء عن جماعته وعن أعضائها ومنتسبيها ، حيث يتطلب منه معرفتهم جميعاً معرفة حقيقية ومضبوطة . فهو الشخص الذي ينبغي ان يعرف الأقوياء والضعفاء في الجماعة ويعرف نقاط قوتهم وضعفهم . ويجب ان يكون متمرساً بتحويل نقاط الضعف في الجماعة إلى نقاط قوة يمكن ان تستفيد منها الجماعة في بلوغ أهدافها وتماسك كيانها والشعور بشخصيتها [٢٧]. زد على ذلك ان القائد المتميز هو الشخص الذي يعرف جميع أمور ومشكلات جماعته مهما كانت خطيرة أو بسيطة ، ولديه تصور كامل عن تركيب ووظائف وداينميكية وايديولوجية جماعته ومقدرتها على التغلب على مشكلاتها وسلبياتها . وبعد معرفة القائد لجميع هذه الأمور والقضايا يستطيع التأثير في جماعته إلى درجة تمكنها من القوة والمنعة وبالتالي القدرة على تحقيق الأهداف والأماني ولا يمكن ان يكون القائد لائقاً لجماعته اذا كان يفتقد المعلومات عنها ويجهل نقاط القوة والضعف عند أعضائها . ولا يعرف طبيعة تركيبها ووظائفها والعوامل التي تقود إلى ثباتها وسكونها أو العوامل التي تقود إلى تحولها وداينميكيتها . وقائد كهذا لا يمكن ان يقود جماعته

قيادة أمينة ومخلصة ، واذا كانت قيادة الجماعة بهذه الصورة فان الجماعة لا يمكن ان تستمر وتبقى وتفشل في خططها واستراتيجيتها .

٤- الواجبات الفكرية والاديولوجية

غالباً ما يكون القائد مصدراً مهماً من المصادر الاديولوجية والفكرية والفلسفية التي تسير عليها الجماعة . فالقائد يضع ويصوغ اديولوجية الجماعة وفكرها الفلسفي الذي تسير على هداه . وهو الذي يمنح أعضاءها الأفكار والمعتقدات والقيم التي ترسم أنماط سلوكهم وممارساتهم الاجتماعية اليومية . كما انه الشخص الذي يستطيع تغيير اديولوجية وأفكار وفلسفة الجماعة دون شقها وتقسيمها وبذر سمات الخلافات والتناقضات بين أفرادها [٢٨]. ولما كانت الاديولوجية الحياتية والفكرية التي تتمسك بها الجماعة عاملاً أساسياً في وحدتها وتماسكها وان القائد هو الذي يصوغ معالم الاديولوجية هذه ، فان القائد يلعب الدور الكبير والحساس في توحيد الجماعة وتماسكها وإزالة الخلافات الجانبية التي قد تظهر فيها . ان القائد يستطيع التأثير في أفكار وقيم ومعتقدات الاتباع من خلال الاديولوجية التي يضعها وينشرها ويرسمها بينهم . واذا كان القائد يتمتع بذكاء عال وشخصية مؤثرة وفكر عميق ونير فان أفكاره ومعتقداته وفلسفته الحياتية ستمرر إلى الآخرين وبالتالي تكون هناك درجة عالية من الانسجام والتوافق بين القائد واتباعه . وهذا الانسجام والتوافق يسبب وحدة الجماعة وتماسك أفرادها . وأمر كهذا يقود إلى نجاح الجماعة واستقرارها وتطورها .

أنواع القيادات

يمكن تقسيم القيادات إلى قسمين أساسيين تبعاً لاختلاف الجماعات والاختلاف بين المواقف التي تواجهها هذه الجماعات واختلاف طبيعة العلاقات الاجتماعية والنفسية بين القادة والاتباع . ولكن مهما اختلفت القيادات فانها لا يمكن ان تتعدى النوعين الرئيسيين للقيادات وهما القيادة الديكتاتورية أو الاستبدادية والقيادة الديمقراطية التي يجب شرحهما بالتفصيل في هذا الجزء من الدراسة .

القيادة الديكتاتورية

القائد الديكتاتوري هو الشخص الذي يتمتع بقوة مطلقة ونفوذ غير محدود، ومنزلته في الجماعة أو المجتمع الذي يقوده أكثر فاعلية وتأثيراً من منزلة القائد الديمقراطي . ان القائد الديكتاتوري وحده هو الذي يحدد السياسات الداخلية والخارجية للجماعة . ويضع خططها التكتيكية والاستراتيجية ويشرف على تنفيذها ومتابعتها ، إضافة إلى معرفته جميع فعاليات ونشاطات الجماعة . فهو يتدخل في الشؤون الصغيرة والكبيرة للجماعة ولا يدع المجال لأحد القيام بعمل دون الحصول على موافقته . كما انه ينظم علاقات وتفاعلات أعضاء الجماعة ويطلب منهم الاتصال به مباشرة قبل القيام بأي عمل ، حيث انه لا يثق بقابلياتهم وإمكانياتهم في أداء العمل ويشك دائماً بحسن نيتهم ونزاهتهم واستعدادهم على تحمل المسؤولية[٢٩] . وهو يعرف تمام المعرفة كل شخص في الجماعة خصوصاً ما يتعلق بنقاط قوته وضعفه إضافة إلى إلمامه بشؤون الجماعة وتطلعاتها وطموحاتها .

والقائد الديكتاتوري يقرر مصير اتباعه وأعوانه فهو الذي يرقيهم في سلم الوظائف والمناصب أو يبعدهم عنها وينكل بهم كما يشاء وفي أي وقت يشاء دون وجود سبب حقيقي للإبعاد والتنكيل [٣٠] . ولا يوجد هناك أي شخص يحاسبه أو يقيد درجة قوته وتسلطه وجبروته . وهو لا يلتزم بالشرائع والقوانين لأنه كما يدعي هو الشرع والقانون وينبغي على كل واحد من اتباعه إطاعته طاعة عمياء وتنفيذ أوامره والتقيد بإرشاداته ونصائحه [٣١] . ولا يمكن لأية جهة أو سلطة في المجتمع ان تغير أفكار وممارسات وطموحات القائد الديكتاتوري لأن مكانته الاجتماعية وشخصيته تعلو على تلك التي يحتلها الآخرون . ويعتقد القائد الديكتاتوري بأنه مصدر القوة والجاه والشرف والنفوذ في المجتمع ولا يوجد هناك أي شخص يتساوى معه في الاعتبارات الاجتماعية والخلقية التي يدعيها لنفسه هذا القائد. ولهذا السبب يعتقد بأنه أحسن من الاتباع في جميع الصفات والإمكانيات وله حق قيادتهم وتسييرهم نحو الأهداف والمثل الذي يعتقد بها . ويؤكد هذا القائد بأن مكانته القيادية

في المجتمع هي شيء لابد منه وان مركزه القيادي هو أساس المجتمع ومصدر نهوضه وتقدمه . ولا يوجد هناك أي رجل يستطيع تبوء هذا المركز القيادي سواه نظراً لكونه حسب اعتقاده أشرف وأنبل وأحسـن وأقوى الرجال في المجتمع . إضافة إلى انه يعتقد بأنه قادر على قيادة المجتمع نحو شاطئ السـلام والتقـدم والرفاهية وفي نفس الوقت متمكن ونابغ في شتى حقول المعرفة العلمية وفي شتى الأعـمال والاختصاصـات والقابليات . لهذا نراه يتدخل في شؤون المجتمع الصغيرة والكبيرة التافهة والمهمة .

ويظهر عادة القائد الديكتاتوري وقت الأزمات والكوارث والمشكلات الحضارية والاجتماعية التي يمر بها المجتمع . وأول ما يفعله إقناع الناس بأنه الشخص الوحيد الذي يستطيع إنقاذ المجتمع من الكارثة والأزمة . لهذا يستنجد الناس به لإعانتهم في التغلب على الأزمة أو الكارثة التي تهدد حياتهم ومستقبلهم ويمنحونه حق حكم المجتمع والتصرف بشؤونه . وبعد تولي القائد الديكتاتوري حكم المجتمع يحاول إقناع اتباعه بأن له رسالة تاريخية منزلة من السماء ينبغي تمريرها إلى الناس، كـما ينبغي عـلى النـاس إطاعتهـا والعمل على تنفيذها [٣٢] . والقائد الـديكتاتوري مسـتعد لتصـفية أي شـخص يتحـدى حكمه ورسالته لأن تحدي الحكم والرسالة هو تحدي لإرادة ورسالة السماء .

أما طبيعة العلاقات السوشوميترية (Sociometric Relationship) بين القائد الديكتاتوري وأعضاء جماعته فانها تكون على شكل نجمة (Star) ، فالقائد يحتل مركز النجمة والاتباع يحتلون رؤوسها [٣٣] . وهذا يكون بسبب طلب القائد من الأعضاء الاتصال به مباشرة قبل القيام بأي شيء وعـدم الاتصال بـأي شخص آخر . اذن تكون القيادة ديكتاتورية اذا عمل القائد على نشر مبادئ معينة بالقوة أو عمل عـلى ان يسوق الناس قهراً في اتجاهات خاصة . فلا يأخذ الناس بهـذه المبـادئ والاتجاهـات عـن قبـول أو اختيـار ، وانما نتيجة ضغط وإلزام . ويدرك هذا القائد في نفس الوقت ان هناك مبادئ واتجاهات تخالف أو تنـاقض ما يفرضه على الناس

وينشره بينهم . ولذلك يكون يقظاً باستمرار ويزيد من ضغطه وإلزامه . وهو يرى عادة ان قيمه الاجتماعية لا تناقش وعلى الجماعة ان تقبلها بأية وسيلة كانت . ويتسم القائد الديكتاتوري عادة بشخصية انفعالية وعاطفية وحدية اذ يغضب لأبسط الأمور واذا غضب فانه لابد ان يجلب الضرر والأذى بالمحيطين به من اتباعه . كما يكون مزاج القائد الديكتاتوري متقلباً اذ يتفاوت بين الغضب والانفعال وبين الارتياح والابتهاج دون ان تكون هناك أسباب مبررة لمثل هذا التقلب .

القيادة الديمقراطية

لا يختلف القائد الديمقراطي عن القائد الديكتاتوري بكمية القوة والنفوذ التي يتمتع بها بل يختلف عنه أيضاً بطريقة وأسلوب ممارسته للقوة والنفوذ . فالقائد الديمقراطي يطلب من اتباعه المشاركة الفعالة والمجدية في شؤون وفعاليات الجماعة والمشاركة في القرارات والصيغ القيمية والسلوكية التي تسير الجماعة بموجبها . كما انه يتعاون معهم في تحديد أهداف الجماعة ووضع السبل التي يمكن ان تعتمدها الجماعة في الوصول إلى غاياتها وأهدافها . وهو الذي يطلب من أعضاء الجماعة أو المجتمع المساهمة في رسم الايديولوجية الفكرية والفلسفية التي تسير عليها الجماعة أو المساهمة في تعديلها أو تبديلها ووضع ايديولوجية جديدة تحقق أماني وأهداف الأعضاء وتكفل رفاهيتهم وتقدمهم الاجتماعي والخلقي والإنساني [٣٤]. والقائد الديمقراطي لا يريد ان تنحصر بيده المسؤوليات الخطيرة التي يحتاجها المجتمع بل يريد توزيع هذه المسؤوليات والواجبات على الأعوان والاتباع . فهو الذي يمنح الصلاحيات إلى النواب والأعوان للقيام بالواجبات والأعمال التي يخولهم القيام بها دون أخذ رخصة أو إجازة منه ، حيث انه يثق بمقدرات وقابليات وإمكانيات أعوانه ويمنحهم الصلاحيات التي تخولهم القيام بالأعمال المطلوبة .

والقائد الديمقراطي بعكس القائد الديكتاتوري لا يتدخل في شؤون أعضاء جماعته ولا يفرض إرادته وقوته عليهم بل يحترمهم ويعتبرهم أخواناً وأصدقاء له .

ويتناقش معهم بروح ديمقراطية بناءه حول الأمور والقضايا التي تهم مستقبل الجماعة ورفاهيتها وتقدمها . وتكون عادة أفكاره ومعتقداته مرنة ومتساهلة وغير مطلقة [٣٥]. واذا اختلف بالرأي مع أعوانه أو بعض جماعته فانه لا يتخذ ضدهم الإجراءات الانتقامية الرادعة كما يفعل القائد الديكتاتوري بل يستمر في احترامهم وتقديرهم ويحاول سد ثغرات الاختلاف وتحقيق الوحدة والتماسك مع الاتباع بحيث تكون الجماعة متماسكة وقوية وقادرة على تحقيق أهدافها وطموحاتها . والقائد الديمقراطي يوزع الأعمال على أعضاء جماعته كل حسب اختصاصه وإمكانياته واستعداده على القيام بالعمل الذي يوكل اليه . واذا حدث صراع أو مجابهة بين أفراد الجماعة فانه يتدخل في حل الصراع والمجابهة بروح ديمقراطية وبناءه بعد دراسة ومعرفة أسباب وجذور الصراع . واتخاذ القرارات الإيجابية التي تحل الصراع حلاً يضمن حقوق الأطراف المعنية ويجلب العدل والإخاء والمساواة والديمقراطية للجماعة .

ولا يتدخل القائد الديمقراطي بتنظيم العلاقات الاجتماعية التي تأخذ مكانها بين الاتباع وأعضاء الجماعة التي يقودها ، بل يعطي مطلق الحرية للأفراد بتكوين العلاقات والتفاعلات الاجتماعية الإيجابية بعضهم مع بعض ولا يطلب منهم استشارته حول طبيعة العلاقات الاجتماعية المطلوب بنائها وترسيخها في الجماعة . ولا تكون العلاقات السوشوميترية في الجماعات الديمقراطية على شكل نجمة بل تكون على شكل مستطيل طويل توجد فيه أنواع العلاقات بين الأفراد ، ولا يحتل القائد الديمقراطي المركز الوسط والحساس في هذا المستطيل بل يشغل حيزاً فيه يبين علاقاته مع بعض الأفراد . وعلاقاته مع بعض الأفراد لا تختلف عن علاقات الأفراد بعضهم ببعض . وهذا ان دل على شيء فإنما يدل على طبيعة العلاقات الديمقراطية التي تأخذ مكانها في الجماعة الاجتماعية .

والقائد الديمقراطي يتسم بشخصية معتدلة ومتزنة وبعيدة كل البعد عن الانفعال والتوتر والحدية . ومثل هذه الشخصية تجعله محترماً ومقدراً ومنسجماً مع

الجماعة أكثر من القائد الديكتاتوري . واحترام القائد الديمقراطي من قبل أعضاء الجماعة وتكيفه معهم لابد ان يعزز مكانته في الجماعة ويؤثر فيها أكثر من القائد الديكتاتوري . وهذا ما يجعله ان يكون قائداً حقيقياً وأصيلاً للجماعة بحيث لا تستطيع الجماعة الاستغناء عنه بسهولة أو التآمر ضده لإسقاطه وتنحيته عن مراكز السياسة والقوة كما تفعل الجماعة عندما يكون قائدها ديكتاتوراً مستبداً .

وهناك حدود لصلاحيات ونفوذ القيادة الديمقراطية وهذه الحدود تتجسد في القوانين أو الدستور أو الرأي العام الذي يحدد واجبات وحقوق القائد إزاء الشعب مثلاً أو واجبات وحقوق الشعب إزاء القائد . فالقائد الديمقراطي الصحيح لا يستطيع اتخاذ أية إجراءات بمفرده دون استشارة الشعب أو الحزب أو الجماعة التي يمثلها حيث انه يعتقد بأن الشعب أو الجماعة هي صاحبة المصلحة الحقيقية في اتخاذ القرار أو الإجراء المطلوب ووضعه موضع التنفيذ . وقيادة بعض الأحزاب والدول هي قيادة ديمقراطية حرة لأنها تكون مستندة إلى أفكار وايديولوجية متحررة ، هذه الأفكار التي تعتقد بأن القيادي الصحيح والحقيقي لا يحتل مكانته السياسية الا بثقة الجماهير ومشيئتها وهذا ما يحدد مسؤوليته إزاءها . فالجماهير ليست قطيعاً والقيادي راع من نسيج آخر ، ان الجماهير هي التي تمنح القائد ثقتها وتسمح له ان يتحدث باسمها ويقودها . ولكي يظل قائداً لابد ان يظل محافظاً وحريصاً على الثقة التي أولتها إياه الجماهير . في حين ان البيروقراطيين والدكتاتوريين هم وحدهم الذين يأتون إلى الحكم بدون ثقة الجماهير ولهذا فان أجلهم محدد ونهايتهم السياسية مظلمة . فالقفز إلى سدة الحكم من وراء ظهر الجماهير أمراً لا طائل من ورائه . اما بالنسبة للحزب الديمقراطي فهو لا يقفز إلى الحكم لمصلحة ذاتية ، انه يعتمد على إرادة الجماهير ويعبر عنها كطليعة لها ثم يقود الشعب وشعاره واضح في ان هذه الإرادة هي التي ستبقى وكل ما عداها لا يصمد . والقادة حسب المفهوم الديمقراطي للقيادة يجب ان يبرهنوا على احترامهم لرأي الشعب فرأي الشعب هو الحقيقة وهو المنطق بذاته . والمناضل يجسد صوت الحقيقة بعد ان يسلخ عنه

الأغطية التقليدية وينفض عنه غبار العواصف المصلحية الآنية . ولذلك فالمناضل القيادي يعيش بين الجماهير مستمعاً إلى وجهات نظرها وانتقاداتها وتعليقاتها ، لأن الجماهير هي بيدها التفاصيل والمعلومات ومن المستحيل إخفاء أي شيء عنها أو إمرار أي شيء من وراء ظهرها .

اذن تكون القيادة ديمقراطية اذا كان الرأي في الجماعة شورى ويأخذ القائد برأي الأغلبية . وهذا النوع من القيادة أصبح مألوفاً في الجماعات والمؤسسات الديمقراطية السليمة. والقائد في الجماعة الديمقراطية يوجه اهتمام جماعته إلى تنظيم نفسها بنفسها بحيث تقوى فيها روح التآخي والمحبة وينمو بين أفرادها التعاون الصحيح وتبرز قدراتهم ومواهبهم ويتحمل كل واحد منهم ما يستطيع القيام به من المسؤوليات ويظهر منهم من يستطيع التعبير عن أهداف الجماعة ومشاعرها.

الفوارق الأساسية بين مفاهيم الحاكم والقائد والزعيم والرئيس

علينا هنا التمييز بين مفاهيم الحاكم والقائد من جهة وبين مفاهيم القائد والزعيم والقائد والرئيس من جهة أخرى مع تبيان الفوارق الأساسية في المعاني بين هذه المصطلحات والمفاهيم المتقاربة المعاني والدلالات . فالحاكم هو ذلك الشخص الذي يتولى مسؤولية الجماعة أو المؤسسة ، بيد ان توليه المسؤولية لا يعتمد على الخواص الفردية والسمات الشخصية النادرة والفريدة التي يتمتع بها بل يعتمد على تعيينه من قبل جهة عليا وفرضه على الجماعة التي يحكمها سواء كانت تلك الجماعة راغبة به أو غير راغبة (٣٦). أما القائد فهو الرجل الذي يمتلك فن التأثير في الرجال اذ يحملهم على أداء العمل المطلوب طواعية دون فرض القوة عليهم أو التهديد بفرضها (٣٧). وهو لا يعين من قبل جهة عليا بل يختار أو ينتخب من قبل الجماعة بناءً على المؤهلات والمواصفات القيادية التي يمتلكها والتي يعترف بها كل من الأصدقاء والأعداء .

أما الزعيم فهو الرجل الذي يحمل الصفات القيادية الإيجابية والموهوبة منذ الصغر . علماً بأن هذه الصفات تكون وراثية أكثر مما تكون منجزة ، وان صفة الزعامة تكون موجودة في عائلة الزعيم اذ ان عائلته لا تخلو من الزعامة اذ كان أحد أفراد عائلته أو عائلته الممتدة أو أقربائه زعيماً أو قائداً معروفاً في المجتمع [٣٨]. في حين ان الرئيس هو ذلك الرجل الذي يحتل السلطة العليا ، أي سلطة الرئاسة التي منحت له بناءً على توافر شرطين أساسيين هما امتلاكه لبعض الصفات القيادية الإيجابية كالشجاعة والذكاء وسرعة البديهية والتواضع والثقة العالية بالنفس والعدالة والإيمان والمبدئية ... الخ . وانتخابه من قبل المجلس الرئاسي أو الوزاري أو التنفيذي أو التشريعي أو القضائي رئيساً للدولة أو الحكومة أو النظام الاجتماعي السياسي [٣٩].

هذه هي مفاهيم كل من الحاكم والقائد والزعيم والرئيس ، بقي علينا ان نعرف الفوارق الأساسية بين كل من :

١- الحاكم والقائد .
٢- القائد والزعيم .
٣- القائد والرئيس .

١- الفوارق الأساسية بين الحاكم والقائد

هناك ثلاثة فوارق أساسية بين الحاكم والقائد وهذه الفوارق هي على النحو الآتي :

أ- لا يمتلك الحاكم صفات قيادية نادرة ، بينما يمتلك القائد مثل هذه الصفات التي تؤهله على القيادة والتأثير في أعضاء الجماعة .

ب- الحاكم يعين من قبل جهة عليا ويفرض على أعضاء الجماعة ، بينما القائد يختار أو ينتخب من قبل أعضاء الجماعة طواعية بناءً على المؤهلات الشخصية التي يمتلكها .

جـ- مدة حكم الحاكم تكون محدودة ، بينما مدة حكم القائد تكون طويلة بل وقد تستمر طيلة فترة حياته لان سمات القيادة هي متوفرة عنده ، وطالما انها متوفرة فهو يبقى في القيادة والمسؤولية [٤٠].

٢- الفوارق الأساسية بين القائد والزعيم

هناك ثلاثة فوارق رئيسية بين القائد والزعيم ، وهذه الفوارق هي على النحو الآتي :

أ- السمات الشخصية التي يمتلكها القائد لا تكون وراثية بل تكون منجزة ، بينما السمات الشخصية التي يمتلكها الزعيم هي سمات وراثية يحصل عليها من الآباء والأجداد .

ب- سمات القيادة تكون عند القائد في وقت متأخر من حياته وان الظروف البيئية التي يمر بها تلعب دوراً كبيراً في ظهورها وبلورتها ، بينما سمات الزعامة تكون عند الفرد منذ نعومة أظفاره وتبقى عنده طيلة فترة حياته [٤١].

جـ- الزعامة تكون متأصلة في عائلة الزعيم ، أي ان أحد أفراد عائلته أو أقربائه كان زعيماً أو قائداً أو مسؤولاً كبيراً في الدولة والمجتمع، بينما ليس بالضرورة ان تكون القيادة متأصلة في عائلة القائد ، فالقائد قد يظهر بناءً على ظروف اجتماعية أو سياسية أو اقتصادية تخدمه وتساعده في ان يكون قائداً .

٣- الفوارق الأساسية بين القائد والرئيس

هناك ثلاثة فوارق رئيسية بين القائد والرئيس ، وهذه الفوارق هي على النحو الآتي :

أ- يمتلك القائد صفات شخصية واجتماعية نادرة تؤهله على القيادة ، بينما يمتلك الرئيس صفات قيادية إدارية وقانونية تؤهله على اشغال دور الرئيس وأدائه لفترة من الزمن [٤٢].

ب- موقع القيادة الذي يحتله القائد لا يستمر لفترة محددة بل يستمر لفترة طويلة جداً طالما ان صفات القيادة تكون متوفرة عند القائد ، بينما الرئاسة لا يشغلها

الرئيس أكثر من أربع أو خمس سنوات قابلة للتمديد . لذا ففترة القيادة هي أطول بكثير من فترة الرئاسة
.

جـ- الرئيس ينتخب من قبل أعضاء المجلس الرئاسي أو القضائي أو الوزاري أو التشريعي فقط ، بينما القائد
يختار أو ينتخب من قبل الجماهير أو جموع الشعب ، اذ ان هؤلاء مهما يكن عددهم ومهما تكن
اتجاهاتهم ومشاربهم ومستوياتهم يعترفون بالسمات القيادية المتفردة والنادرة التي يحملها القائد،
وهذه السمات برأيهم هي أساس نجاح القائد واستمرار قيادته وتأثيره في الدولة والمجتمع .

الهوامش والمصادر

1. Asch, S. Social Psychology , New York, 1959, See the Ch. On Leadership .

2. Ibid. , P. 281 .

3. Ibid. , P. 285

4. Gibb, C.A. The Principles and Traits of Leadership, New York, 1956, PP. 6-7 .

5. Ibid. , P. 11 .

6. Ibid. , See the Introduction .

7. Munn, N.L. Psychology : The Fundamentals of Human Adjustment , London,
    1961, P. 640 .

8. G. Homans. "The Small Warship" American Sociological Review, XI. (1946), PP.
    294-300 .

9. McDougall, W. Social Psychology, (Paper-back Ed.), London, 1964, P. 110 .

10. G. Homans. The Human Group, Routledge and Kegan Paul, London , 1959, P.
    416 .

11. Maccoby, E., Newcomb, T. and Hartley, E. Readings in Social Psychology, 3rd Ed.
    Holt , 1958, P. 501 .

12. Al-Hassan, Ihsan. Collective Behaviour, Baghdad, 1974, P. 27 .

13. Ginsberg, M. Sociology, London, 1950 , P. 26 .

14. Tannenbaum, S. and Weschler, Leadership and Organization, London , 1960, PP.
    42-43 .

15. Ibid. , P. 51 .

١٦. الحسن، إحسان محمد (الدكتور). طبيعة السلوك السياسي في المجتمع الثوري ، بحث
     منشور في جريدة الإعلام ، كلية الآداب، جامعة بغداد ، العدد ١٩ ، السنة الثالثة ،
     ١٩٨٠/١٢/١ .

١٧. الفارابي ، أهل المدينة الفاضلة ، تحقيق البير نصري قادر، المطبعة الكاثوليكية ، بيروت
     ، ١٩٤٩ ، ص٢٤ .

١٨. نفس المصدر السابق ، ص٢٩ .

١٩. القوصي، عبد العزيز (الدكتور). علم النفس: أسسه وتطبيقاته التربوية ، مكتبة النهضة
المصرية ، القاهرة ، ١٩٤٧ ، ص٣٩٦ .

٢٠. نفس المصدر السابق ، ص٣٩٧ .

٢١. نفس المصدر السابق ، ص٣٩٨ .

22. Barnard, C. Organization and Management , New York , 1954 , PP. 24-25 .

23. Stagdill, T. and Coons, Leader Behaviour : Its Description and Measurement ,
New York , 1948 , P.13 .

24. Ibid. , P. 27 .

25. Barnard, C. The Functions of the Executive , New York , 1938 , P. 163 .

٢٦. القوصي ، عبد العزيز (الدكتور) . علم النفس : أسسه وتطبيقاته التربوية ، ص٣٩٦ .

27. Jameson, H. An Outline of Psychology , London , 1947 , P. 151 .

٢٨. الحسن ، إحسان محمد (الدكتور) . العوامل المؤثرة في تكوين الرأي العام ، الجزء
الثاني، بحث منشور في جريدة الإعلام ، كلية الآداب، جامعة بغداد، العدد التاسع ،
السنة الرابعة، نيسان ١٩٨٩ .

29. Adorno, amd et al. The Authoritarian Personality , New York , 1951 , PP. 40-42 .

30. Machiavelli, N. The Prince , Penguin Books , Middlesex, England , 1970 , P. 61 .

31. Ibid. , P. 63 .

32. Weber, M. The Theory of Social and Economic Organization, The Free Press
1969, See the Ch. On Charismatic Authority , P. 358 .

33. Lindzey, G. and Borgatta , E. Hand Book , of Social Psychology , Vol. 1 , 1954 ,
See Ch.

34. Eysenck, H. Sense and Nonsense in Psychology , A Pelican Book , Middlesex ,
England , 1962 , P. 281 .

35. Ibid. , P. 288 .

36. Al-Hassan, Ihsan M. Collective Behaviour , Baghdad , 1974, P. 27 .

37. Stewart, E.W. The Human Bond, John Wiley and Sons , New York , 1978 , P. 201 .

38. Ibid. , P. 202 .

39. Fancis, H. Rulers , Leaders and Presidents : A Study in Political Leadership , London , Longman , 1986 , P. 23 .

40. Ibid. , P. 25 .

41. Ibid. , P. 29 .

42. Ibid. , P. 31 .

الفصل الثاني عشر
التنشئة السياسية وقنواتها الفكرية والتربوية

التنشئة السياسية هي تلك العملية التي يكتسب الفرد من خلالها معلوماته وحقائقه وقيمه ومثله السياسية ويكون بواسطتها مواقفه واتجاهاته الفكرية والاديولوجية التي تؤثر في سلوكه وممارساته اليومية وتحدد درجة نضجه وفاعليته السياسية في المجتمع [١]. وهناك منظمات عديدة تشارك في عملية التنشئة السياسية هذه أهمها الأسرة والمدرسة والحزب السياسي والمهنة ووسائل الإعلام الجماهيرية والمجتمع المحلي ... الخ . وتأثيرات هذه المنظمات في الأفكار والمبادئ السياسية التي يكونها الفرد منذ بداية حياته الاجتماعية والسياسية قد تكون قوية وفاعلة اذا كانت جميع المنظمات تردد نفس المعلومات والأفكار السياسية وتعتمد نفس الأساليب التأنيسية والتربوية في زرع الأفكار والقيم السياسية عند الأفراد [٢]. بينما تكون تأثيرات هذه المنظمات ضعيفة وهامشية عندما تكون تعاليمها وتوجيهاتها وأساليبها التثقيفية والتربوية مختلفة ومتناقضة . ومن الجدير بالملاحظة ان التنشئة السياسية تساعد على بقاء وديمومة واستقرار النظام السياسي طالما انها تستهدف تمرير الأفكار والخبرات والأساليب السياسية التي يعتمدها المجتمع بين أبناء الشعب وتحاول زرعها في نفوس الأفراد والجماعات على اختلاف خلفياتها الاجتماعية والطبقية . فالاستقرار السياسي أي ديمومة النظام السياسي هي خاصية إيجابية ومرغوبة وان التنشئة السياسية هي الوسيلة التي يصبح الفرد من خلالها واعيا ومدركاً للمبادئ والأهداف السياسية التي يؤمن بها النظام الاجتماعي . أما الأشخاص الذين ينحرفون عن مبادئ الثقافة والوعي السياسي بسبب السلبيات

والعثرات التي جابهتهم خلال مراحل تنشئتهم السياسية فلا يمكن الاعتماد عليهم في تثبيت أسس النسق السياسي للمجتمع وتحقيق أهدافه وطموحاته .

بيد ان المنظمات التي تتم من خلالها عملية التنشئة تترك تأثيراتها المتباينة والمتناقضة في الأفراد . ففي السنوات الأولى من حياة الفرد تلعب العائلة دوراً أساسياً في عملية التنشئة الاجتماعية والأخلاقية والوطنية لانها المنظمة التي يحتك بها الفرد اكثر من بقية المنظمات الاجتماعية الأخرى [٣]. وبعد نموه يخرج عن نطاق عائلته ويلتحق بمؤسسات أخرى تؤمن تحقيق طموحاته وإشباع حاجاته الأساسية والثانوية كالمدرسة والمجتمع المحلي والعمل والحزب السياسي والنادي الرياضي .. الخ . ولدى التحاقه بهذه المؤسسات أو الجماعات المرجعية (Reference Groups) يتأثر بتعاليمها وثقافاتها وبرامجها الاجتماعية والاقتصادية والسياسية والتربوية إلى ان تتكامل شخصيته وتتبلور أفكاره ومواقفه ويصبح مستعداً على اتخاذ الأحكام القيمية إزاء الأمور والقضايا التي يشهدها [٤]. ولعل من المفيد ان نميز بين هذه المنظمات أو الجماعات المرجعية على أساس ان بعضها منظمات غير سياسية والبعض الآخر منظمات سياسية أو ذات طبيعة سياسية، فالتنشئة السياسية التي تقوم بها المنظمات غير السياسية كالعائلة أو المدرسة أو المجتمع المحلي أو النادي الرياضي هي تنشئة كامنة [٥] (Potential Socialization) أي تنشئة لا تتعلق بالمسائل السياسية بصورة مباشرة بينما التنشئة السياسية التي تتعهد بها المنظمات السياسية كالدولة والأحزاب السياسية والجماعات الضاغطة والسلطات السياسية هي تنشئة غرضية (Intentional) أي تنشئة تتعلق بتكوين المواقف والاتجاهات السياسية عند الأفراد والجماعات [٦]. ان التنشئة السياسية غير المباشرة التي تقوم بها الأسرة مثلا تتجلى في قيامها بزرع القيم والمثل والأهداف العامة عند الأفراد التي قد تظل معهم طوال حياتهم . فالقيم الوطنية والفكرية التي يؤمن بها الآباء سرعان ما تمرر إلى الأبناء عن طريق التنشئة الاجتماعية . ويمكن التأكد من صحة هذه النظرية بفحص السلوك الانتخابي للآباء والأبناء. ففي

الانتخابات البريطانية العامة غالباً ما يصوت الآباء والأبناء لنفس الحزب السياسي وذلك لتشابه أفكارهم ومواقفهم السياسية بسبب الظروف المادية والاجتماعية والثقافية المتجانسة التي مروا بها [٧].

لكن الأحزاب السياسية في معظم الدول النامية تلعب الدور القيادي والحساس في عملية التنشئة السياسية وفي خلق وتغيير الثقافة السياسية التي تحتاجها هذه الدول . ان معظم الدول النامية كما هو معروف متخلفة في نظمها السياسية وأجهزتها الإدارية والبيروقراطية . لكن الأحزاب السياسية فيها تلعب الدور القيادي في تمشية الأمور السياسية وغير السياسية . فالأحزاب ليست هي أدوات انتخابية صرفة أو منظمات تتكون من طوائف معينة من الناس تعتقد بمبادئ وقيم وأهداف مختلفة ومتناقضة ، وانما هي منظمات سياسية تقوم بوظائف مختلفة ومتشبعة . فهي الوسيط بين الدولة والجماهير وبين القاعدة والقيادة [٨]. وهي التي تستطيع فرض إرادتها على الدولة وتدفعها إلى القيام بأعمال تخدم المصلحة الجماعية لأبناء المجتمع وهي التي تستطيع التدخل في إعطاء العمل والثقافة والتربية والتعليم إلى الجماهير [٩]. وأخيراً تقوم بمراقبة ومحاسبة السلطة السياسية عند خروجها عن الخط المرسوم لها من قبل الجماهير . إضافة إلى توفيرها المعلومات لأبناء الشعب وقيامها بتحقيق التكامل بين الجماعات المختلفة واقتراح البرامج القومية ذات الأبعاد التنموية والتجديدية . التنشئة السياسية اذن هي عملية مستمرة ودائمة فهي لا تتوقف عند مرحلة الطفولة أو المدرسة أو العمل والإنتاج . فالتجارب والخبرات السياسية التي يكتسبها الأفراد من خلال احتكاكهم وتفاعلهم مع الدولة أو الحزب أو السلطة أو الجماعة الضاغطة ، وإدراك الأفراد لدور رجال السياسة والقوة والحكم هي عوامل أساسية تسهم مساهمة فعالة في تحقيق التنشئة السياسية .

قنوات التنشئة السياسية

لا يمكن لعملية التنشئة السياسية ان تتم بصورة حتمية وتلقائية اذ إنها تحتاج إلى مجموعة قنوات أو ممرات يمكن من خلالها زرع وترسيخ وتنمية المفاهيم والأفكار والممارسات السياسية عند الأفراد والجماعات . وهذه القنوات أو الممرات المسؤولة عن إيصال المعلومات والحقائق والأفكار السياسية إلى المواطنين وترسيخها في نفوسهم ، بحيث تصبح جزءاً من شخصياتهم ونظامهم الفكري والمبدئي ، هي بالحقيقة منظمات أو أجهزة ثقافية وتربوية في أساليبها ولو إنها تختلف الواحدة عن الأخرى في أغراضها وقوانينها ووظائفها وتراكيبها [10] . ان قنوات التنشئة السياسية بأنواعها المختلفة لا تتحمل فقط مسؤولية التلقين والتعليم والتثقيف والتهذيب السياسي للمواطنين بل تتحمل أيضاً مهمة فرز وتشخيص الأفكار والقيم والمواقف والممارسات السياسية المطلوب نشرها وتكريسها في المجتمع ، إضافة إلى مسؤوليتها عن مجابهة التحديات الفكرية والعقائدية التي تواجه أبناء الأمة والتصدي لاثارها الهدامة والمخربة . لكن قنوات التنشئة السياسية التي تتجسد في المؤسسات المجتمعية ذات الأغراض التأنيسية والتربوية والتثقيفية يمكن تصنيفها إلى أربعة أقسام أساسية هي :

١- المؤسسات الثقافية والتربوية .

٢- وسائل الإعلام الجماهيرية .

٣- العائلة .

٤- المنظمات المهنية والشعبية .

ويجب علينا هنا شرح اثر كل من هذه المؤسسات الفكرية والتربوية في عملية التنشئة السياسية التي تقوم بها في المجتمع والتي تستهدف نشر وترسيخ القيم والممارسات السياسية الإيجابية عند المواطنين وفي نفس الوقت مواجهة التحديات العقائدية التي يواجهها أبناء المجتمع والتصدي لاثارها السلبية والهدامة .

١- المؤسسات الثقافية والتربوية

يمكن ان تلعب المؤسسات الثقافية والتربوية كالمدارس والمعاهد والكليات والجامعات والمكتبات والمتاحف ومراكز البحث العلمي الدور الكبير والمؤثر في نشر الأفكار والقيم الوطنية والقومية والإنسانية بين الناشئة وترسيخها في نفوسهم وحثهم على الالتزام بها والتصرف بموجبها [١١]. وفي نفس الوقت تستطيع التصدي للتحديات العقائدية والفكرية التي تواجه الوطن العربي في هذه الفترة من الزمن وتقوم هذه المؤسسات بواجباتها ومهامها الخطيرة والحساسة من خلال الالتزام بقوانينها وأحكامها ، نظمها وممارساتها ، مبادئها وفلسفتها ، وسائلها وغاياتها. فعندما تكون فلسفة واستراتيجية التربية والتعليم مشتقة من مبادئ وتعاليم النظام الاجتماعي ومتأثرة بالأفكار والممارسات القومية والتقدمية والتي تتبناها الأمة فان المؤسسات الثقافية والتربوية في المجتمع على اختلاف مستوياتها ودرجاتها ستكون أدوات فعالة ومؤثرة في إرساء دعائم عملية التنشئة السياسية في المجتمع التي تضمن زرع ونشر الأفكار والقيم المطلوبة بين الناشئة والشباب وإشعاع الفكر القومي والاشتراكي في كل مكان والتصدي للأفكار المضادة على اختلاف أنماطها ومصادرها .

ان فلسفة التربية والتعليم التي تعتمد الأصول التراثية والأخلاقية للامة العربية وتتبنى الممارسات الاشتراكية والإنسانية وتنتهج الطرق العلمية المنهجية في كشفها للحقائق وبنائها للفرضيات والنظريات والقوانين الكونية الشمولية المتعلقة بالاختصاصات النظرية والتطبيقية هي فلسفة تتناقض مع شتى الأفكار والطروحات التي تلتزمها وتتبناها الجهات والأوساط المعادية للامة العربية [١٢]. فالمثقف العربي الذي يحمل العلم والمعرفة المستندة على أسس وأصول قومية وإنسانية وتقدمية لا يمكن ان يتأثر بالأفكار والمواقف والقيم الإمبريالية والصهيونية والرجعية أو ينحاز نحو المبادئ الشعوبية والفوضوية . لان جميع هذه الأفكار والمبادئ الغريبة عن الواقع والتراث العربي تتناقض كل التناقض مع الخلفية الثقافية والعلمية التي

تبلورت عند المثقف العربي نتيجة دراسته وتفاعله مع المؤسسات الثقافية العربية ذات الفلسفة والفصول القومية والتراثية والإنسانية [١٣]. من هنا يتبين لنا ضرورة رسم وتحديد استراتيجية واضحة وفلسفة عميقة للتربية والتعليم تعتمد عليها المؤسسات . وقد بادرت فعلا القيادة السياسية في العراق بتحديد استراتيجيات وفلسفات التعليم الأساسي والتعليم العالي وبقية المؤسسات الثقافية والبحثية .

وبجانب تشخيص وبلورة وتعزيز استراتيجية التربية والتعليم التي تكفل نشر الوعي السياسي وترسيخ الأفكار القومية والتراثية والتقدمية في قطاعات المجتمع كافة ولجم التجاوزات الفكرية المشبوهة والمعادية فان المؤسسات الثقافية والتربوية ينبغي تخطيط وتنظيم مواضيعها ومناهجها ومفرداتها وكتبها المقررة وفق صيغة تضمن اكتساب الطالب أو المثقف أو المختص المعلومات والحقائق التي تتناقض مع الادعاءات والمزاعم والفروض المبدئية والسلوكية التي تعتمدها الأوساط المعادية في محاربة القومية العربية . كما يجب ان تكون المواضيع والمناهج والمفردات والكتب المتعلقة بالجوانب النظرية والتطبيقية ومنبثقة من واقع المجتمع واحتياجاته، وتخدم تطوير وتنمية الجوانب النوعية للإنسان والمجتمع [١٤]. إضافة إلى ضرورة كونها متطورة ومنسجمة مع طبيعة العلم الحديث وروح العصر. فالمواضيع التي يدرسها الطلبة ابتداء من مرحلة الدراسة الابتدائية ومروراً بمرحلة الدراسة الثانوية وانتهاء بالمرحلة الجامعية ينبغي ان تكون مواضيع لا تنمي وتوسع القدرات والملكات والقابليات العلمية والأدبية والفنية عند الطلبة فقد بل يجب ان تزودهم بالثقافة السياسية والقومية وتطور عندهم السمات الأخلاقية والاجتماعية الفاضلة التي يثمنها المجتمع ويؤيدها التراث . وهنا يكون الطالب قد تزود بالمعلومات والحقائق العلمية وفي نفس الوقت اكتسب الثقافة السياسية الثورية التي تجعله يرفض الثقافات والأفكار البرجوازية والرجعية والشعوبية والعنصرية التي تتحدى مجتمعه وتتآمر على إضعافه وبعثرته وتشتيت موارده الطبيعية والبشرية . فالشاب في جميع المراحل الدراسية يجب ان يدرس المواضيع العلمية والفنية ويلم

بأهم العلوم الاجتماعية والسياسية التي توسع مداركه الذهنية وتنمي عنده القابليات التفكيرية والإبداعية . ومن المواضيع الاجتماعية والسياسية التي ينبغي على الطالب دراستها منذ مرحلة الدراسة المتوسطة فصاعداً الثقافة القومية والوطنية، الاقتصاد ، العلوم السياسية ، علم الاجتماع ، علم النفس ، التربية الدينية والأخلاقية والوطنية ، الفلسفة ... الخ .

ويجب ان لا تحدد المواضيع الدراسية للطلبة فقط بل يجب ان تحدد مفرداتها ومناهجها النظرية والتطبيقية ، فالمفردات والمناهج يجب ان تدور حول تأريخ وظروف ومشكلات الواقع العربي وما يتضمنه هذا الواقع من تناقضات وإيجابيات . وان تتعلق بتشخيص الأخطار الداخلية والخارجية التي تهدد كيان الأمة العربية وان تتضمن الأبعاد القومية والاشتراكية والإنسانية التي تجسد تراث وأمجاد الأمة وتدفع الجيل الناشئ على المشاركة الفعالة والجادة في إعادة بناء صرح الأمة العربية ودفع عمليات التحول الحضاري والتقدم الاجتماعي إلى أمام . وينبغي ان ترد المناهج والمفردات الدراسية على الدعايات المضللة والأكاذيب الملفقة التي تروجها الأوساط المعادية والحاقدة في كتبها ومناهجها الدراسية ضد الأمة العربية وتراثها المجيد . والرد يكون هنا من خلال الاستشهاد بالأدلة المادية والمنطقية التي تدينها وتعري أكاذيبها وافتراءاتها وتكشف أساليب تزويرها للحقائق والمعلومات . وفي نفس الوقت يوضح الحقائق الناصعة عن ماضي الأمة العربية وحاضرها ومسيرتها نحو البناء والتقدم والنهوض . والسيطرة على المواضيع والمفردات والمناهج والكتب الدراسية وجعلها اكثر موضوعية وعلمية وانسجاماً مع أهداف الأمة العربية هي عملية غير كافية بحد ذاتها اذا لم تصاحبها عملية مماثلة تتعلق بطبيعة ونوعية ومستوى المدرسين والأساتذة . ونوعية ومستوى المدرسين والأساتذة يعتمد على مؤهلاتهم العلمية وخبراتهم الوظيفية وتتبعهم الدراسي والعلمي ويعتمد أيضاً على أفكارهم ومبادئهم وقيمهم السياسية والاجتماعية . لذا ينبغي على السلطات العلمية والتربوية في القطر اختيار المدرسين والأساتذة من الأشخاص

الذين يحملون المؤهلات العلمية والخبرات الوظيفية ويهتمون اهتماماً كبيراً بالتتبع الدراسي والتحصيل العلمي. ويتميزون بالنزاهة والكرامة والإخلاص في أداء العمل ويحملون الأفكار الوطنية والقومية والإنسانية التي من شانها ان تقود إلى تطوير الإنسان والمجتمع نحو الأحسن والأفضل . أما بالنسبة لطبيعة محاضرات المدرسين والأساتذة فإنها يجب ان لا تقتصر على الجوانب العلمية والفنية والمنهجية فقط بل يجب ان تتطرق إلى القضايا القومية والمصيرية التي تهم مصالح وأماني الأمة العربية وان ترتبط بالجوانب المادية والحضارية المتعلقة بالمجتمع ومشكلاته الآنية والمستقبلية [١٥].

وعلى صعيد التعليم العالي ينبغي على الأقسام الدراسية والكليات والجامعات بالاتفاق مع المنظمات المهنية والشعبية كالاتحاد الوطني لطلبة العراق والاتحاد العام لشباب العراق والاتحاد العام لنساء العراق .. الخ . إقامة الندوات والحلقات الدراسية العلمية منها والثقافية . ويمكن مشاركة الأساتذة والطلبة والمتخصصين والخبراء العرب والأجانب في هذه الندوات والحلقات الدراسية. أما مواضيع الندوات والحلقات الدراسية فيجب ان تتناول الأمور والمشكلات والتحديات السياسية والحضارية والاقتصادية التي تواجه الأمة . فكلية الآداب من خلال قسمي علم الاجتماع وعلم النفس تستطيع مثلا إقامة حلقة دراسية عن الأساليب والممارسات العنصرية والشوفينية للصهيونية أو إقامة ندوة علمية عن الإجراءات الاجتماعية والنفسية التي يمكن اتخاذها لتخفيف الفوارق الطبقية بين الأفراد من اجل تحقيق المجتمع العربي الاشتراكي الموحد . أو تستطيع كلية القانون والسياسة إقامة حلقة دراسية عن طبيعة الترابط المصلحي بين الإمبريالية والصهيونية . أو تستطيع كلية الإدارة والاقتصاد إقامة حلقة دراسية عن المشكلات الاقتصادية التي تواجه دول العالم الثالث وكيفية علاجها أو تستطيع كلية التربية عن طريق قسم التاريخ إقامة ندوة علمية عن الجذور التاريخية للحركة الفارسية الشعوبية العنصرية في الوطن العربي .

ان مثل هذه الندوات والحلقات الدراسية العلمية تزيد كمية المعلومات التي يحملها المشاركون عن مواضيعها وتعطيهم المجال بتبادل المعلومات والخبر والتجارب . وأخيراً تخرج الندوة أو الحلقة الدراسية بنتائج ومقترحات وتوصيات يمكن الاستفادة منها في تخطيط وتنمية المجتمع في شتى المجالات والحقول . وبجانب الندوات والحلقات الدراسية هناك المحاضرات العامة التي يلقيها الأساتذة والمختصون على الطلبة وأبناء الشعب الراغبين باكتساب العلم والمعرفة . ومواضيع المحاضرات العامة قد تتعلق بالقضايا والمشكلات التي يواجهها المجتمع وبالرد على الأكاذيب التي تروجها الجهات الحاقدة والعميلة والمشبوهة . وفائدة هذه المحاضرات وما يدور فيها من مناقشات واستفسارات وتساؤلات تكون كبيرة ومؤثرة في مستوياتهم الثقافية والعلمية وفي آرائهم ومواقفهم واتجاهاتهم الفكرية والسياسية .

٢- وسائل الإعلام الجماهيرية

يتأثر الرأي العام في المجتمع العصري الحديث بصورة مباشرة أو غير مباشرة بوسائل الإعلام الجماهيرية التي تسيطر عليها أجهزة ومنظمات الدولة كالتلفزيون والراديو والجرائد والمجلات والكتب والأفلام والتمثيليات التي تعرض من شاشات دور السينما والمسارح . ووسائل الإعلام الجماهيرية تستطيع خلال فترة الأمد البعيد المشاركة في تغيير الآراء والمواقف والميول والاتجاهات الاجتماعية والسياسية التي يحملها أبناء المجتمع تجاه القضايا والأمور الاقتصادية والاجتماعية والايديولوجية التي تهمهم شريطة قيام هذه الوسائل بتكييف عروضها ومناهجها وفعالياتها الأدبية والفنية مع حاجات وطموحات الجماهير ، وشريطة انسجام العروض والمناهج والفعاليات مع أفكار وممارسات وأهداف المؤسسات البنيوية للمجتمع الكبير [١٦] .

ووسائل الإعلام الجماهيرية لا يكون بمقدورها فقط تغيير الآراء والمواقف والميول والاتجاهات بل تستطيع أيضاً دفع المواطنين بكافة خلفياتهم الاجتماعية

والمهنية على الاعتقاد بآراء ومواقف ومثل جديدة تنسجم مع الواقع الاجتماعي والسياسي [١٧]. وفي نفس الوقت تستطيع الرد على التحديات والاستفزازات الفكرية والقيمية التي تقوم بها الأوساط الحاقدة والموتورة حيث تفندها وتدحض أكاذيبها وافتراءاتها وتجمد مؤامراتها وخططها العدوانية واللاإنسانية . وتستطيع وسائل الإعلام تبديل أفكار وقيم المواطنين من أفكار وقيم فردية ضيقة ومتخلفة إلى أفكار وقيم جماعية وقومية متحررة اذا نسقت أعمالها وجهودها ووحدت خططها وأساليبها وغاياتها . كما تستطيع نشر وترسيخ القيم والممارسات القومية والاشتراكية كالشجاعة والتضحية في سبيل الآخرين ونكران الذات وتحمل المسؤولية والاعتزاز بماضي وتراث الأمة العربية المجيدة وحب العمل الجماعي والتعاون مع الآخرين والتواضع والصدق والإخلاص في العمل .

ان قيم الاستعمار وأفكاره ومعتقداته تنتشر بواسطة وسائله الإعلامية الجماهيرية كالتلفزيون والراديو والسينما والإعلان . وهذه القيم والأفكار والمعتقدات موجهة أصلا إلى دول العالم الثالث بصورة عامة والوطن العربي بصورة خاصة . وان محاولة تنظيم الضغوط الثقافية والإعلامية العدوانية المباشرة وغير المباشرة ما تزال مستمرة لفضل وسائل التأثير في الرأي . وفيما عدا بعض الأقطار التي تخلصت من الاستعمار والتي تملك بعضا من وسائل الإعلام فان رؤى الاستعمار وشرائعه في الخير والجمال وقيمه المضادة تنزل إلى الشارع في بعض أقطار الوطن العربي وتسهم في تفكيك العادات والتقاليد وهناك مع شديد الأسف القطيعة الجذرية مع الماضي لدى الكثير من المثقفين في الوطن العربي الذين وصلت بهم الدعوة إلى محاربة كل ما هو وطني وقومي والوقوف ضد التاريخ والتراث والتكلم بلغة المستعمرين . ومما يزيد في هذه المشكلة تعقيداً سيطرة الغرب الاقتصادية والتقنية والثقافية على بعض أقطار الوطن العربي . وهذا الواقع المرير يفسر قيام الثورات العربية التحررية في بعض أقطار الوطن العربي، هذه الثورات التي تستهدف فيما تستهدف تأكيد الذات من جديد وإعادة خلق وبناء

الشخصية واستعادة الهوية القومية . بيد ان التأثير الاستعماري يبقى عميقا ويستمر تقليد المستعمر وخاصة في الميدان الثقافي حتى بعد الاستقلال . كما ان الاستعمار الغربي والشرقي يكبح كل الجهود التي تبذلها الدول المتحررة لاستعادة هويتها الثقافية الخالصة وبعث تراثها وأمجادها وقيمها الحضارية والقومية .

لهذا يجب مواجهة التحديات الفكرية الاستعمارية مواجهة حقيقية وفي جميع الميادين خصوصاً ميادين الثقافة والإعلام . يشير التقرير السياسي الصادر عن المؤتمر القطري لقد آن الأوان لان يكون للثورة إعلامها وثقافتها المعبران عنها تعبيراً دقيقاً وصادقاً وخلاقاً وملهماً للجماهير وللطلائع المثقفة لا في العراق فحسب وإنما في الوطن العربي .

واذا أرادت وسائل الثقافة والإعلام نشر وترسيخ المبادئ والقيم والاتجاهات الفكرية والسياسية الإيجابية عند الأفراد والجماعات ومواجهة الدعاية المضادة التي تقوم بها الجهات الاستعمارية والرجعية والشعوبية فإنها يجب تتبنى المهام التالية:

١- تنمية وتطوير الجوانب الفكرية والتربوية والأخلاقية والإنسانية عند الفرد وذلك لما يتمتع به من أهمية بالغة في تكوين المجتمع ورسم صفاته الأساسية.

٢- تنمية العادات والتقاليد والقيم العربية الأصيلة كالشجاعة والإيثار وتحمل المسؤولية والتواضع والإخلاص في العمل ومحاربة العادات والتقاليد والقيم الاجتماعية السلبية الضارة كالأنانية وحب الذات ، الطائفية والاقليمية ، التحيز والتعصب بجميع أشكاله وصوره ، ضعف الشعور بالمسؤولية ، والسلبية تجاه العمل الاجتماعي.

٣- تركيز وسائل الإعلام على محاربة أسباب الطبقية والتمايز الاجتماعي وتنمية الممارسات الديمقراطية في المجتمع كنشر ودعم الديمقراطية الشعبية التي تصون حرية العمل النقابي والمهني وحرية انتخاب المجالس الوطنية والتشريعية والشعبية وحرية المرأة .

٤- قيام وسائل الثقافة والإعلام بالتأكيد على أهمية الذات الوطنية وإعادة خلق وبناء الشخصية واستعادة الهوية القومية وإعادة الثقة بالنفس وعدم الاعتماد على الأجنبي في تمشية أمور الدولة والمجتمع وتطوير أجهزتها الفنية ومؤسساتها الدنيوية .

٣- العائلة

تعتبر العائلة من القنوات المهمة والأساسية للتوجه الفكري والعقائدي لأبناء المجتمع . وأهميتها التربوية والاجتماعية والخلقية والأديولوجية لا تقل عن أهمية المؤسسات الثقافية والتربوية ووسائل الإعلام الجماهيرية . العائلة هي من أولى المؤسسات البنيوية التي تؤثر في أفكار ومواقف وسلوكية وأخلاقية الفرد . فهي تهتم بتنشئة الطفل تنشئة أخلاقية واجتماعية ووطنية اذ تزرع عنده منذ البداية الخصائل الأخلاقية التي يقرها المجتمع ويعترف بها وتصب في عروقه النظام القيمي والديني للمجتمع وتوجه سلوكه وتصرفاته في خط معين يتماشى مع مثل ومقاييس المجتمع . كما انها تنمي مهاراته وخبره وتجاربه وتدربه على اشغال أدواره الاجتماعية وأداء مهامها والتزاماتها بصورة متقنة وجيدة [٢٠] . وهي تشبع حاجاته العاطفية والانفعالية وتنظم علاقاته الداخلية مع بقية أفراد الأسرة وتحافظ عليه من الأخطار الخارجية التي تداهمه . إضافة الى وظائف العائلة المتعلقة بالحفاظ على كمية السكان وزيادتها من خلال الزيجات التي تنتج بتكوين العوائل الجديدة .

لهذه الوظائف الخطيرة والحساسة التي تقدمها العائلة للمجتمع نرى بان السياسي (Politician) يهتم بها ويرعاها ويقدم لها شتى أنواع الخدمات والإعانات التي تكفل تطويرها ونموها ورفع نوعيتها . من هنا تبرز حقيقة اهتمام الدولة بالعائلة وتبرز أهمية أجهزة ومؤسسات الدولة المختلفة كالأجهزة والمؤسسات الاقتصادية والثقافية والتربوية والدينية والصحية والسكنية والاجتماعية والترفيهية في مقابلة الحاجات والمتطلبات المتفرعة للعائلة المعاصرة [٢١]. ان الغاية من

الخدمات والواجبات الكثيرة والمتشعبة التي تقدمها الدوائر لعائلات المجتمع على اختلاف انحداراتها الاجتماعية والمهنية تكمن في مساعدة وإعانة هذه العوائل على القيام بمهامها والتزاماتها تجاه أبنائها وبالتالي ارتفاع نوعيتها ومقدرتها على بلوغ الرفاهية الاجتماعية والحضارية وتحقيق السيادة والطمأنينة لأبنائها .

واذا كانت العائلات في المجتمع تتمتع بمستويات اقتصادية واجتماعية وثقافية رفيعة فان وعيها الأيديولوجي والسياسي ودرجة مسؤوليتها والتزاماتها تجاه الدولة والمجتمع تكون ناضجة ومتطورة . وهنا لا يمكن للقوى والتيارات الفكرية المضادة كالإمبريالية والصهيونية والشعوبية ان تنفذ وتبث سمومها وأحقادها بين الجماهير . بينما اذا كانت عائلات المجتمع متخلفة اقتصادياً واجتماعياً وثقافياً فان وعيها الأيديولوجي والسياسي يكون مبعثراً ومستوى مسؤوليتها والتزاماتها تجاه الدولة والمجتمع يكون واطئاً وضحلا . وهنا تستطيع القوى والتيارات الفكرية المضادة الانتشار بسهولة بين الجماهير والسيطرة على أفكارها ومواقفها وبعثرة صفوفها ودفعها على الوقوف ضد أمانيها ومصالحها وأهدافها القريبة والبعيدة الأمد. من هنا تتجسد أهمية العمل الجاد والمخلص على تحرير العائلات من الفقر والحرمان الاقتصادي والمضي قدما نحو رفع مستوياتها المادية والمعاشية بتوفير العمل لأبنائها وزيادة أجورهم ومرتباتهم الشهرية وتهيئة المستلزمات المادية للعيش الكريم . كما ينبغي تطوير المستويات الاجتماعية للعائلات كتقديم الوصايا والإرشادات لها حول الأساليب الناجحة والمتطورة للتنشئة الاجتماعية وتقديم خدمات التقاعد والضمان الاجتماعي التي تضمنها ضد البطالة والمرض والهرم والموت . إضافة إلى تقديمها الخدمات الاجتماعية الأخرى كخدمات الإرشاد الاجتماعي وخدمات الأمومة والطفولة وخدمات مكافحة الجنوح والجريمة . وينبغي أيضاً تخفيف الفوارق الطبقية الاجتماعية ، محاربة الأمراض الاجتماعية الموروثة كالعصبية القبلية ، الاقليمية ، الطائفية ، العادات والتقاليد المتخلفة .. الخ . اما الخدمات الثقافية والتربوية التي يمكن تقديمها لعائلات المجتمع فتأخذ عدة صور

أهمها فتح مراكز محو الأمية والمدارس الشعبية والمدارس النظامية على اختلاف أنواعها ودرجاتها ، المعاهد والكليات والجامعات . وشن الحملات الإعلامية المكثفة التي تحث عائلات المجتمع على إرسال أبنائها اليها لاكتساب الثقافة والتربية والتعليم ومتابعة الدراسة والتخصص في الحقول العلمية المختلفة التي تمكن أبناء العوائل من اشغال المهن الإدارية والفنية الحساسة التي يحتاجها المجتمع العصري المتطور .

ان مثل هذه الخدمات الاقتصادية والاجتماعية والثقافية التي تقدمها الدول لمجموع عائلات المجتمع لابد ان تطورها وترفع مستوياتها وتقود إلى رفاهيتها وسعادتها . وهنا تلقن العائلات من خلال وسائل الإعلام الجماهيرية ، دوائر التوجيه السياسي ، التنظيم الحزبي والمؤسسات الثقافية والتربوية بالأفكار والقيم السياسية المطلوبة التي تدفعها على العمل من اجل تحقيق الأهداف الكبرى للامة العربية وفي نفس الوقت رفض جميع الأفكار والممارسات الرجعية والشعوبية والفوضوية والتصدي لها ومحاربتها في كل مكان . وحالة كهذه لابد من ان تجعل أعداء الأمة العربية يخفقون في تحقيق أهدافهم الشريرة وتمرير مؤامراتهم الخبيثة الا وهي تمزيق وبعثرة الأمة العربية ونهب خيراتها وسلب حقوقها المشروعة وجعلها تابعة لقوى الاستغلال والشر والعدوان .

٤. المنظمات المهنية والشعبية

تساهم المنظمات المهنية والشعبية من خلال نشاطاتها وأعمالها الثقافية والتربوية بدور كبير في التوجيه الفكري والعقائدي لأبناء المجتمع الذين ينتمون إليها . والمنظمات المهنية والشعبية في العراق كالاتحاد العام لشباب العراق ، والاتحاد الوطني لطلبة العراق ، والاتحاد العام لنقابات العمال ، والاتحاد العام لنساء العراق وبقية النقابات المهنية الأخرى تقوم بأداء عدة مهمات وواجبات لأعضائها وللمجتمع الكبير يمكن تلخيصها بالنقاط التالية :

أ. الدفاع عن الحقوق والامتيازات المهنية والاجتماعية والمادية لأعضائها.

ب. تقديم الأنشطة الترويحية والترفيهية على اختلاف أنواعها للأعضاء .

ج. تقديم تسهيلات الضمان الاجتماعي والصحي والاقتصادي للأعضاء وقت تعرضهم للأزمات والكوارث والمشكلات الحياتية .

د. تطوير الجوانب الفكرية والثقافية والتربوية عند الأعضاء من خلال الاجتماعات الأسبوعية والمؤتمرات والندوات والحلقات الدراسية والايفادات والمجلات العلمية والمطبوعات والكراسات التي توزعها على الأعضاء بين فترة وأخرى.

هـ   الدفاع عن الدولة ضد الأخطار والتحديات التي قد تهددها في الداخل أو الخارج .

و. المحافظة على منجزات الدولة والعمل على تعميقها وترسيخها في عقول الجماهير

أما طبيعة الواجبات التثقيفية والفكرية التي تقوم بها المنظمات المهنية والشعبية فتعتمد على سياستها الوطنية وخططها التنظيمية وأبعادها الحضارية وأغراضها التعبوية والمجتمعية. فالاتحاد العام لشباب العراق يتحمل دوراً أساسياً في التوجيه الفكري للشباب باعتباره المنظمة الجماهيرية لهذا القطاع من جهة، وكونه الجهة الوحيدة التي تمتلك الصيغ التنظيمية والتعبوية للاتصال بالشباب والتفاعل معهم . وقد أولى الاتحاد هذا الميدان اهتماما بالغاً تمثل في تشكيله مكاتب متخصصة هي المكتب الثقافي المركزي ، ومكتب الإعلام والنشر ومكتب البحوث والدراسات . أما الاتحاد الوطني لطلبة العراق فيقوم بأعمال ونشاطات متعددة تدخل في مجال التوجيه الفكري للشباب ، منها الندوات والدورات والأسابيع الثقافية والمعارض الفنية والعلمية والمهرجانات الفنية والثقافية والأدبية كمهرجانات الشعر والخطابة والقصة والمقالة والأغنية السياسية والمؤتمرات العلمية . كما لا بد من الإشارة إلى معسكرات العمل الشعبي بشكل خاص والتي تعتبر تجربة رائدة في تعميق الوعي الوطني والقومي للشباب وإشاعة وتثبيت القيم والممارسات

الديمقراطية والاشتراكية كحب الوطن والتضحية والعمل الجماعي واحترام العمل والزمن والتفكير المبدع والخلاق والمناقشة الواعية والنقد الذاتي واحترام القيادات وغيرها من القيم الثورية والعربية الأصيلة .

والاتحاد العام لنقابات العمال يساهم بالتوجيه الفكري للعمال من خلال النشاطات والبرامج والندوات الثقافية والفنية ومجلة وعي العمال والنشرات والكتب الثقافية , كما يساهم المسرح العمالي بإشاعة القيم والممارسات الديمقراطية والاشتراكية . اما الاتحاد العام لنساء العراق فيقوم بنشاطات مختلفة تدخل ضمن مجال التوجيه الفكري للشباب في القطاع النسوي حيث تقوم مكاتب الثقافة والبحوث والدراسات بتنظيم المؤتمرات والندوات الثقافية والفنية المختلفة بالتعاون مع الجهات الأخرى كالوزارات والجامعات ومراكز البحوث ، ومن خلال الصيغ الإعلامية المتعددة كالبرامج والندوات الإذاعية والتلفزيونية ومجلة المرأة والنشرات والكتب حيث تقوم بإشاعة القيم الاجتماعية الجديدة وابراز دور المرأة في المجتمع الاشتراكي. كما تقوم النقابات الأخرى بتوجيه منتسبيها من خلال النشاطات الثقافية كالندوات والمؤتمرات والنشرات والمجلات التي تصدرها النقابات كنقابة المعلمين والمهندسين والمحامين وغير ذلك . ولا بد من الإشارة هنا إلى الجمعيات العلمية كجمعية الاقتصاديين وجمعية الاجتماعيين وجمعية الجيولوجيين والجغرافيين وغيرها من الجمعيات التي تقوم بنشر ــ وإشاعة الفكر القومي الاشتراكي ومناقشة وتحليل القضايا المتعلقة بالتنمية القومية والتخطيط الاقتصادي والاجتماعي .

من هذا الشرح المفصل نستنتج بان من أهم الواجبات التي تقوم بها المنظمات المهنية والشعبية في القطر العراقي الواجبات الثقافية والتربوية التي تهتم بنشر وترسيخ الأفكار والقيم والممارسات والثقافات القومية والتقدمية والإنسانية وذلك من خلال المناقشات التي تدور في الاجتماعات الأسبوعية والمؤتمرات والندوات والحلقات الدراسية والمطبوعات التي توزع على الأعضاء بين فترة وأخرى . وتهتم بتنمية الجوانب الثقافية والعلمية للأعضاء التي تمكنهم من الوصول

إلى أعلى المستويات الدراسية واكتساب المهارات والكفاءات التي من خلالها يستطيعون تطوير أعمالهم ومهنهم وتقديم افضل الخدمات الوظيفية والفنية للمجتمع . وهذه الواجبات لابد ان تنتج في زيادة الوعي الثقافي والعلمي لأبناء المجتمع [٢٣]، هذا الوعي الذي يعتبر حجر الزاوية في مواجهة التحديدات العقائدية التي يمارسها أعداء القومية العربية والتخلص من آثارها السلبية . وفي تنمية الموارد البشرية من خلال تدريبها على مختلف الاختصاصات والكفاءات العلمية والتكنولوجية .

وبعد تحديد طبيعة الواجبات المهنية والثقافية والتربوية الملقاة على عاتق المنظمات المهنية والشعبية وربطها بمسألة مواجهة التحديات الفكرية التي تشهدها الأمة العربية ، يجدر بنا الإشارة إلى ضرورة قيام الحزب والدولة بتقديم المزيد من الدعم والتأييد والتوجيه والإشراف لهذه المنظمات ودفعها إلى تكثيف نشاطاتها الفكرية والتربوية المتعلقة بتأجيج روح الحماس والوعي القومي والاشتراكي والتقدمي عند أفرادها وحثهم على تنمية قدراتهم وكفاءتهم الإنتاجية والمهنية والعلمية . إضافة إلى التدخل بتنظيم نشاطاتها الثقافية والفكرية بما يخدم طموحاتها المهنية ويتناسب مع الظروف السياسية والاجتماعية للقطر ويتفق مع الأهداف المصيرية للامة العربية . أخيراً ينبغي على هذه المنظمات تنسيق العمل الفكري والتربوي فيما بينها وتنسيق خططها وأساليبها وغاياتها مع خطط وأساليب وغايات المؤسسات المجتمعية الأخرى التي تكلمنا عنها في هذا الفصل لكي يكون المجتمع الذي يكتنفها قادرا على حماية أفكاره وتراثه ومقدساته وحضارته وشخصيته من التحديات والاستفزازات الشريرة التي تواجهه والتي تستهدف كيانه ووجوده واستقلاليته وشرفه وعزته وكرامته .

الهوامش والمصادر

1- Dawson, R. and Prewist , K. Political Socialization, Boston, 1969, PP. 14-18 .

2- Himmel Weit, H. T.V. and the Child, London, 1963, P. 70 .

3- Al-Hassan, Ihsan. Social Structure and Family Change in Iraq Under Conditions of Industrialization, A. Ph.D. Thesis in Sociology, Budapest, 1977, P. 56 .

٤- الحسن ، إحسان محمد (الدكتور) . العوامل المؤثرة في تكوين الرأي العام . بحث منشور في مجلة الإعلام بتاريخ ١٩٨٠/٤/١ .

5- Greenstein, T. and M. Sidney. The Study of French Political Socialization , an Article Published in " World Politics " , XXII, 1969, P. 51 .

6- Ibid. , P. 57 .

7- Mackenzie, R. British Political Parties, London, 1959,
PP. 23-25 .

٨- الكتاب الثقافي المركزي ، الجزء الثاني ، بغداد ، ١٩٧٨ ، انظر إلى موضوع الخلية الحزبية : أهميتها ومهامها .

9- Hyman, H. Political Socialization, New York, 1959, P. 103.

10- Rose, R. Politics in England Today , London , Faber and Faber, 1974, PP. 144-145 .

11- Davis, K. Human Society, New York , 1967, PP. 208-209.

١٢- الحسن ، إحسان محمد (الدكتور) . التحول الاجتماعي في المؤسسات الثقافية والتربوية في العـراق ، بحث منشور في جريدة الجمهورية بتاريخ ١٩٧٨/٩/٢٦ .

١٣- فرح ، الياس (الدكتور) . التربية السياسية ، دار الطليعة، بيروت ، ١٩٧٥ ، ص٦٣ .

١٤-   البسام ، عبد العزيز (الدكتور) . الاتجاهات المعاصرة في التربية ، بحث منشور في كتاب الـدورة التدريبية الثانية للعاملين في وحدات التخطيط التربوي ، وزارة التربية ، ص٨٦ .

١٥-   المصدر السابق ، ص٨٨ .

16-   Klapper, J. The Effects of Mass Communication , New York, P. 150 .

17-   Krech, D. and R. Crutchfield . Individual in Society , New York, 1962 . See the Ch. On Attitude Change .

١٨-   الثورة الفلسطينية ، المجلد التاسع ، العدد الأول ، ١٩٧٧ ، ص٤٥ .

١٩-   التقرير السياسي ، بغداد ، ١٩٧٤ ، ص١٦١ .

20-   Al-Hassan , Ihsan . Social Structure and Family Change, Op. Cit. P. 55 .

٢١-   الحسن ، إحسان محمد (الدكتور) . أثر التنميـة الاقتصـادية في تنميـة المـواد البشـرية في منطقـة الخليج العربي ، منشورات مركز دراسات الخليج العربي بجامعـة البصرة ، الإنسـان والمجتمـع في الخليج العربي ، الكتاب الأول ، ١٩٧٩ ، ص٢٤٦ .

٢٢-   الحسن ، إحسان محمد (الدكتور) . علم الاجتماع : دراسة نظامية ، بغداد ، ١٩٧٦ ، ص١٨٧ .

23-   Dreyer, D. Cultural Changes in Developing Countries , Moscow , 1976, See the Introduction

المصــادر

مصادر الكتاب العربية:

١- ابن خلدون ، المقدمة ، دار القلم ، بيروت ، ١٩٧٨ .

٢- البسام ، عبد العزيز (الدكتور). الاتجاهات المعاصرة في التربية ، كتاب الدورة التدريبية الثانية للعاملين في وحدات التخطيط التربوي ، وزارة التربية ١٩٧٤ .

٣- التقرير السياسي ، بغداد ، ١٩٧٤ .

٤- تيماشيف ، نيقولا . نظرية علم الاجتماع ، ترجمة د. محمود عودة وآخرون ، القاهرة ، دار المعارف ، ١٩٧٠ .

٥- الثورة العربية ، القيادة القومية ، مكتب الثقافة والإعلام ، العدد السابع، السنة الحادية عشر ، ١٩٧٩ .

٦- الثورة العربية ، المجلد التاسع ، العدد الأول ، ١٩٧٧ .

٧- حجار ، جورج (الدكتور) . السياسة الاستيطانية للكيان الصهيوني ، مجلد مركز الدراسات الفلسطينية ، حزيران ، ١٩٧٨ .

٨- الحسن ، إحسان محمد (الدكتور). دراسات تحليلية في المجتمع المعاصر، بغداد ، ١٩٧٢ .

٩- الحسن ، إحسان محمد (الدكتور). استعمال الطريقة الإحصائية في البحوث الاجتماعية الميدانية ، مجلة المركز القومي للبحوث الاجتماعية والجنائية ، العدد الأول ، السنة الثالثة ، آذار ، ١٩٧٤ .

١٠- الحسن ، إحسان محمد (الدكتور). علم الاجتماع : دراسة نظامية ، بغداد ، ١٩٧٥ .

١١- الحسن ، إحسان محمد (الدكتور). طبيعة السلوك السياسي في المجتمع الثوري ، جريدة الإعلام ، كلية الآداب ، جامعة بغداد ، العدد العاشر، السنة الثالثة ، ١٩٧٩/١٢/١ .

١٢- الحسن ، إحسان محمد (الدكتور). محاضرات في علم الاجتماع السياسي ، كلية الأمن القومي ، بغداد ، ١٩٨٠ .

١٣- الحسن ، إحسان محمد (الدكتور). سايكولوجية الدعاية والإشاعة ، مجلة كلية الأمن القومي ، بغداد ، ١٩٨٠ .

١٤- الحسن ، إحسان محمد (الدكتور). علاقة البناء الطبقي بالتحصيل العلمي للأطفال ، مجلة العلوم الاجتماعية ، العدد الرابع ، ١٩٨٠ .

١٥- الحسن ، إحسان محمد (الدكتور). العوامل المؤثرة في تكوين الرأي العام، مجلة الإعلام ، ١٩٨٠/٤/١

١٦- الحسن ، إحسان محمد (الدكتور). موسوعة علم الاجتماع ، بيروت ، ١٩٩٩ .

١٧- الخشاب ، مصطفى (الدكتور). علم الاجتماع ومدارسه ، الكتاب الأول ، القاهرة ، ١٩٦٥ .

١٨- صدام حسين. الثورة صراعات الحاضر والمستقبل ، المؤسسة العربية للدراسات والنشر ، بيروت ، ١٩٧٥

١٩- صدام حسين. الثورة والتربية الوطنية ، بغداد ، ١٩٧٧ .

٢٠- الفارابي ، أهل المدينة الفاضلة ، بيروت ، ١٩٥٩ .

٢١- فرانوا شاتليه ، هيجل ، ترجمة جورج صدقي ، دمشق ، ١٩٧٦ .

٢٢- فرح ، الياس (الدكتور). تطور الاديولوجية العربية الثورية (الفكر القومي) ، المؤسسة العربية للدراسات والنشر ، بيروت ، ١٩٧٩ .

٢٣- فرح ، الياس (الدكتور). تطور الاديولوجية العربية الثورية (الفكر الاشتراكي) ، المؤسسة العربية للدراسات والنشر ، بيروت ، ١٩٧٩ .

٢٤- فرح ، الياس (الدكتور). التربية والسياسة ، دار الطليعة ، بيروت ، ١٩٧٥.

٢٥- القوصي ، عبد العزيز (الدكتور). علم النفس : أسسه وتطبيقاته التربوية ، مكتبة النهضة المصرية ، القاهرة ، ١٩٥٧ .

٢٦- الكادر الحزبي ، سلسلة الثقافة التربوية ، المؤسسة العربية للدراسات والنشر ، بيروت ، ١٩٧٤ .

٢٧- الكبيسي ، حمدان (الدكتور) وعبد الرحمن العاني (الدكتور). المجتمع العربي ، بغداد ، ١٩٧٥ .

٢٨- الكيالي ، عبد الوهاب (الدكتور). البعث والقضية الفلسطينية : آراء ومواقف ، المؤسسة العربية للدراسات والنشر ، بيروت ، ١٩٧٣ .

٢٩- لمحات من تأريخ حزب البعث العربي الاشتراكي ، القيادة القومية ، المكتب الثقافي ، بغداد ، ١٩٧٥

٣٠- محمد ، علي محمد (الدكتور). دراسات في علم الاجتماع السياسي ، دار الجامعات المصرية ، القاهرة ، ١٩٧٨ .

٣١- مفهوم الحزب ، سلسلة الثقافة الثورية ، المؤسسة العربية للدراسات والنشر ، بيروت ، ١٩٧٥ .

٣٢- المنهاج الثقافي المركزي ، الجزء الثاني ، بغداد ، ١٩٧٦ .

٣٣- الأسود ، صادق (الدكتور). علم الاجتماع السياسي ، بغداد ، مطبعة الإرشاد ، ١٩٧٣ .

٣٤- العاني ، حسان شفيق (الدكتور). الأنظمة السياسية المقارنة ، بغداد ، مطبعة المعارف ، ١٩٨٠ .

٣٥- العاني ، حسان شفيق (الدكتور). الدستور ، بغداد ، مطبعة جامعة بغداد ، ١٩٨١ .

٣٦-   حمادي ، شمران (الدكتور). الأحزاب السياسية ، بغداد ، مطبعة دار السلام ، ١٩٧٢

٣٧-   مينو ، جان . الجماعات الضاغطة ، بيروت ، منشورات عويدات ، ترجمة بهيج شعبان ، ١٩٧١ .

مصادر الكتاب الأجنبية :

1-   Adorno and et al. The Authoritarian Personality , New York, 1951 .

2-   Al-Hassan , Ihsan. Collective Behaviour , Baghdad, 1974.

3-   Al-Hassan , Ihsan. Social Structure and Family Change in Iraq , A. Ph.D. Thesis in Sociology of the Hungarian Academy of Sciences , Budapest , 1977 .

4-   Al-Hassan , Ihsan. The Beginnings and Rise of Sociology in Iraq , Szociologia , Hungarian Academy of Sciences , Budapest , No. 3 , 1978 .

5-   Allport , E. Social Psychology , New York , 1924 .

6-   Alexeyev , S. and et al. A Short History of the U.S.S.R. , Moscow , 1975 .

7-   Asch, S. Social Psychology , New York , 1959 .

8-   Barnard , C. Organization and Management , New York , 1954 .

9-   Barnard , C. The Functions of the Executive , New York , 1964 .

10-   Barnard, L. The Field of Political Sociology , Journal of Social Philosophy , No. 3 , 1958 , London .

11-   Barker , E. Principles of Social and Political Theory , London , Oxford University Press , 1957 .

12-   Becker , I and Barnes, M. Social Thought From Lore to Sciences , Vol. I, New York , 1933 .

13-   Beer , S. Pressure Groups and Parties in Britain , American Political Review , March , 1956

14-   Benn, I. And R. Peters, Social Principles and Democratic State , George Allen and Unwin , London , 1959 .

15- Bendix, R. Max Weber, An Intellectual Potrait , New York , 1960 .

16- Blumer , H. Public Opinion and Public Opinion Polling , American Sociological Review 13th Oct., 1948 .

17- Bottomore, T.B. Elites and Society , A Pelican Book , Middlesesx , England , 1967 .

18- Broom, L. and Selznick, P. Sociology , New York , 1968 .

19- Biesans, M. Introduction to Sociology , (2nd Ed.) , New Jersey , 1973 .

20- Blondell , J. Viters , Parties and Leaders, London, 1957 .

21- Bonham, J. and F. Martin. Two Studies in Middle Class Vote, British Journal of Sociology , No. 3, Sept. 1952 .

22- Bosanquet, F. The Philosophical Theory of the State , London, 1952 .

23- Brown, J.A. Techniques of Persuation, A Pelican Book , Middlesex , England , 1972 .

24- Catlin , P. The Science and Methods of Politics , New York, 1956 .

25- Crosland, A. The Future of Socialism, London, 1956 .

26- Davis, K. Human Society, New York , 1967 .

27- Davis, K. and W. Moore. Some Principles of Stratification , American Sociological Review , 1945 .

28- Dawson, R. and Prewist, K. Political Socialization , Boston, 1969.

29- Dryer, O. Cultural Changes in Developing Countries, Moscow, 1976.

30- Duverger, H. Political Parties , Methuen , 1954 .

31- Eysenck, H. Sense and Nonsense in Psychology, A Pelican Book, Middlesex, England , 1962 .

32- Field, G. Political Theory, London , 1962 .

33- Finer, S. The Theory and Practices of Modern Government , London , 1967 .

34-   Firth, R. An Anthropologist's View of Observation , The Sociological Review , 31 , 1939 .

35-   Fletcher, R. Family and Industrialization in the Twentieth Century, A Pelican Book, Middlesex , England , 1963 .

36-   Freedman, H. Marx on Economics , A Pelican Book , Middlesex , England , 1968 .

37-   Fraser, L. Propaganda , London, Oxford University Press, 1970 .

38-   Garner, S. Political Science and Government , London , 1959 .

39-   Gerth, H. and C. Wright Mills. Character and Social Structure , New York , 1957 .

40-   Ginsberg, M. Sociology , London , Oxford University Press , 1950 .

41-   Ginsberg, M. Essays in Sociology and Social Philosophy, Vol. 1 , London Heinemann , 1956 .

42-   Gibb, C. The Principles and Traits of Leadership, New York, 1956 .

43-   Green, T. H. Lectures on the Principles of Political Obligation , London , Longmans , 1948 .

44-   Greenstein, T. and M. Sidney. The Study of French Political Socialization, World Politics, XXII. 1969 .

45-   Halloran, J. The Effects of Mass Communication with Special Reference to Television, Manchester , 1963 .

46-   Hegel, W.F. Phenomenology of the Spirit, London, 1961 .

47-   Hegel, W.F. Philosophy of Right, London, 1955.

48-   Hismmelweit, H. T.V. and the Child, U.K., 1963.

49-   Hinkle, R. The Development of Modern Sociology, Random House, New York, 1963 .

50-   Hebbes, T. Leviathan , London , 1931 .

51-   Hobhouse, L.T. Social Evolution and Political Theory, New York, 1951.

52-   Hobhouse, L.T. and et al. The Material Culture and Social Institutions of Simpler Peoples, London, 1972 .

53-   Homans, G. The Small Warship, American Sociological Reviews, XI., 1949 .

54-   Homans, G. The Human Group, London, Routledge and Kegan Paul , 1959 .

55-   Hyman, H. Political Socialisation , New York , 1959 .

56-   Jacobson, N. and Lipman. An Outline of Political Science, Barnes Nobles, London, 1951 .

57-   Jahoda, M. and et al. Research Methods in Social Relations, Vol. 1 , Basic Processes, The Dryden Press , New York , 1951 .

58-   Johanson, H. Sociology : A Systematic Introduction, London, Routledge and Kegan Paul , 1961 .

59-   Jameson, H. An Outline of Psychology, London, 1957 .

60-   Klapper, J. The Effects of Mass Communication , New York , 1961.

61-   Krech, D. and Crutchfield, R. Individual in Society , New York , 1962 .

62-   Kvasov, G. Sociology and Moral Progress , Social Sciences , Vol. IX, No. 3 , 1978 .

63-   Landis, J. Sociology : Concepts and Characteristics , Belmont, California , 1971 .

64-   Laski, H. A. Grammar of Polities , London , 1951 .

65-   Laski, H. An Introduction to Politics , London , 1948 .

66-   Lasswell, H. and Kaplan, A. Power and Society , New Haven , Yale University , 1950 .

67-   Lazarsfield, P. The Analysis of Political Behaviour , London , Routledge and Kegan Paul , 1948 .

68-   Lenin, V.I. On Britain, Moscow, 1960 .

69-   Levi-Strauss, G. Social Structure in A.L. Kroeber (ed.), Anthropology Today , Chicago, 1953 .

70-   Lewis, A. Economic Survey, 1919-1959, London , 1960 .

71-   Lipset, S. Political Sociology , Sociology Today : Problems and Prospects, New York , 1959 .

72- Locke, J. Essay Concerning Toleration, London, 1942 .

73- Maclver, R. and Page, C. Society, The Macmillan Co., London, 1962 .

74- Maclver, R. The Web of Government, New York, 1947.

75- Maccoby, E. and et al. Readings in Social Psychology, Holt, 1958 .

76- Machiavelli, N. The Prince , Penguim Books, Middlesex, England, 1970 .

77- Mackenzie, J.S. Outlines of Social Philosophy, London, George Allen and Unwin, 1961 .

78- Mackenzie, R.T. British Political Parties, London, 1955.

79- Maclung, A. and K. Briant. The Fine Art Propaganda.

80- Mandic, N. The Marxist. School of Sociology in Marxism and Sociology , Edited by P. Berger, New York, 1969 .

81- Madge, J. The Tools of Social Science, London, Longman, 1953 .

82- Marx, K. Selected Writings in Sociology and Social Philosophy , Edited by T.B. Bottomore and M. Rubel, A Pelican Book, Middlesex, England, 1967 .

83- Marx, K. and F. Engels. Selected Works, Moscow, 1975 .

84- Marx, K. and F. Engels. The Socialist Revolution , Moscow 1978 .

85- Maus, S. A Short History of Sociology , New York, 1949.

86- Mill, J.S. The Scientific Method , London , 1949 .

87- Mcdougall, W. Social Psychology , London , 1964 .

88- Mitchell, R. Political Parties , New York , 1964 .

89- Mitchel, D. A Dictionary of Sociology , London , Routledge and Kegan Paul , 1973 .

90- Milne, R. and H. Mackenzie. Straight Fight , London , 1954 .

91- Money-Kyrele, R. Psychoanalysis and Politics , London , 1962 .

92- Moser, C.A. Survey Methods in Social Investigation , London , Heinemann, 1967 .

93-   Munn, N.L. Psychology : The Fundamentals of Human Adjustment , London , 1961 .

94-   New Comb, T. Social Psychology , New York , Dryden , 1950 .

95-   Pakard, Vance. The Hidden Persuaders , A Pelican Book , England , 1963 .

96-   Parsons, T. and E. Shils. Toward A General Theory of Action , Cambridge , U.S.A., 1952 .

97-   Pareto, V. Mind and Society , Vol. 1 , London, 1968.

98-   Pizzorno, A. Political Sociology , Penguin Book, Middlesex, London, 1971 .

99-   Plato. The Republic , Translated by H. Lee , Penguin Books, Middlesex, England , 1963 .

100-   Ponsonby, A. Falsehood in Wartime , London , Allen and Unwin, 1959 .

101-   Radcliffe-Brown, A. The Structure and Functions in Primitive Society , London , 1952 .

102-   Schumpeter, J. Capitalism , Socialism , and Democracy, New York, 1942.

103-   Sherif, M. An Outline of Social Psychology, New York, 1948 .

104-   Simon, R. The Philosophy of Democratic Government , Chicago , 1951 .

105-   Sorokin, P. Contemporary Sociological Theories , New York , 1956 .

106-   Sprott, W. Sociology , London, Huchinson University Library , London , 1969 .

107-   Stagdill, T. and Coons. Leader Behaviour, New York, 1948 .

108-   Strauss, L. What is Political Philosophy, The Free Press, 1959 .

109-   Swedner, H. Observation and Participant Observation , The Unesco Seminar on Social Research Methodology,Copenhagen, July, 1968 .

110-   W.G. Sumner. Folkways , New York, 1934 .

111-   Tannebsum, S. and Weschler. Leadership and Organization, London , 1960 .

112-   Taylor, A. The Origins of the Second World War, London, 1954 .

113-   Tomlin, E. The Great Philosophers of the Western World, London, 1955 .

114-   Turner, R. and L. Killian. Collective Behaviour , New York , 1957 .

115-   Vernon, M.D. The Psychology of Perception , 2nd Edition, Penguin Books , Middlesex, England , 1975 .

116-   Weber, Max. The Theory of Social and Economic Organization , New York , 1947 .

117-   Weiner, N. Political Parties and Political Development , Princeton , 1966 .

118-   White, R.J. Conservative Thought , London , 1950 .

ترجمة المصطلحات المستعملة في علم الاجتماع السياسي من اللغة الإنكليزية إلى اللغة العربية

Alliance	اتفاق أو معاهدة
Anarchy	فوضى واضطراب
Authority : Legitimation of Authority	سلطة ، شرعية السلطة
Authoritarianism	السلطوية
Separation of Authority	فصل السلطة
Traditional Authority	السلطة التقليدية
Legal-Rational Authority	السلطة الشرعية العقلية
Charismatic Authority	السلطة الكرزماتيكية
Apathy	لامبالاة أو عدم اهتمام
Accommodation	توفيق أو تكييف
Action : Political Action	فعل أو حدث ، حدث سياسي
Alienation	اغتراب
Anomie	التفسخ الاجتماعي
Avoidance	تجنب
Barbarian	بربري أو متوحش
Bourgeoisie	البرجوازية
Bureaucracy	البيروقراطية
Capitalism	الرأسمالية
Centralization	المركزية
Citizenship	المواطنة
Consensus	الاتفاق الجماعي
Common Good	الصالح العام
Common Will	الإرادة العامة
Constitution	دستور

Constitutional Law	القانون الدستوري
Constitutional Democracy	الديمقراطية الدستورية
Council	مجلس
Congress	مؤتمر
Church	كنيسة
Communist	شيوعي
Communism	الشيوعية
Charisma	الكرزمة ، الإلهام
Routanization Charisma	استمرار الكرزمة
Charismatic Leadership	القيادة الكرزماتيكية
Colonialization	الاستيطان
Cordial Relation	العلاقة الحميمة والجيدة
Civilization	مدنية
Class Consciousness	الوعي الطبقي
Collective Behaviour	السلوك الجمعي
Collective Conscience	الضمير أو الوجدان الجمعي
Colour Bar	حاجز اللون
Concept, Political Concept	مفهوم ، المفهوم السياسي
Conflict, Political Conflict	صراع ، صراع سياسي
Social Conflict	صراع اجتماعي
Conspicuous Consumption	الاستهلاك المظهري
Culture	حضارة أو ثقافة
Deviation , Social Deviation	انحراف ، انحراف اجتماعي
Decentralization	اللامركزية
Democracy	الديمقراطية
Despot, Despotism	الطغيان
Discrimination, Racial Discrimination	ميز ، التمييز النظري
Division of Labour	تقسيم العمل

Ecology, Social Ecology	الايكولوجيا ، الايكولوجيا الاجتماعية
Equalitarian , Equalitarianism	مساواتي ، المساواة بين البشر
Empire	إمبراطورية
The Executive	السلطة التنفيذية
Election	انتخاب
Elector	الناخب
Elective Affinity	المصاهرة الانتخابية
Elite	النخبة ، الصفوة
Ruling Elite	النخبة الحاكمة
Non-Ruling Elite	النخبة غير الحاكمة
Equilibrium, Social Equilibrium	التوازن ، التوازن الاجتماعي
Political Equilibrium	التوازن السياسي
Ethnocentrism	العرقية ، التمركز حول العرق
Fabians	الفابيون (الاشتراكيون البريطانيون)
Feudal , Feudalism	إقطاعي ، الإقطاعية
Free Will	الإرادة الحرة
Freedom	الحرية
Folk Ways	الأساليب الشعبية أو الطرق الشعبية
Function, Functional	وظيفة ، وظيفي
Functionalism	المدرسة الوظيفية في علم الاجتماع
Group, Social Group	جماعة ، جماعة اجتماعية
Pressure Group	جماعة الضغط
Group Dynamic	داينميكية الجماعة
General Will	الإرادة العامة
General Good	الصالح العام
Government	حكومة
Royal Government	حكومة ملكية
Republic Government	حكومة جمهورية

Aristocratic Government	حكومة أرستقراطية
Democratic Government	حكومة ديمقراطية
Historicism	التاريخية
Historical Materialism	المادة التاريخية
Ideology	الاديولوجية
Political Ideology	الاديولوجية السياسية
Ideal Type	النموذج المثالي
Internationalism	الدولية
International Relation	العلاقات الدولية
International Law	القانون الدولي
Independence	الاستقلال
Imperialism	الاستعمار
Instinct	غريزة
The Judiciary	السلطة القضائية
Marxism	الماركسية
Malthusian Theory	النظرية المالثوسية
Majority	الأغلبية
Minority	الأقلية
Monarch	العاهل أو الملك
Monarchy	الملكية
Military Aggression	العدوان العسكري
Modernization	التحديث
Mass Society	المجتمع الجماهيري
Mass Media Communication	وسائل الاتصال الجماهيرية
Mass Observation	المشاهدة الجماهيرية
Mores	الأعراف
Motive	الدافع
Myth, Political Myth	الأسطورة ، الأسطورة السياسية

Law of Nature	قانون الطبيعة
Liberation	التحرير
Legislation	التشريع
Legislative Council	المجلس التشريعي
The Legislature	السلطة التشريعية
Lobby	اللوبي أو جماعة المصلحة
League of Nations	عصبة الأمم
Laissez-Faire Policy	سياسة حرية التجارة أو سياسة عدم التدخل
Legitimacy	الشرعية أو القانونية
Political Legitimacy	الشرعية السياسية
Leader ship , Leadership	القيادة ، القيادة السياسية
National	قومي
National Character	الخلق القومي
Nationalism	القومية
National Independence	الاستقلال القومي
National Leaders	القادة القوميين
Native	مواطن
Nation	شعب أو أمة
National Unity	الوحدة القومية
National Security	الأمن القومي
Non-alignment	عدم الانحياز
Non-aligned States	دول عدم الانحياز
Neutral	محايد
Neutrality	الحياد
Positive Neutrality	الحياد الإيجابي
Oligarchy	حكم الأقلية
Iron Law of Oligarchy	القانون الحديدي لحكم الأقلية
Opinion, Public Opinion	رأي ، رأي عام

Opinion Poll	مخص الآراء
Participant Observation	المشاهدة بالمشاركة
Personality	شخصية
Political Personality	الشخصية السياسية
Plural Society	المجتمع المختلط
Political Sociology	علم الاجتماع السياسي
Referendum	الاستفتاء
Protectionism	الحماية
Peace	سلام
Peaceful Coexistence	التعايش السلمي
Political Development	التنمية السياسية
Political Socialization	التنشئة السياسية
Political Participation	المشاركة السياسية
Political Attitudes	المواقف السياسية
Populist Regime	نظام الحكم الشعبي
Public Administration	الإدارة العامة
Realism, Social Realism	الواقعية ، الواقعية الاجتماعية
Reference Group	الجماعة المرجعية
Residues	الرواسب
Role, Social Role	دور ، دور اجتماعي
Radical	راديكالي ، متطرف
Radicalism	الراديكالية ، التطرف
Regime	النظام السياسي
Rule	الحكم
Rule of Law	حكم القانون
Ruler	حاكم
Reform	اصلاح
Proletariat	البروليتارية (الطبقة البروليتارية)

Sovereignty	السيادة
Social Change	التغير الاجتماعي
Social Cohesion	التماسك الاجتماعي
Social Contract	العقد الاجتماعي
Social Control	الضبط الاجتماعي
Social Mobility	الانتقال الاجتماعي
Social Policy	السياسة الاجتماعية
Social States	المنزلة الاجتماعية
Social Classes	الطبقات الاجتماعية
Social Structure	البناء الاجتماعي
Social System	النظام الاجتماعي
Socialism	الاشتراكية
Societal Organizations	النظم الاجتماعية
Social Static	السكون الاجتماعي
Social Dynamic	التحول أو الداينميكية الاجتماعية
Treaty	معاهدة أو حلف
Traditions , Traditional	تقاليد ، تقليدي
Tension , Political Tension	توتر ، توتر سياسي
International Tension	التوتر الدولي
Relaxation of Tension	الإفراج
Totalitarianism	الخضوع المطلق للدولة
International Relaxation of Tension	الإفراج الدولي
Totalitarian Society	المجتمع الخاضع للدولة
Tyranny	الاستبداد أو الإرهاب
Unity	الوحدة
United Nations	الأمم المتحدة
Utility	المنفعة
Utopia	الطوبائية أو المثالية

Vote	الصوت الانتخابي
Voter	المنتخب أو المصوت
Voting	التصويت السياسي
Voting Behaviour	السلوك الانتخابي
Political Behaviour	السلوك السياسي
Political Values	القيم السياسية
Political Zones	مناطق النفوذ السياسي